智能会计人才培养新形态系列教材

财会综合仿真实训

黄　静　刘炎旭　张梦园　主　编

张　娜　徐启超　副主编

清华大学出版社

北　京

内 容 简 介

本书以企业典型业务为主线，以培养财务部门各岗位技能为目标，融入了数智化现代新兴技术，为学生提供了高仿真的企业工作环境、业务流程和业务数据，通过任务驱动、角色扮演等演练方式，使学生能够理解企业生产经营活动与财务处理之间的逻辑关系，掌握各财务岗位的基本实践技能，熟悉各财务岗位之间及财务岗位与企业内外部其他岗位的协同关系，并在此过程中提升学生的实践操作能力，以及协调、组织、沟通等综合职业素养。

本书可作为高等院校财会类专业的教材，也可作为财务管理相关工作人员的参考书。

图书在版编目(CIP)数据

财会综合仿真实训 / 黄静，刘炎旭，张梦园主编.

北京：清华大学出版社，2024.10. -- (智能会计人才培养新形态系列教材). -- ISBN 978-7-302-67469-6

Ⅰ.F234.4

中国国家版本馆CIP数据核字第2024LX3327号

责任编辑：高　岫
封面设计：周晓亮
版式设计：思创景点
责任校对：马遥遥
责任印制：宋　林

出版发行：清华大学出版社
　　　　　网　　　址：https://www.tup.com.cn，https://www.wqxuetang.com
　　　　　地　　　址：北京清华大学学研大厦A座　　　　　　　　邮　　编：100084
　　　　　社 总 机：010-83470000　　　　　　　　　　　　　邮　　购：010-62786544
　　　　　投稿与读者服务：010-62776969，c-service@tup.tsinghua.edu.cn
　　　　　质 量 反 馈：010-62772015，zhiliang@tup.tsinghua.edu.cn
印 装 者：定州启航印刷有限公司
经　　销：全国新华书店
开　　本：185mm×260mm　　　　　印　　张：19.75　　　　　字　　数：493千字
版　　次：2024年11月第1版　　　　印　　次：2024年11月第1次印刷
定　　价：79.00元

产品编号：104375-01

前　言

习近平总书记在党的二十大报告中指出，"高质量发展是全面建设社会主义现代化国家的首要任务""教育、科技、人才是全面建设社会主义现代化国家的基础性、战略性支撑"。这对教育提出了新要求，即必须坚持立德树人，深化教育教学改革，提高人才培养质量。我们深知这需要一种全新的教育理念和教学方法来响应时代的召唤。因此，本教材的编写初衷便是，适应"互联网+教育"的发展需求，同时对学生的实践能力和职业技能进行全方位的培养。

在新文科建设和本科教育质量保障体系不断完善的政策推动下，深化产教融合、优化人才培养过程已成为应用型大学教学改革的重要内容。本书的编写正是基于这样的背景，通过整合现代信息技术，改进传统的实践教学方法，为培养更能适应经济高质量发展的复合型经管人才做出努力。当前，我国高等院校的实践教学与经济高质量发展所需的人才培养模式和目标之间仍存在一定差距。为提升学生就业的竞争力，实现学科知识的交叉融合，各院校正积极将企业搬进校园，以推动实践教学的改革。本教材的编写，也正是为了构建创新型人才培养体系，向社会输送更多复合应用型经管专业人才。

本教材基于新道科技股份有限公司VBSE财会综合实践教学平台v3.6软件的课程教学使用需求，结合学校实际情况，与企业深度合作，提供了一个仿真实习环境。该平台模拟企业的岗位、部门及商业社会环境，使学生能够全面了解并熟悉企业内外部不同岗位工作的任务与特点。我们希望学生通过对本教材的学习，不仅能掌握企业运营的基本知识与技能，而且能在市场分析、市场预测、营销策划等方面展现出扎实的基本功底。当然，在学习的过程中，学生还将不断提高自身的职业素养与职业胜任力，培养市场竞争意识、团队协作精神、诚信守法的职业道德和积极进取的思想。

本教材可作为高等院校财会类专业的教材，也可作为财务管理相关工作人员的参考书。

本教材提供丰富的教学资源，包括但不限于教学课件、操作视频、教学计划及教学大纲，读者可扫描右侧二维码获取。

教学资源

本教材由广州工商学院的黄静、刘炎旭、张梦园担任主编，由广州工商学院的张娜、新道科技股份有限公司广东省区徐启超担任副主编。在此特别感谢新道科技股份有限公司华南区总经理黄堪敬先生的大力支持。

同时，本教材获得了如下项目的支持：2022年度校级教材建设项目"财会综合仿真实训"(项目编号：2022JC-06)；2021年广东省质量工程项目"数智财会校企联合实验室"；2022年校级会计学重点学科；2023—2024学年广州工商学院质量工程项目(一流专业)会计学(项目编号：YLZY202306)。

由于编者水平有限，书中难免存在不妥之处，恳请读者批评指正，以便修改完善。

编　者
2024年8月1日

前　言

目 录

第 1 章

课程导读

❑ 了解课程内容清单。
❑ 熟悉采购业务流程。
❑ 熟悉销售业务流程。
❑ 熟悉生产业务流程。
❑ 熟悉日常业务流程。

思政目标

❑ 参与制造企业生产经营全过程，培养勤劳务实、勇于担当的职业态度。
❑ 强化岗位抗压能力和竞争意识，培养诚实守信、敬业乐业的职业素养。
❑ 增强对国家经济发展和制造业的认识和理解，提升民族自豪感。

1.1 课程目标

本书以制造企业典型业务为主线，以财务部门的各岗位技能培养为目标，秉承"把企业搬进校园"的教学理念，为实训者提供高仿真的企业工作环境、业务流程及业务数据。实训者可通过任务驱动、角色扮演等演练方式，锻炼团队协作能力、自主学习能力和解决问题能力，增强岗位竞争意识和抗压能力，培养良好的职业道德修养，提高财务岗位胜任力，具体目标如下。

● 熟悉各财务及相关岗位的日常工作内容和职责要求。
● 熟悉企业财务核算相关表单的填报。
● 认知企业财务核算的内在业务逻辑关系。
● 感知企业信息化软件财务核算与手工财务核算的区别。
● 能够在资深财务人员的指导下从事企业日常财务核算工作。

本课程按照"任务闭环"的总体设计思路，从岗位工作任务分析入手，根据工作任务特点组织课程教学的实施工作。

本课程结合业务流程，将工作流程转化为工作任务，设计采购业务、销售业务、生产业务、日常业务、纳税申报业务、投融资业务、期末成本核算业务、外围考核业务等。

各教学闭环的设计遵循成果导向原则，以解决财务环境下的业务和财务处理问题为出发点，通过丰富的岗位工作情境和具体的工作数据，使教学过程工作化、工作过程系统化。制造企业财务岗位及外围设置，如图1-1所示。

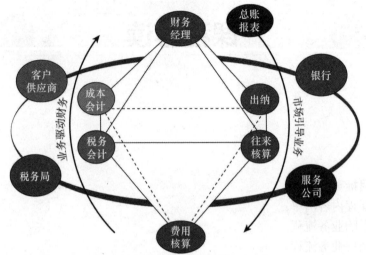

图1-1　制造企业财务岗位及外围设置

1.2　课程内容清单

企业是社会经济的基本单位，企业的发展受自身条件和外部环境的制约。企业的生存与企业间的竞争不仅要遵守国家的各项法律法规及行政管理规定，还要遵守行业内的各种约定。在开始企业模拟实训前，各岗位工作人员必须了解并熟悉企业各项规则，这样才能在企业竞争中求生存、求发展。本实训以年末12月份的企业财务资料展开实训内容。

本实训案例共有119笔业务，包括期初建账、采购、销售、生产、纳税、费用核算等，涵盖制造企业年末整个月的业务量。通过案例的操作，使实训者可以掌握以下实训内容。

- 了解制造企业采购业务流程，熟悉采购业务单据填写，掌握采购业务记账凭证登记和明细账簿登记。
- 了解制造企业销售业务流程，熟悉销售业务单据填写，掌握销售业务记账凭证登记和明细账簿登记。
- 了解制造企业产品入库、领料业务流程，熟悉生产业务单据填写，掌握生产业务记账凭证登记和明细账簿登记。
- 了解制造企业借备用金、费用报销、支付费用等日常业务流程，熟悉日常业务单据填写，掌握日常业务记账凭证登记和明细账簿登记。
- 了解制造企业申报增值税、附加税、企业所得税业务流程，熟悉纳税申报表的填写，掌握纳税申报业务记账凭证登记和明细账簿登记。
- 了解制造企业资产盘点、费用分配业务流程，熟悉盘点表、分配表填写，掌握资产盘点方法、费用分配方法等。

1.3 课程任务发布方法

课程任务发布有两种方法：一是按照业务发生的先后顺序发布课程任务，该种方法能够模拟企业实际会计业务的发生，使实训者深刻理解企业业务规范流程；二是按照任务闭环发布课程任务，该种方法能够使实训者更好地理解某一项任务从始至终经过的业务流程。

1. 按照业务发生的先后顺序发布任务

实训业务按照时间顺序分为12月6日、12月12日和12月28日三个阶段，共计9项任务，如表1-1所示。按照业务发生的先后顺序发布任务，有助于实训者增强对会计专业知识的理解和认识，提高会计业务综合处理能力。

表 1-1　9项任务

任务	具体工作
任务一 (12月6日)	1-1　实习动员
	1-2　系统操作培训
	1-3　岗前培训
	1-4　发放实习用品
	1-5　了解实训案例背景
	1-6　期初建账
	1-7　人力行政部行政助理借备用金500元(记-001)
	1-8　人力行政部行政助理借款791元用于购买办公用品(记-002)
	1-9　与九江塑电签订采购合同
	1-10　通过网银发放上月薪酬(记-003)
	1-11　与北京京亿签订采购合同
	1-12　壶体车间上期在线半成品完工入库
	1-13　组装车间物料领用
任务二 (12月6日)	2-1　交易性金融资产的初始计量(记-004)
	2-2　壶体车间物料领用
	2-3　其他权益工具投资的初始计量(记-005)
	2-4　缴纳上月社保(记-006)
	2-5　缴纳上月住房公积金(记-007)
	2-6　组装车间上期在线产品完工入库
	2-7　以支票预付北京京亿40%货款(记-008)
	2-8　提前收到九江塑电全额发票(记-009)
	2-9　上月增值税申报与缴纳(记-010)
	2-10　上月附加税费申报与缴纳(记-011)
	2-11　与山东万益签订销售合同
任务三 (12月6日)	3-1　销售发货给山东万益
	3-2　开具销售发票给山东万益(记-012)

续表

任务	具体工作
任务三 (12月6日)	3-3　提取现金10 000元(记-013) 3-4　采购北京京亿201不锈钢板材入库 3-5　长期股权投资的初始计量(记-014) 3-6　收到北京城乡贸易电汇的货款(记-015) 3-7　投资性房地产的初始计量(记-016) 3-8　人力行政部行政助理报销791元冲借款(记-017) 3-9　现金送存银行(记-018) 3-10　出纳日结
任务四 (12月12日)	4-1　交易性金融资产的后续计量红利宣告(记-019) 4-2　提取现金5000元(记-020) 4-3　支付北京京亿余下60%货款(记-021) 4-4　交易性金融资产的后续计量收到红利(记-022) 4-5　采购九江塑电原材料入库 4-6　九江塑电在途转入在库账务处理(记-023) 4-7　债权投资的初始计量(记-024) 4-8　与北京融通综合服务公司签订广告合同 4-9　上月个税的申报与缴纳(记-025)
任务五 (12月12日)	5-1　采购北京京亿304不锈钢板材入库 5-2　与福建银海签订销售合同 5-3　与昆明经贸签订销售合同 5-4　与天津万润签订销售合同 5-5　以转账支票支付北京融通广告费(记-026) 5-6　长期股权投资的后续计量红利宣告(记-027) 5-7　收到北京京亿不锈钢板材全额发票(记-028) 5-8　组装车间产成品完工入库 5-9　壶体车间物料领用
任务六 (12月12日)	6-1　壶体车间半成品完工入库 6-2　组装车间物料领用 6-3　与四川电器签订采购合同 6-4　与九江塑电签订采购合同 6-5　采购员报销差旅费(记-029) 6-6　销售员报销差旅费(记-030) 6-7　人力行政部报销招待费(记-031) 6-8　销售发货给福建银海 6-9　开具销售发票给福建银海(记-032) 6-10　收到福建银海以支票方式支付的货款(记-033) 6-11　收到山东万益以电汇方式支付的货款(记-034)

续表

任务	具体工作
任务六 (12月12日)	6-12 出纳日结
	6-13 供应商代表阶段性考核
	6-14 客户代表阶段性考核
	6-15 银行柜员阶段性考核
	6-16 税务局专管员阶段性考核
	6-17 服务公司业务员阶段性考核
任务七 (12月28日)	7-1 从九江塑电采购的原材料入库
	7-2 服务公司收取广告费
	7-3 计提借款利息(记-035)
	7-4 职工薪酬的分摊核算(记-036)
	7-5 固定资产出售转清理(记-037)
	7-6 固定资产出售收款(记-038)
	7-7 交易性金融资产处置(记-039)
	7-8 以支票支付服务公司设备维修费用(记-040)
	7-9 从四川电器采购的商品入库
	7-10 收到九江塑电开具的发票(记-041)
	7-11 服务公司收取设备维护费
	7-12 其他权益工具投资收到现金股利(记-042)
	7-13 支付九江塑电货款(记-043)
	7-14 其他权益工具投资公允价值变动(记-044)
	7-15 债权投资确认投资收益(记-045)
	7-16 支付借款利息(记-046)
任务八 (12月28日)	8-1 组装车间产成品完工入库
	8-2 销售发货给昆明经贸
	8-3 开具销售发票给昆明经贸(记-047)
	8-4 销售发货给天津万润
	8-5 支付九江塑电12月6日合同货款(记-048)
	8-6 收到天津万润电汇的50%货款(记-049)
	8-7 增值税抵扣联认证
	8-8 长期股权投资的后续计量收到红利(记-050)
	8-9 投资性房地产的后续计量收到房租(记-051)
	8-10 开具销售发票给天津万润(记-052)
	8-11 计算结转当月应交未交增值税(记-053)
	8-12 计算税金及附加(记-054)
	8-13 从四川电器采购的商品月末做暂估处理(记-055)
	8-14 计提固定资产折旧(记-056)
	8-15 计提无形资产摊销(记-057)

续表

任务	具体工作		
任务八 (12月28日)	8-16 存货盘点		
	8-17 出纳日结		
任务九 (12月28日)	9-1 银行对账		
	9-2 固定资产盘点		
	9-3 制造费用归集及分配(记-058)		
	9-4 壶体车间材料成本结转(记-059)		
	9-5 壶体车间自制完工半成品成本核算(记-060)		
	9-6 组装车间材料成本结转(记-061)		
	9-7 组装车间领用自制半成品成本结转(记-062)		
	9-8 组装车间完工产成品成本核算(记-063)		
	9-9 销售成本结转(记-064)		
	9-10 月末损益结转(记-065)		
	9-11 所得税费用的计提(记-066)		
	9-12 结转所得税费用(记-067)		
	9-13 结转净利润(记-068)		
	9-14 科目汇总		
	9-15 明细账汇总		
	9-16 编制报表		
	9-17 凭证装订		

2. 按照任务闭环发布任务

任务闭环是指在完成一个任务时,任务需要做到有头有尾,是一种有效的任务管理方法。按照任务闭环发布任务,可以使受训者更加清晰地了解任务的本质和重点,从而有针对性地进行任务规划和执行。按照任务闭环发布任务,如表1-2至表1-10所示。

表1-2 实训前准备

业务闭环	业务内容		业务发生时间	凭证号
实训准备业务	1-1 实习动员		12月6日	
	1-2 系统操作培训		12月6日	
	1-3 岗前培训		12月6日	
	1-4 发放实习用品		12月6日	
	1-5 了解实训案例背景		12月6日	

表1-3 采购业务

业务闭环	业务内容		业务发生时间	凭证号
票先到,后付款	1-9 与九江塑电签订采购合同		12月6日	
	2-8 提前收到九江塑电全额发票		12月6日	记-009

续表

业务闭环	业务内容	业务发生时间	凭证号
票先到，后付款	4-5 采购九江塑电原材料入库	12月12日	
	4-6 九江塑电在途转入在库账务处理	12月12日	记-023
	8-5 支付九江塑电12月6日合同货款	12月28日	记-048
货先到，票后到	1-11 与北京京亿签订采购合同	12月6日	
	2-7 以支票预付北京京亿40%货款	12月6日	记-008
	3-4 采购北京京亿201不锈钢板材入库	12月6日	
	4-3 支付北京京亿余下60%货款	12月12日	记-021
	5-1 采购北京京亿304不锈钢板材入库	12月12日	
	5-7 收到北京京亿不锈钢板材全额发票	12月12日	记-028
货到票未到，月末暂估	6-3 与四川电器签订采购合同	12月12日	
	7-9 从四川电器采购的商品入库	12月28日	
	8-13 从四川电器采购的商品月末做暂估处理	12月28日	记-055
货到票到	6-4 与九江塑电签订采购合同	12月12日	
	7-1 从九江塑电采购的原材料入库	12月28日	
	7-10 收到九江塑电开具的发票	12月28日	记-041
	7-13 支付九江塑电货款	12月28日	记-043

表1-4 销售业务

业务闭环	业务内容	业务发生时间	凭证号
收到上期货款	3-6 收到北京城乡贸易电汇的货款	12月6日	记-015
先发货，后开票、收款	2-11 与山东万益签订销售合同	12月6日	
	3-1 销售发货给山东万益	12月6日	
	3-2 开具销售发票给山东万益	12月6日	记-012
	6-11 收到山东万益以电汇方式支付的货款	12月12日	记-034
	5-2 与福建银海签订销售合同	12月12日	
	6-8 销售发货给福建银海	12月12日	
	6-9 开具销售发票给福建银海	12月12日	记-032
	6-10 收到福建银海以支票方式支付的货款	12月12日	记-033
先发货，后开票，未收款	5-3 与昆明经贸签订销售合同	12月12日	
	8-2 销售发货给昆明经贸	12月28日	
	8-3 开具销售发票给昆明经贸	12月28日	记-047
先发货，部分开票，部分收款	5-4 与天津万润签订销售合同	12月12日	
	8-4 销售发货给天津万润	12月28日	
	8-6 收到天津万润电汇的50%货款	12月28日	记-049
	8-10 开具销售发票给天津万润	12月28日	记-052

表1-5　生产业务

业务闭环	业务内容	业务发生时间	凭证号
壶体车间	1-12　壶体车间上期在线半成品完工入库	12月6日	
	2-2　壶体车间物料领用	12月6日	
	5-9　壶体车间物料领用	12月12日	
	6-1　壶体车间半成品完工入库	12月12日	
组装车间	1-13　组装车间物料领用	12月6日	
	2-6　组装车间上期在线产品完工入库	12月6日	
	5-8　组装车间产成品完工入库	12月12日	
	6-2　组装车间物料领用	12月12日	
	8-1　组装车间产成品完工入库	12月28日	

表1-6　日常业务

业务闭环	业务内容	业务发生时间	凭证号
广告费用	4-8　与北京融通综合服务公司签订广告合同	12月12日	
	5-5　以转账支票支付北京融通广告费	12月12日	记-026
	7-2　服务公司收取广告费	12月28日	
费用核算等	1-6　期初建账	12月6日	
	1-7　人力行政部行政助理借备用金500元	12月6日	记-001
	1-8　人力行政部行政助理借款791元用于购买办公用品	12月6日	记-002
	1-10　通过网银发放上月薪酬	12月6日	记-003
	2-4　缴纳上月社保	12月6日	记-006
	2-5　缴纳上月住房公积金	12月6日	记-007
	3-3　提取现金10 000元	12月6日	记-013
	3-8　人力行政部行政助理报销791元冲借款	12月6日	记-017
	3-9　现金送存银行	12月6日	记-018
	3-10　出纳日结	12月6日	
	4-2　提取现金5000元	12月12日	记-020
	6-5　采购员报销差旅费	12月12日	记-029
	6-6　销售员报销差旅费	12月12日	记-030
	6-7　人力行政部报销招待费	12月12日	记-031
	6-12　出纳日结	12月12日	
	7-3　计提借款利息	12月28日	记-035
	7-5　固定资产出售转清理	12月28日	记-037
	7-6　固定资产出售收款	12月28日	记-038
	7-8　以支票支付服务公司设备维修费用	12月28日	记-040
	7-11　服务公司收取设备维护费	12月28日	
	7-16　支付借款利息	12月28日	记-046
	8-17　出纳日结	12月28日	

表 1-7 纳税申报业务

业务闭环	业务内容	业务发生时间	凭证号
纳税申报	2-9 上月增值税申报与缴纳	12月6日	记-010
	2-10 上月附加税费申报与缴纳	12月6日	记-011
	4-9 上月个税的申报与缴纳	12月12日	记-025
税费计提及结转	8-7 增值税抵扣联认证	12月28日	
	8-11 计算结转当月应交未交增值税	12月28日	记-053
	8-12 计算税金及附加	12月28日	记-054
	9-11 所得税费用的计提	12月28日	记-066
	9-12 结转所得税费用	12月28日	记-067

表 1-8 投融资业务

业务闭环	业务内容	业务发生时间	凭证号
交易性金融资产	2-1 交易性金融资产的初始计量	12月6日	记-004
	4-1 交易性金融资产的后续计量红利宣告	12月12日	记-019
	4-4 交易性金融资产的后续计量收到红利	12月12日	记-022
	7-7 交易性金融资产处置	12月28日	记-039
长期股权投资	3-5 长期股权投资的初始计量	12月6日	记-014
	5-6 长期股权投资的后续计量红利宣告	12月12日	记-027
	8-8 长期股权投资的后续计量收到红利	12月28日	记-050
投资性房地产	3-7 投资性房地产的初始计量	12月6日	记-016
	8-9 投资性房地产的后续计量收到房租	12月28日	记-051
其他权益工具	2-3 其他权益工具投资的初始计量	12月6日	记-005
	4-7 债权投资的初始计量	12月12日	记-024
	7-12 其他权益工具投资收到现金股利	12月28日	记-042
	7-14 其他权益工具投资公允价值变动	12月28日	记-044
	7-15 债权投资确认投资收益	12月28日	记-045

表 1-9 期末业务

业务闭环	业务内容	业务发生时间	凭证号
期末业务	7-4 职工薪酬的分摊核算	12月28日	记-036
	8-14 计提固定资产折旧	12月28日	记-056
	8-15 计提无形资产摊销	12月28日	记-057
	8-16 存货盘点	12月28日	
	9-1 银行对账	12月28日	
	9-2 固定资产盘点	12月28日	
	9-3 制造费用归集及分配	12月28日	记-058
	9-4 壶体车间材料成本结转	12月28日	记-059
	9-5 壶体车间自制完工半成品成本核算	12月28日	记-060

续表

业务闭环	业务内容	业务发生时间	凭证号
期末业务	9-6　组装车间材料成本结转	12月28日	记-061
	9-7　组装车间领用自制半成品成本结转	12月28日	记-062
	9-8　组装车间完工产成品成本核算	12月28日	记-063
	9-9　销售成本结转	12月28日	记-064
	9-10　月末损益结转	12月28日	记-065
	9-13　结转净利润	12月28日	记-068
	9-14　科目汇总	12月28日	
	9-15　明细账汇总	12月28日	
	9-16　编制报表	12月28日	

表1-10　外围考核业务

业务闭环	业务内容	业务发生时间	凭证号
外围考核业务	6-13　供应商代表阶段性考核	12月12日	
	6-14　客户代表阶段性考核	12月12日	
	6-15　银行柜员阶段性考核	12月12日	
	6-16　税务局专管员阶段性考核	12月12日	
	6-17　服务公司业务员阶段性考核	12月12日	

📌 思政案例

会计人员的"三坚三守"

为推进会计诚信体系建设、提高会计人员职业道德水平，财政部于2023年1月制定印发了《会计人员职业道德规范》，这是我国首次制定全国性的会计人员职业道德规范。此次制定的规范，将新时代会计人员职业道德要求总结提炼为以下三条核心表述。

一、坚持诚信，守法奉公。牢固树立诚信理念，以诚立身、以信立业，严于律己、心存敬畏。学法知法守法，公私分明、克己奉公，树立良好职业形象，维护会计行业声誉。

二、坚持准则，守责敬业。严格执行准则制度，保证会计信息真实完整。勤勉尽责、爱岗敬业，忠于职守、敢于斗争，自觉抵制会计造假行为，维护国家财经纪律和经济秩序。

三、坚持学习，守正创新。始终秉持专业精神，勤于学习、锐意进取，持续提升会计专业能力。不断适应新形势新要求，与时俱进、开拓创新，努力推动会计事业高质量发展。

会计人员承担着生成和提供会计信息、维护国家财经纪律和经济秩序的重要职责。加强会计人员职业道德建设，引导会计人员树立正确的价值追求和行为规范，对于提升会计工作水平、提高会计信息质量、加强社会信用体系建设，以及推动经济社会高质量发展具有重要意义。作为财会专业的在校生，努力学习专业知识的同时也应该注意提升自身的职业道德素养，注重职业道德规范化建设，在履行义务时，克服困难障碍，磨炼职业道德意志，树立坚定的职业道德信念。

【思考】

作为一名财会专业的在校学生，请谈谈你对"三坚三守"的理解。

第 2 章
案例企业的基本情况

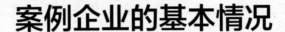

➚ **学习目标**
☐ 了解制造企业的基本信息、公司架构及主营产品系列。
☐ 了解制造企业的财务制度及核算规则。
☐ 熟悉制造企业的财务岗位设置及外围岗位设置。
☐ 熟悉制造企业存货的基本信息。

➚ **思政目标**
☐ 规范执行财务制度，培养思想道德素养和职业道德素质。
☐ 遵守财务管理法规，增强法治意识，规避潜在的法律风险。
☐ 明确企业资金使用原则和预算控制要求，提高资源利用效率。

2.1 企业的背景介绍

仿真企业选择了生产制造企业，生产制造企业区别于其他行业的典型特征是产供销业务流程完整、产品成本核算复杂。

1. 企业的基本信息

仿真企业是一家中型小家电制造企业，属于有限责任公司，创建于2015年6月，主要产品是以电热水壶、电饭煲、豆浆机为代表的小家电产品。目前，企业有几座不同规模的厂房，厂房内安装不同类别的生产设备，设备运行状况良好，目前公司财务状况正常。

有限责任公司，又称有限公司(Co., Ltd.)。有限责任公司指根据《中华人民共和国公司登记管理条例》规定登记注册，由五十个以下的股东共同出资，每个股东以其所认缴的出资额对公司承担有限责任，公司以其全部资产对其债务承担责任的经济组织。

案例中共有20家制造企业，详细资料如表2-1所示。

表 2-1　制造企业详细资料

序号	企业名称	企业法定代表人	电话	企业注册地址	企业注册登记日期	统一社会信用代码	开户行	银行账号（基本户）	账户余额/元	银行账号（发薪户）
1	北京新锐电器有限公司	葛文学	010-26674938	北京市昌平区光明路16号	2015-6-1	11011474586290 4015	中国工商银行北京市分行昌平支行	02000000283627392724	100亿	03000000283627393589
2	北京星空电器有限公司	李亚奇	010-26674939	北京市昌平区光明路17号	2015-6-1	11011474586290 4016	中国工商银行北京市分行昌平支行	02000000283627392725	100亿	03000000283627394062
3	北京红日电器有限公司	易烈飞	010-26674940	北京市昌平区光明路18号	2015-6-1	11011474586290 4017	中国工商银行北京市分行昌平支行	02000000283627392726	100亿	03000000283627395024
4	北京易鑫电器有限公司	邹明艳	010-26674941	北京市昌平区光明路19号	2015-6-1	11011474586290 4018	中国工商银行北京市分行昌平支行	02000000283627392727	100亿	03000000283627396011
5	北京嘉乐电器有限公司	方陈	010-26674942	北京市昌平区光明路20号	2015-6-1	11011474586290 4019	中国工商银行北京市分行昌平支行	02000000283627392728	100亿	03000000283627397102
6	北京统一电器有限公司	戴名夏	010-26674943	北京市昌平区光明路21号	2015-6-1	11011474586290 4020	中国工商银行北京市分行昌平支行	02000000283627392729	100亿	03000000283627398231
7	北京雨同电器有限公司	盛君子	010-26674944	北京市昌平区光明路22号	2015-6-1	11011474586290 4021	中国工商银行北京市分行昌平支行	02000000283627392730	100亿	03000000283627396325
8	北京华创电器有限公司	桂美萍	010-26674945	北京市昌平区光明路23号	2015-6-1	11011474586290 4022	中国工商银行北京市分行昌平支行	02000000283627392718	100亿	03000000283627396694
9	北京沃达电器有限公司	雷延林	010-26674946	北京市昌平区光明路24号	2015-6-1	11011474586290 4023	中国工商银行北京市分行昌平支行	02000000283627392719	100亿	03000000283627397123
10	北京远航电器有限公司	莫莉花	010-26674947	北京市昌平区光明路25号	2015-6-1	11011474586290 4024	中国工商银行北京市分行昌平支行	02000000283627392720	100亿	03000000283627398214
11	北京益和电器有限公司	郑则水	010-26674948	北京市昌平区光明路26号	2015-6-1	11011474586290 4025	中国工商银行北京市分行昌平支行	02000000283627392721	100亿	03000000283627399671

续表

序号	企业名称	企业法定代表人	电话	企业注册地址	企业注册登记日期	统一社会信用代码	开户行	银行账号（基本户）	账户余额/元	银行账号（发薪户）
12	北京顺泰电器有限公司	倪志豪	010-26674949	北京市昌平区光明路27号	2015-6-1	11011474586290 4026	中国工商银行北京市分行昌平支行	02000002836273 92722	100亿	03000002836273 93265
13	北京华冲电器有限公司	刘佳鸿	010-26674950	北京市昌平区光明路28号	2015-6-1	11011474586290 4027	中国工商银行北京市分行昌平支行	02000002836273 92723	100亿	03000002836273 97021
14	北京亿雄电器有限公司	蒲海明	010-26674951	北京市昌平区光明路29号	2015-6-1	11011474586290 4028	中国工商银行北京市分行昌平支行	02000002836273 92734	100亿	03000002836273 96522
15	北京瑞鑫电器有限公司	乔鑫	010-26674952	北京市昌平区光明路30号	2015-6-1	11011474586290 4029	中国工商银行北京市分行昌平支行	02000002836273 92735	100亿	03000002836273 97332
16	北京三辰电器有限公司	阎兴海	010-26674953	北京市昌平区光明路31号	2015-6-1	11011474586290 4030	中国工商银行北京市分行昌平支行	02000002836273 92736	100亿	03000002836273 97096
17	北京派辰电器有限公司	谈政	010-26674954	北京市昌平区光明路32号	2015-6-1	11011474586290 4031	中国工商银行北京市分行昌平支行	02000002836273 92737	100亿	03000002836273 92366
18	北京通博电器有限公司	谭友升	010-26674955	北京市昌平区光明路33号	2015-6-1	11011474586290 4032	中国工商银行北京市分行昌平支行	02000002836273 92738	100亿	03000002836273 98413
19	北京良信电器有限公司	訾赛专	010-26674956	北京市昌平区光明路34号	2015-6-1	11011474586290 4033	中国工商银行北京市分行昌平支行	02000002836273 92739	100亿	03000002836273 99517
20	北京宝安电器有限公司	栾凤静	010-26674957	北京市昌平区光明路35号	2015-6-1	11011474586290 4034	中国工商银行北京市分行昌平支行	02000002836273 92740	100亿	03000002836273 93571

2. 企业的组织结构

企业的组织结构是支撑企业生产、技术、经济及其他活动的运筹体系，是企业的"骨骼"系统。没有组织结构，企业的一切活动就无法正常、有效地进行。

企业组织结构指的是企业组织由哪些部分组成，各部分之间存在着怎样的关联，各部分在整个组织中的数量比例关系。企业组织结构表达的是企业的全体人员以怎样的模式及构架被组织起来，形成一个有机的整体。

企业组织结构是由各职位组成的。从这个意义上讲，企业组织结构也是企业的职位系统。每个职位都有权利和责任，所以，企业组织结构可以看成是企业的权责系统。

例如，北京新锐电器有限公司的组织结构，如图2-1所示。

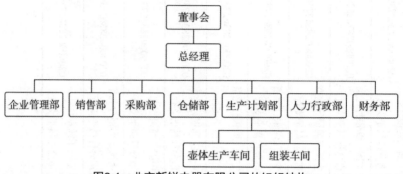

图2-1 北京新锐电器有限公司的组织结构

3. 企业的产品系列

北京新锐电器有限公司是一家专业从事电热水壶、电饭煲和豆浆机等小家电及其配件的研发、生产、加工、销售的电器公司。产品畅销全国各地，为消费者带去便捷、时尚、健康的生活方式。在这三大产品系列中，电热水壶采用自主生产方式，电饭煲和豆浆机采用OEM生产方式。

OEM生产，即代工生产，也称为定点生产，基本含义为品牌生产者不直接生产产品，而是利用自己掌握的关键的核心技术负责设计和开发新产品，控制销售渠道，具体的加工任务通过合同订购的方式委托同类产品的其他厂家生产。之后将所订产品低价买断，并直接贴上自己的品牌商标。这种委托他人生产的合作方式简称OEM，承接加工任务的制造商被称为OEM厂商，其生产的产品被称为OEM产品。

2.2　企业的财务制度及财务信息

1. 账簿设置和会计核算程序

企业按照《中华人民共和国会计法》(以下简称《会计法》)、《企业会计准则》等法律规范的规定组织会计核算，设置各类账簿，选择账务处理程序。

企业会计准则主要包括账簿设置与会计核算程序的规则、会计核算规范、税务法规、银行贷款等方面的重要规定等。各企业必须严格遵循这些规则的各项规定，组织财务核算，并进行财务管理。

1) 账簿设置

各企业都必须根据《企业会计准则》规定设置本单位的会计科目和会计核算账户。企业设置以下账簿：总分类账、明细分类账、日记账。总分类账户按照财政部统一规定一级会计科目设置；明细分类账户根据各单位生产经营特点设置。

2) 会计核算程序

会计核算程序包括：填制或者取得原始凭证，审核原始凭证，填制并审核记账凭证，登记日记账，登记明细账，登记总分类账簿，调整期末账项，对账与结账，编制财务报告。

(1) 填制或者取得原始凭证。任何一项经济业务发生，必须及时填制或者取得相应的原始凭证，做到要素齐全，手续完整，责任明确。

(2) 审核原始凭证。审核原始凭证的合法性、真实性和完整性。会计人员发现原始凭证不完整、有错误时，可以责令经手人补充完整或者重新开具后再予以办理。

(3) 编制并审核记账凭证。会计人员根据审核无误的原始凭证及时编制记账凭证。记账凭证必须审核，审核人负责审核记账凭证的合法性、正确性和完整性。记账凭证的审核人与填制人不能为同一人。企业记账凭证应连续编号。

(4) 登记日记账。根据审核无误的记账凭证，由出纳人员逐日逐笔登记日记账。登记完日记账之后，凭证过账打"√"。

(5) 登记明细账。会计人员根据审核无误的记账凭证及时登记各类明细分类账簿。明细账登记完成后，凭证过账打"√"，最后登记明细账的人员在凭证记账处盖章。

(6) 登记总分类账簿。会计人员根据本单位选定的账务处理程序，对本会计期间的全部记账凭证进行汇总处理，并根据处理结果登记总分类账簿。

(7) 调整期末账项。会计人员按照权责发生制原则处理跨期业务。

(8) 对账与结账。要求各个生产制造企业及时组织会计核算，按时记账、对账和结账。本规则要求各个生产制造企业采用月结方式组织对账并进行结账。

(9) 编制财务报告。财务部门在正确组织会计核算的基础上，要及时反映企业经营业绩，按期编制财务报告。

3) 实施会计信息化、管理信息化

各个生产制造企业首先必须规范手工会计核算，会计核算制度和会计管理制度健全完整，在手工运行一个月后，实施会计电算化、会计信息化，甚至管理信息化。

4) 会计档案

所有会计凭证、会计账簿、财务报告等会计档案应该按年装订成册，并妥善保管，以便查阅。会计档案在实训结束后全部上交实训指导老师。

2. 会计核算规则

1) 会计核算的基本规则

会计日常核算必须按月进行，并编制财务报表。企业必须提交的会计报表为资产负债表和利润表，鼓励企业尽量提交现金流量表。

2) 结算方式

企业可以采用的结算方式包括现金结算方式和银行结算方式，具体规则如下。

(1) 现金结算方式。在模拟市场的各项交易活动中，严格限制现金的使用。

(2) 银行结算方式。银行结算方式包括：

① 支票结算，包括现金支票与转账支票；

② 托收承付结算；

③ 银行承兑汇票结算；

④ 电汇结算。

3) 存货计价方式

存货采用全月一次加权平均法核算；自制半成品采用实际成本价核算。

4) 折旧方法

固定资产采用平均年限法计提折旧，企业按月计提固定资产折旧。企业计提固定资产折旧，应该编制"固定资产折旧计算表"，按照固定资产使用部门，将折旧费用计入相应的成本费用中。

5) 设备维修、维护费用的处理

机器设备的日常维护费必须按月支付，不得拖欠；大修理费用可以采用待摊的方式。设备大修理费用于修理时一次性支付，不得拖欠。

生产制造企业因为维护保养、修理设备而支付的维护费、维修费，由外部相关部门收缴。

6) 固定资产出售规则

未到期仍可以正常使用的固定资产可以随时出售，出售价具体按照合同执行。由于固定资产使用年限到期，或者因为技术进步，或者因为没有维护保养好，或者没有及时大修理等，固定资产都可能提前报废；报废的固定资产不能出售，只能回收残值。

7) 制造费用的归集和分配

生产车间发生的各项间接费用，必须先归集后分配，编制"制造费用分配表"，及时归集，按照合理的分配标准分配制造费用，以便准确计算各种产品的制造成本。

8) 成本计算规则

企业的成本包括原材料采购成本、自制半成品生产成本和产成品生产成本，其计算的基本方法为品种法。

(1) 原材料采购成本按月进行计算；对于采购材料承担的运杂费，需要编制运杂费分配表，以计算采购材料的实际采购成本。

(2) 自制半成品生产成本按月进行计算；通过编制半成品成本计算表来计算自制半成品的成本。

(3) 产成品生产成本依据品种法计算；计算产成品的制造总成本和单位成本，并编制产品成本计算表。具体步骤如下。

① 根据各种产品的物料清单和材料消耗定额，计算直接材料费。

② 计算直接人工费，其中包括直接生产人员的工资、福利费及各种补贴。

③ 归集、分配当期制造费用，包括间接材料费、间接人工费，以及计入制造费用的折旧费、维护费、大修理费用、动力费等。

④ 计算其他费用，主要包括废品损失和停工损失。废品损失按照已消耗的人力、财力、物力进行计算，停工损失则依据实际停工时间来计算。

⑤ 在完工产品与在产品之间分配当期生产费用。

⑥ 编制产品成本计算表，进而计算出各种产品的总成本和单位成本。

(4) 发出存货成本结转时间与发出存货计价方式相关联。

① 统计本期销售产品的数量、销售市场、销售价格等资料，编制产品销售情况统计表。

② 根据一贯性原则,计算已销产品的生产成本。

③ 结转本期已销产品的生产成本。根据发出存货的计价方式,销售成本期末一次结转。

④ 结转其他销售业务的成本。

⑤ 已发货未开票的不确认收入。

9) 职工工资的分配与有关费用的提取

(1) 职工工资。职工工资费用由人事部门按月进行计算,并将计算结果及时报送财务部门,由财务部门负责发放;职工工资收入应该缴纳个人所得税,个人所得税由职工个人负担,生产制造企业是职工个人所得税的代扣代缴义务人。

(2) 五险一金的计算方式。公司承担并缴纳的养老保险、医疗保险、失业保险、工伤保险、生育保险、住房公积金,分别按照基本工资的20%、10%、1%、1%、0.8%、12%的比例进行计算;职工个人承担的养老保险、医疗保险、失业保险、住房公积金,分别以基本工资的8%、2%外加3元(大额医疗互助资金)、0.2%、12%的方式计算。依据国家相关规定,公司代扣代缴个人所得税,其费用扣除标准为5000元。

10) 预借或报销差旅费

凡是需要出差办理业务的人员,可以预借差旅费。差旅费实行预借报销制度。

(1) 出差人员预借差旅费,办理相关手续。

(2) 按照规定报销或支付差旅费。

11) 利息的计算

(1) 企业的银行存款,于收到利息单时确认利息收入。

(2) 短期贷款等应支付的利息,应该按月计息,按季付息。

(3) 长期贷款利息,一般按月计算,按照贷款合同约定时间支付。

12) 摊销有关费用

对于跨期摊配业务,生产制造企业应该按照权责发生制原则进行会计处理。

(1) 预提费用处理。

(2) 摊销应由本期负担的各项费用。

(3) 无形资产摊销。企业拥有的无形资产,摊销期为10年,按账面价值平均摊销。

13) 票据管理

企业日常会计核算所需的原始单据,若为企业内部往来的单据,可以自制或购买;若为需开具给外单位的票据,则必须使用统一正规票据。所有票据的存根联必须妥善保管,以备查考。发票等票据在税务部门购买;支票等票据在银行购买。

14) 财产清查

为了保证企业财产物资的安全完整,企业应该每月或者每季度进行财产清查,至少每年进行一次财产清查。

(1) 对库存现金盘点,填写现金盘点报告单和账存实存对照表,确认现金长款、短款金额。

(2) 获取银行对账单,进行银行对账,编制银行存款余额调节表。

(3) 对本企业的流动资产、固定资产等实物资产进行全面盘点,填写盘点报告单和账存实存对照表,确认盘盈、盘亏资产的种类、数量和金额。

(4) 核对各种往来款项,确认账实是否相符;每个会计期间,企业应该主动与银行对账,以保证账实相符;双方对不上的账项,要查明原因,分清责任;对于未达账,应该编制银行存款余额调节表。

(5) 对账实不符的各项资产进行账务处理。

(6) 查明账实不符的原因，报经有关领导批准，结合不同原因对盘盈、盘亏资产进行相应的账务处理。

(7) 结转净收益或净损失。

15) 期末损益类结转规则

(1) 投资收益、财务费用两个科目按余额结转。

(2) 其他损益类科目按借贷方发生额结转。

(3) 所得税按月计提。

3. 税种及适用税率

1) 增值税

增值税是指对在中华人民共和国境内销售货物或者提供加工、修理修配劳务、销售服务、无形资产或者不动产，以及进口货物的单位和个人取得增值额所征的税。增值税纳税人可分为一般纳税人和小规模纳税人。一般纳税人适用的税率有13%、9%、6%、0；小规模纳税人适用征收率，征收率为3%。其计算公式为

$$进项税额＝买价×扣除率$$
$$销项税额＝销售额(不含税)×税率$$
$$当期应纳税额＝当期销项税额－当期进项税额(可抵扣)$$

发票类型包括增值税普通发票、增值税专用发票。两种发票的最大区别是增值税专用发票可以抵扣进项税款。

2) 个人所得税

个人所得税是以自然人取得的各种应税所得为征税对象而征收的一种所得税，是政府利用税收对个人收入进行调节的一种手段。个人所得税适用税率如表2-2所示。

表2-2　工资、薪金所得个人所得税税率表

级数	全年应纳税所得额	税率/%
1	不超过36 000元的	3
2	超过36 000元至144 000元的部分	10
3	超过144 000元至300 000元的部分	20
4	超过300 000元至420 000元的部分	25
5	超过420 000元至660 000元的部分	30
6	超过660 000元至960 000元的部分	35
7	超过960 000元的部分	45

个人所得税的起征点为每月5000元。

依据《中华人民共和国个人所得税法》，居民个人的综合所得，以每一纳税年度的收入额减除费用六万元以及专项扣除、专项附加扣除和依法确定的其他扣除后的余额，为应纳税所得额。其计算公式为

$$应纳税所得额＝年度收入－60\,000元－专项扣除－专项附加扣除－依法确定的其他扣除$$

3) 企业所得税

企业所得税是对在中国境内从事生产经营活动的企业或者组织, 就其生产经营所得和其他所得依法征收的一种税, 适用税率为25%。

4. 企业财务信息

实训中的制造企业, 其经济业务反映的是2019年12月的经济事项。为保证经济业务的连续性及可操作性, 现将制造企业2019年10月和11月的利润表(见表2-3)和资产负债表(见表2-4)展示如下。

表2-3 利润表 单位: 元

项目	11月	10月
一、营业总收入	7 008 312.00	6 416 299.00
减: 营业成本	5 787 283.00	5 038 719.60
税金及附加	90 407.22	85 338.10
销售费用	154 883.70	142 441.84
管理费用	187 138.55	170 789.41
研发费用		
财务费用	14 000.00	14 000.00
其中: 利息费用	14 000.00	14 000.00
利息收入		
加: 其他收益		
投资收益(损失以"-"填列)	1 051 246.80	641 629.90
二、营业利润(亏损以"-"填列)	1 825 846.33	1 606 639.95
加: 营业外收入		
减: 营业外支出	700.83	
三、利润总额(亏损以"-"填列)	1 825 145.50	1 606 639.95
减: 所得税费用	456 286.38	401 659.99
四、净利润(净亏损以"-"填列)	1 368 859.12	1 204 979.96

表2-4 资产负债表 单位: 元

资产	11月	10月	负债和所有者权益	11月	10月
流动资产:			流动负债:		
货币资金	66 580 597.00	65 403 930.02	短期借款		
交易性金融资产			交易性金融负债		
应收票据			应付票据		
应收账款	1 360 860.00	1 050 122.00	应付账款	862 570.00	681 273.80
预付款项			预收款项		
其他应收款			应付职工薪酬	941 104.50	896 235.60
存货	4 994 382.60	3 768 113.21	应交税费	1 221 865.70	801 659.99

续表

资产	11月	10月	负债和所有者权益	11月	10月
一年内到期的非流动资产			一年内到期的非流动负债		
流动资产合计	72 935 839.60	70 222 165.23	流动负债合计	3 025 540.20	2 379 169.39
非流动资产：			非流动负债：		
长期应收款			长期借款	2 000 000.00	2 000 000.00
长期股权投资			负债合计：	5 025 540.20	4 379 169.39
固定资产	13 115 444.44	13 719 222.22	所有者权益(或股东权益)：		
在建工程			实收资本(或股本)	50 000 000.00	50 000 000.00
无形资产	804 666.67	899 333.33	资本公积		
开发支出			盈余公积	5 193 680.00	5 193 680.00
其他非流动资产			未分配利润	26 636 730.51	25 267 871.39
非流动资产合计	13 920 111.11	14 618 555.55	所有者权益(或股东权益)合计	81 830 410.51	80 461 551.39
资产总计	86 855 950.71	84 840 720.78	负债和所有者权益(或股东权益)合计	86 855 950.71	84 840 720.78

2.3　企业的财务岗位及外围岗位介绍

1. 企业财务岗位介绍

(1) 出纳的主要工作包括：

- 负责办理银行账户的开立、变更和撤销业务；
- 现金收支管理，做到账款相符，确保现金的安全；
- 定期进行银行对账，编制银行余额调节表；
- 银行结算业务的办理；
- 签发支票、汇票等重要空白凭证并登记；
- 保管库存现金、有价证券、重要空白凭证、印章等；
- 登记现金日记账和银行存款日记账；
- 及时整理并传递原始票据，完成协同工作；
- 编制资金报表，按月装订并定期归档；
- 办理贷款卡的年检；
- 完成领导交给的其他临时工作。

(2) 费用会计的主要工作包括：

- 熟悉会计制度和财政部门对各项费用开支的相关规定，在预算范围内，严格把控费用开支标准，坚持原则，厉行节约，对不应支付的费用不予报销；
- 认真审核各种费用单据，确保授权审批人和经手人签字完备，原始单据数字清晰，业务情况反映明晰；
- 收到费用单据及时编制记账凭证，金额和摘要明确，按照规定分清各部门和各项费用的小细目，制单和复核手续齐全；
- 每月应按权责发生制原则，有关费用预结入账；
- 月末编制部门费用汇总表，将其与预算进行对比分析，对每月的费用进行预警，对超当月预算的费用提醒各部门关注；
- 总体跟踪和控制预算执行情况，确保开支在预算范围内，对异常费用做专项分析，编制相关管理报表。

(3) 薪资会计的主要工作包括：
- 编制工资及福利费用财务预算；
- 负责核算发放员工的工资、奖金、津贴、补贴、生活费等薪资福利；
- 负责应付工资会计核算；
- 负责计提、汇缴职工住房公积金，做好公积金查询和管理工作；
- 按工资总额的一定比例计提职工福利费、工会经费、职工教育经费；
- 根据人力资源和社会保障服务中心提供的养老保险金、医疗保险金、失业保险金清单，上缴各类基金，计提企业与职工个人承担的各类基金。

(4) 成本会计的主要工作包括：
- 材料采购的入库登记；
- 材料领用的核算；
- 辅助生产成本、制造费用的归集与分摊；
- 生产成本的核算；
- 销售成本的结转；
- 存货、生产成本、销售成本科目记账凭证的编制；
- 存货、生产成本、销售成本账簿的登记；
- 半成品、产成品的入库登记；
- 定期与仓管员对各项原料、物料、产成品、半成品实物盘点以账实核对；
- 产品成本和生产效率的初级分析；
- 保管好各种凭证、账簿、报表及有关成本计算资料，防止丢失或损坏，按月装订并定期归档。

(5) 应收会计的主要工作包括：
- 根据销售合同对每个客户建立台账管理，做好销售合同的管理工作，每月初及时与业务员核对销售订单跟踪执行情况及应收、预收账款；
- 认真核对并确认客户的每一笔回款，登记应收账款明细账；
- 负责应收账款账龄分析，对应收账款金额较大、账龄较长的客户进行重点跟踪，包括及时与客户对账，查明原因后向部门主管领导汇报；
- 负责审核销售合同是否按公司定价报价，对低于公司报价的销售合同及时上报；
- 负责审核客户开具发票的情况；
- 按月提供客户回款计划执行情况和回款计划统计表。

(6) 应付会计的主要工作包括：
- 负责应付账款的管理与录入，指导并跟踪各部门执行情况；
- 会同有关部门制定应付及预付款项的核算和管理办法，负责应付及预付款项的核算工作；

- 办理应付及预付款项的结算；
- 负责监督采购入库签字手续是否完备；
- 负责审核、监督与控制采购价格、各项费用的真实情况；
- 负责应付、预付及采购费用票据的审核。

(7) 税务会计的主要工作包括：

- 按需购买各类发票；
- 严格依据税务发票的管理规定，保管好未使用的空白发票；
- 根据业务需求开具发票并登记；
- 定期开展增值税抵扣联认证工作；
- 准确计算增值税、城建税等各项税金；
- 编制各税种纳税申报表；
- 按时申报各税种并缴纳税款；
- 按期整理并装订纳税申报表和发票抵扣联；
- 配合税务部门完成各种检查及其他工作；
- 根据业务要求办理其他涉税事项。

(8) 总账报表会计的主要工作包括：

- 负责审核各位会计制作的凭证；
- 负责编制各类报表，包括管理类报表；
- 负责汇总科目明细账并登记总账。

(9) 财务经理的主要工作包括：

- 根据企业实际情况编制企业财务管理制度，制定部门工作目标；
- 全面负责企业的财务会计工作；
- 审核原始票据，确保支出合理合法；
- 编制科目汇总表和财务报表；
- 结合经营状况定期进行经营分析；
- 分析检查企业财务收支，合理筹集企业资金，以确保资金安全；
- 负责企业预算制定与监控；
- 组织年终决算和年审事务；
- 确保按时纳税，依据国家税法和其他规定严格审查应缴税费，督促相关岗位人员及时办理手续。

2. 外围岗位介绍

(1) 客户代表的主要工作包括：

- 制订采购计划；
- 发布商品采购信息，提供拟采购商品的相关信息；
- 进行供应商管理，搜集供应商相关信息，建立供应商档案，评审和管理供应商；
- 开展合同管理，组织采购合同的评审，对合同进行分类档案管理并监督合同执行等；
- 进行收货管理，依据合同约定收货；
- 开展应付款管理，对应付款项建立应付账款台账，强化应付款管理以保障企业信用；

- 进行档案管理，对采购过程中的各类文档进行分类归档整理。

(2) 银行柜员的主要工作包括：

- 对外办理存取款、计息、结算、贷款业务；
- 办理营业用现金的领解与保管；
- 向企业出售各类银行票据，以方便客户办理业务；
- 掌管本柜台各类业务用章和个人名章；
- 办理柜台轧账，打印轧账单，清理、核对当班库存现金，结存重要空白凭证和有价单证，收检业务用章；
- 进行档案管理，对银行柜台业务的各类文档进行分类归档整理。

(3) 供应商代表的主要工作包括：

- 做好公司各项业务的运营工作，包含材料、厂房、仓库设备的租赁与销售；
- 制订销售计划，预估市场需求，制订月度、季度销售计划；
- 发布销售信息；
- 进行客户管理，搜集客户相关信息，建立客户档案，评审和管理客户；
- 开展销售合同管理，组织销售合同的评审，建立销售合同台账，对合同进行分类档案管理并监督合同执行情况等；
- 进行发货管理，根据客户需要组织合同商品发货；
- 开展应收款管理，对应收款项建立应收账款台账，加强应收款的账龄和催收管理；
- 进行销售监控与评价，加强对销售过程的监控，对销售过程和结果进行评价；
- 进行档案管理，对销售过程中的各类文档进行分类归档整理。

(4) 税务局专管员的主要工作包括：

- 税款征收，包括增值税、企业所得税、个人所得税、印花税、房产税、城建税、教育费附加、地方教育附加等项目；
- 发票售卖，包括增值税专用发票和增值税普通发票；
- 对发票的印制、购领、使用、监督及违章处罚等各环节进行监督与管理；
- 纳税检查方面，依据国家税收政策、法规和财务会计制度规定，监督和审查纳税人、扣缴义务人履行纳税义务、扣缴税款义务的真实情况；
- 开展税收统计、分析工作；
- 进行税务违法处罚；
- 进行档案管理，对税务各项业务单据进行分类归档整理。

(5) 服务公司业务员的主要工作包括：

- 做好公司各项业务的运营工作，包括培训服务、广告宣传、市场调研、礼品和办公用品出售、餐饮娱乐等；
- 开展服务合同管理，组织合同评审，对各类合同分类管理，跟进与监督合同执行状态；
- 开展应收款管理，对应收款项建立应收账款台账，加强应收款的账龄和催收管理；
- 进行客户管理，搜集客户相关信息，建立客户档案，评审和管理客户；
- 提供其他服务，作为第三方代办制造企业的其他服务事项，收取相应费用并开具发票；
- 进行档案管理，对销售过程中的各类文档进行分类归档整理。

3. 岗位及关联角色

实训中的制造企业通过业务总体规划及工作量设计，建议以7人岗作为企业财务岗位人员配置，包括：出纳岗、费用核算岗、成本核算岗、往来核算岗、总账报表岗、税务会计岗、财务经理岗。

制造企业在生产经营过程中，经济业务会涉及与外围岗位的联系，外围岗位包括供应商、客户、银行、税务及服务公司等。

由于实训人数及业务内容的限制，我们设置一人多岗，具体岗位设置如表2-5所示。岗位设置也可以由实训负责人根据实训的具体情况合理安排。

表 2-5　岗位设置

机构	岗位	关联角色
制造企业	出纳岗	采购部经理、出纳
	费用核算岗	费用会计、薪资会计、资产会计、车间管理员
	成本核算岗	仓管员、成本会计
	往来核算岗	应收会计、生产计划经理、应付会计、销售专员
	总账报表岗	行政助理、采购专员、总账报表会计
	税务会计岗	营销部经理、税务会计、发票专员、人力行政部经理
	财务经理岗	制造企业总经理、财务经理、稽核会计
外围岗位	供应商	供应商代表
	客户	客户代表
	银行	银行柜员
	税务	税务局专管员
	服务公司	服务公司业务员等

4. 供应商的基本信息

供应商是具备向采购单位提供货物、工程和服务能力的法人、其他组织或者个人。其服务包括提供原材料、设备、能源、劳务等。在生产和销售过程中，供应商非常重要，因为他们的产品和服务直接影响着制造企业的销售和利润。供应商的基本信息如表2-6所示。

表 2-6　供应商的基本信息

企业名称	企业法定代表人	电话	企业注册地址	企业注册登记日期	统一社会信用代码	开户行	银行账号	账户余额/元
北京京亿不锈钢有限公司	李雷	010-26687662	北京市昌平区永定路112号	2012-01-01	110114745862890001	中国工商银行北京市分行昌平支行	0200000283627392710	100亿
无锡电器科技有限公司	张明	0510-8385186	江苏省无锡市锡山区友谊中路15号	2012-01-01	110114745862891002	中国工商银行无锡分行	1103000283627392711	100亿
九江塑电科技有限公司	彭登峰	0792-8573212	江西省九江市开发区九瑞大道96号	2012-01-01	110114745862892003	中国工商银行九江分行	1507000283627392712	100亿
四川电器科技有限公司	王鹏	028-73186534	四川省成都市金牛区蜀西路84号	2012-01-01	110114745862893004	中国工商银行四川分行	4402000283627392713	100亿

续表

企业名称	企业法定代表人	电话	企业注册地址	企业注册登记日期	统一社会信用代码	开户行	银行账号	账户余额/元
河北尚嘉纸制品有限公司	张珊	0310-2376884	河北省石家庄市槐安路60号	2012-01-01	110114745862894005	中国工商银行河北分行	0402000283627392714	100亿
北京卓远科技有限公司	王伟	010-26687925	北京市海淀区北清路80号	2012-01-01	110114745862895006	中国工商银行北京市分行昌平支行	0200000283627392715	100亿
华润房地产有限公司	马云	010-26674960	北京市昌平区光明路110号	2012-01-01	110114745862896007	中国工商银行北京市分行昌平支行	0200000283627392743	100亿
久远互联网软件公司	吴淑玲	010-26674958	北京市昌平区光明路36号	2012-01-01	110114745862897008	中国工商银行北京市分行昌平支行	0200000283627392741	100亿
嘉实优势基金公司	林立	010-26674959	北京市昌平区光明路37号	2012-01-01	110114745862898009	中国工商银行北京市分行昌平支行	0200000283627392742	100亿

5. 客户的基本信息

客户是指购买产品或服务的人或组织，这些人或组织通过购买产品或服务来满足他们的需求和欲望。客户是企业最重要的资产之一，关系到企业的生存和发展，缺乏客户，企业将无法维系其运营。因此，企业必须高度关注客户的需求和期望，以便精准地提供他们所需的产品和服务。客户的基本信息如表2-7所示。

表2-7　客户的基本信息

企业名称	企业法定代表人	电话	企业注册地址	企业注册登记日期	统一社会信用代码	开户行	银行账号	账户余额/元
北京城乡贸易城	韩梅梅	010-26687845	北京市大兴亦庄工业园区新兴路351号	2012-01-01	110114745862896010	中国工商银行北京市分行昌平支行	0200000283627392716	100亿
山东万益经贸有限公司	韩东	0533-2828679	山东省淄博市张店区柳泉路19号	2012-01-01	110114745862897011	中国工商银行山东分行	1603000283627392717	100亿
福建银海贸易有限责任公司	陆建平	0519-2378943	福建省福州市鼓楼区五四路109号东煌大厦13层	2012-01-01	110114745862898012	中国工商银行福建分行	1402000283627392718	100亿
昆明经贸大市场	彭清	0871-64669022	云南省昆明市西山区大商汇灯具A区29号	2012-01-01	110114745862899013	中国工商银行昆明分行	2502000283627392719	100亿
天津万润贸易公司	瞿铭	022-38717663	天津市北辰区柳滩邯郸道2号	2012-01-01	110114745862900014	中国工商银行天津分行	0302000283627392720	100亿

6. 外围组织信息

企业的外围组织主要是指社会环境。在实训中，与制造企业密切相关的外围组织包括人力资源和社会保障局、服务公司、银行和税务局。外围组织信息如表2-8所示。

表 2-8　外围组织信息

企业名称	企业法定代表人	电话	企业注册地址	企业注册登记日期	统一社会信用代码	开户行	银行账号	账户余额/元
人力资源和社会保障局						中国工商银行北京市分行昌平支行	0200000283627392744	100亿
北京融通综合服务有限公司	林云	010-26687657	北京市昌平区育慧南路1号	2012-01-01	110114745862901035	中国工商银行北京市分行昌平支行	0200000283627392745	100亿
中国工商银行北京市分行昌平支行	刘飞	010-26678566	北京市昌平区科技园区超前路9号	2012-01-01	110114745862902036	中国工商银行北京市分行昌平支行	0200000283627392746	100亿
北京市昌平区税务局第二税务所	张云	010-34234131	北京市昌平区温南路46号	2012-01-01	110114745862903037	中国工商银行北京市分行昌平支行	0200000283627392747	100亿

2.4　企业的项目信息及编制规则

1. 存货基本信息

存货是企业在日常活动中持有的，以备出售的产成品或商品、处在生产过程中的在产品，以及在生产过程或提供劳务过程中耗用的材料和物料等。存货通常包括原材料、在产品、半成品、产成品、商品及周转材料等。实训企业的存货基本信息如表2-9所示。

表 2-9　存货基本信息

产品编码	存货名称	规格型号
HF-0003	201不锈钢板材	0.5mm×1250mm×2500mm
HC-0004	304不锈钢板材	0.5mm×1250mm×2500mm
HF-0001	轻巧、经典型壶盖	通用：定制
HC-0001	豪华型壶盖	豪华型：定制
HF-0002	轻巧、经典型底座	通用：定制
HC-0002	豪华型底座	豪华型：定制
HF-0004	国产温控器	国产BB3
HC-0005	进口温控器	SKE903
HA-0002	轻巧型手柄	轻巧型：定制
HB-0002	经典型手柄	经典型：定制
HC-0006	豪华型手柄	豪华型：定制
HF-0005	轻巧、经典型加热底盘	通用：定制
HC-0008	豪华型加热底盘	豪华型：定制
HA-0003	轻巧型辅材套件	轻巧型：定制
HB-0003	经典型辅材套件	经典型：定制
HC-0007	豪华型辅材套件	豪华型：定制
HA-0001	轻巧型壶体	轻巧型：定制
HB-0001	经典型壶体	经典型：定制

续表

产品编码	存货名称	规格型号
HC-0003	豪华型壶体	豪华型：定制
HW-0001	轻巧型电热水壶	轻巧型
HW-0002	经典型电热水壶	经典型
HW-0003	豪华型电热水壶	豪华型
P2001	经典型电饭煲	经典型
P2002	智能型电饭煲	智能型
P3001	精磨型豆浆机	精磨型
P3002	时尚型豆浆机	时尚型

2. 单据编号规则

日期格式参照：2019年12月06日

支票大写：贰零壹玖年壹拾贰月零陆日

单据号：除专门指定的之外，其他为流水号格式

制造企业发票号：7894××××

供应商、客户、服务公司发票号：6245××××

采购入库：CG-000××

生产入库：SC-000××

完工单：WG-000××

销售出库：XS-000××

材料出库：CL-000××

企业发货单：XS-001××

客户发货单：XS-100××

供应商发货单：XS-200××

转账支票：一本25页，支票票据号码为90000001～90000025

现金支票：一本25页，支票票据号码为80000001～80000025

广告合同编号：GH-0001

固定资产出售合同编号：ZH-0001

其他单据为6位流水号：××××××

原材料、半成品、产成品存放仓库名称为：仓库

注意：

- 发票单价、金额、税额需要保留两位小数；
- 采购入库单、到货单、发货单、领料单上的类型或者出库类型可不填写；
- 成本计算过程中保留6位小数，账簿登记时保留两位小数。

3. 记账凭证编号规则

记账凭证编号是记录会计信息的重要依据。当企业拥有大量的会计凭证时，通过记录编号，就可以方便查询和管理每一笔资金流向；同时，对于财务人员来说，也可以通过凭证编号帮助他们快速地找到需要处理的凭证，从而提高工作效率。为了方便多个实训企业

的实训者在制作记账凭证时保持编号一致性，可制作记账凭证编号表(见表2-10)。

表 2-10　记账凭证编号表

任务	凭证号	任务	凭证号	任务	凭证号	任务	凭证号
任务1-7	记-001	任务3-9	记-018	任务7-3	记-035	任务8-10	记-052
任务1-8	记-002	任务4-1	记-019	任务7-4	记-036	任务8-11	记-053
任务1-10	记-003	任务4-2	记-020	任务7-5	记-037	任务8-12	记-054
任务2-1	记-004	任务4-3	记-021	任务7-6	记-038	任务8-13	记-055
任务2-3	记-005	任务4-4	记-022	任务7-7	记-039	任务8-14	记-056
任务2-4	记-006	任务4-6	记-023	任务7-8	记-040	任务8-15	记-057
任务2-5	记-007	任务4-7	记-024	任务7-10	记-041	任务9-3	记-058
任务2-7	记-008	任务4-9	记-025	任务7-12	记-042	任务9-4	记-059
任务2-8	记-009	任务5-5	记-026	任务7-13	记-043	任务9-5	记-060
任务2-9	记-010	任务5-6	记-027	任务7-14	记-044	任务9-6	记-061
任务2-10	记-011	任务5-7	记-028	任务7-15	记-045	任务9-7	记-062
任务3-2	记-012	任务6-5	记-029	任务7-16	记-046	任务9-8	记-063
任务3-3	记-013	任务6-6	记-030	任务8-3	记-047	任务9-9	记-064
任务3-5	记-014	任务6-7	记-031	任务8-5	记-048	任务9-10	记-065
任务3-6	记-015	任务6-9	记-032	任务8-6	记-049	任务9-11	记-066
任务3-7	记-016	任务6-10	记-033	任务8-8	记-050	任务9-12	记-067
任务3-8	记-017	任务6-11	记-034	任务8-9	记-051	任务9-13	记-068

4. 会计科目表

会计科目是对会计要素对象的具体内容进行分类核算的类目。会计对象的具体内容各有不同，管理要求也不同。为了全面、系统、分类地核算与监督各项经济业务的发生情况，以及由此引起的各项资产、负债、所有者权益和各项损益的增减变动，就有必要按照各项会计对象分别设置会计科目，如表2-11所示。

表 2-11　会计科目表

资产类		资产类		资产类	
1001	库存现金	**1405**	库存商品	**1601**	固定资产
1002	银行存款	140501	电热水壶	160101	房屋建筑物
100201	工行存款	14050101	轻巧型电热水壶	16010101	办公楼
1101	交易性金融资产	14050102	经典型电热水壶	16010102	厂房A
110101	成本	14050103	豪华型电热水壶	16010103	厂房B
1122	应收账款	140502	豆浆机	16010104	仓库
112201	北京城乡贸易城	14050201	精磨型豆浆机	160102	机器设备
112202	山东万益经贸有限公司	14050202	时尚型豆浆机	16010201	切割机

续表

	资产类		资产类		资产类
112203	福建银海贸易有限责任公司	140503	电饭煲	16010202	冲床
112204	昆明经贸大市场	14050301	经典型电饭煲	16010203	卷边机
112205	天津万润贸易公司	14050302	智能型电饭煲	16010204	焊接机
1123	预付账款	**1505**	债权投资	16010205	组装流水线
112301	北京京亿	150501	成本	160103	运输设备
1131	应收股利	150502	利息调整	16010301	帕萨特
1221	其他应收款	150503	应计利息	16010302	皮卡(五十铃)
122101	个人	**1506**	债权投资减值准备	160104	办公设备
122102	部门	**1507**	其他债权投资	16010401	台式电脑
1402	在途物资	150701	成本	16010402	打印复印传真一体机
1403	原材料	150702	公允价值变动	**1602**	累计折旧
140301	外购原材料	150703	信用减值准备	160201	房屋建筑物
14030101	201不锈钢板材	**1511**	长期股权投资	16020101	办公楼
14030102	304不锈钢板材	151101	成本	16020102	厂房A
14030103	国产温控器	**1521**	投资性房地产	16020103	厂房B
14030104	进口温控器	152101	写字楼	16020104	仓库
14030105	轻巧型手柄	**1528**	其他权益工具投资	160202	机器设备
14030106	经典型手柄	152801	成本	16020201	切割机
14030107	豪华型手柄	152802	公允价值变动	16020202	冲床
14030108	轻巧型、经典型壶盖	**1701**	无形资产	16020203	卷边机
14030109	豪华型壶盖	170101	软件	16020204	焊接机
14030110	轻巧型、经典型壶底	**1702**	累计摊销	16020205	组装流水线
14030111	豪华型壶底	170201	软件	160203	运输设备
14030112	轻巧型、经典型加热底盘			16020301	帕萨特
14030113	豪华型加热底盘			16020302	皮卡(五十铃)
14030114	轻巧型辅材套件			160204	办公设备
14030115	经典型辅材套件			16020401	台式电脑
14030116	豪华型辅材套件			16020402	打印复印传真一体机
140302	自制半成品			**1606**	固定资产清理
14030201	轻巧型壶体				
14030202	经典型壶体				
14030203	豪华型壶体				
	负债类		负债类		负债类
2202	应付账款	221103	社会保险费	**2231**	应付利息
220201	暂估应付账款	221104	住房公积金	**2241**	其他应付款

	负债类		负债类		负债类
22020101	四川电器科技有限公司	**2221**	应交税费	224101	社会保险费
220202	一般应付账款	222101	应交增值税	224102	住房公积金
22020201	北京京亿不锈钢有限公司	22210101	进项税额	**2501**	长期借款
22020202	无锡电器科技有限公司	22210103	销项税额		
22020203	九江塑电科技有限公司	22210106	转出未交增值税		所有者权益类
22020204	四川电器科技有限公司	222102	未交增值税	**4001**	实收资本
22020205	河北尚嘉纸制品有限公司	222105	应交个人所得税	**4002**	资本公积
2203	预收账款	222106	应交城建税	**4003**	其他综合收益
220301	天津万润	222107	应交教育费附加	**4101**	盈余公积
2211	应付职工薪酬	222108	应交地方教育附加	**4103**	本年利润
221101	工资	222111	应交企业所得税	**4104**	利润分配
				410406	未分配利润
	成本类		成本类		成本类
5001	生产成本	50010301	直接材料	50010502	直接人工
500101	轻巧型壶体	50010302	直接人工	50010503	制造费用
50010101	直接材料	50010303	制造费用	50010504	自制半成品
50010102	直接人工	500104	轻巧型电热水壶	500106	豪华型电热水壶
50010103	制造费用	50010401	直接材料	50010601	直接材料
500102	经典型壶体	50010402	直接人工	50010602	直接人工
50010201	直接材料	50010403	制造费用	50010603	制造费用
50010202	直接人工	50010404	自制半成品	50010604	自制半成品
50010203	制造费用	500105	经典型电热水壶	**5101**	制造费用
500103	豪华型壶体	50010501	直接材料	510101	人工
	损益类		损益类		损益类
6001	主营业务收入	640103	豪华型电热水壶	**6602**	管理费用
600101	轻巧型电热水壶	640104	经典型电饭煲	660201	办公费
600102	经典型电热水壶	640105	智能型电饭煲	660202	人工费
600103	豪华型电热水壶	640106	精磨型豆浆机	660204	修理费
600104	经典型电饭煲	640107	时尚型豆浆机	660205	招待费
600105	智能型电饭煲	**6403**	税金及附加	660206	折旧费
600106	精磨型豆浆机	640301	城建税	660207	差旅费
600107	时尚型豆浆机	640302	教育费附加	660208	无形资产摊销
6051	其他业务收入	640303	地方教育附加	**6603**	财务费用
605101	房租	**6601**	销售费用	660301	利息
6111	投资收益	660101	广告费	660302	手续费

续表

损益类		损益类		损益类	
6401	主营业务成本	660102	人工费	**6711**	营业外支出
640101	轻巧型电热水壶	660103	差旅费	671101	处置固定资产损失
640102	经典型电热水壶	660104	折旧费	671102	其他
				6801	所得税费用

5. 电热水壶BOM

BOM是指物料清单,是用来描述企业产品组成的技术文件,它表明产品的总装件、分装件、组件、部件、零件、原材料之间的结构关系,以及所需的数量。BOM是制造企业的核心文件,各个不同的部门都利用BOM来获取特定数据,具体如表2-12至表2-14所示。

表2-12 轻巧型电热水壶 BOM

物料编码	物料名称	规格型号	BOM级别	单只水壶用量/件
HF-0001	轻巧、经典型壶盖	通用:定制	1	1
HF-0002	轻巧、经典型底座	通用:定制	1	1
HA-0001	轻巧型壶体	轻巧型:定制	1	1
HF-0003	201不锈钢板材	0.5mm×1250mm×2500mm	2	$0.111\,6m^2$
HF-0004	国产温控器	国产BB3	2	1
HA-0002	轻巧型手柄	轻巧型:定制	2	1
HF-0005	轻巧、经典型加热盘	通用:定制	2	1
HA-0003	轻巧型辅材套件	轻巧型:定制	1	1
		含包装盒、说明书、硬纸板衬垫		

表2-13 经典型电热水壶 BOM

物料编码	物料名称	规格型号	BOM级别	单只水壶用量/件
HF-0001	轻巧、经典型壶盖	通用:定制	1	1
HF-0002	轻巧、经典型底座	通用:定制	1	1
HB-0001	经典型壶体	经典型:定制	1	1
HF-0003	201不锈钢板材	0.5mm×1250mm×2500mm	2	$0.121\,6m^2$
HF-0004	国产温控器	国产BB3	2	1
HB-0002	经典型手柄	经典型:定制	2	1
HF-0005	轻巧、经典型加热盘	通用:定制	2	1
HB-0003	经典型辅材套件	经典型:定制	1	1
		含包装盒、说明书、硬纸板衬垫		

表2-14 豪华型电热水壶 BOM

物料编码	物料名称	规格型号	BOM级别	单只水壶用量/件
HC-0001	豪华型壶盖	豪华型:定制	1	1
HC-0002	豪华型底座	豪华型:定制	1	1

续表

物料编码	物料名称	规格型号	BOM级别	单只水壶用量/件
HC-0003	豪华型壶体	豪华型：定制	1	1
HC-0004	304不锈钢板材	0.5mm×1250mm×2500mm	2	0.156 m²
HC-0005	进口温控器	SKE903	2	1
HC-0006	豪华型手柄	豪华型：定制	2	1
HC-0007	豪华型加热盘	豪华型：定制	2	1
HC-0008	豪华型辅材套件	豪华型：定制	1	1
		含包装盒、说明书、硬纸板衬垫		

↗ 思政案例

以制造强国建设为重心，加快推进新型工业化

工业化以现代制造业发展为根本动力和重要标志。中国是世界第一制造业大国，是全世界唯一拥有联合国《全部经济活动国际标准行业分类》中全部工业门类的国家，但与世界工业强国相比，我国在科技创新能力和制造业基础能力方面仍存在一定差距，一些核心技术仍然受制于人，整体技术水平先进性和产业安全性有待提高。我国要实现新型工业化，关键是要推进制造业高质量发展，以实现我国从制造大国向制造强国的转变。

以产业链供应链为制造强国建设的基本单元，全面打造自主可控、安全可靠的产业链供应链。当今全球经济竞争，不仅仅是企业之间、产业之间的竞争，还是产业链供应链的竞争，对国家产业安全构成威胁的主要是全球产业链供应链的"断链"或者"卡链"。在世界百年未有之大变局加速演化背景下，新一轮科技革命和产业变革深入发展，推进新型工业化，加快建设制造强国，需要着力提升产业链供应链韧性和安全水平。这要求提高产业基础高级化和产业链现代化水平，围绕重点产业链供应链，找准关键核心技术和零部件"卡脖子"环节，深入实施产业基础再造工程和重大技术装备攻关工程，着重推进新一代信息技术、生物技术、人工智能等领域的关键核心技术攻关，实现高端芯片、操作系统、新材料、重大装备的率先突破。

着力提升制造业创新能力，持续推动产业结构优化升级。强化企业科技创新主体地位，大力弘扬优秀企业家精神，激励企业加大创新投入，培育更多产品卓越、品牌卓著、创新领先、管理现代的世界一流企业，不断壮大专精特新企业群体。强化国家科技力量，加强基础研究，更好发挥新型举国体制优势，加大应用基础研究力度，推进创新链、产业链、资金链、人才链深度融合，强化需求与场景牵引，高质量建设一批国家制造业创新中心及中试、应用验证平台，构建开放、协同、高效的共性技术研发平台。加快发展先进制造业和战略性新兴产业，大力发展现代生产性服务业，推进现代服务业与先进制造业、现代农业深度融合，推进战略性新兴产业融合集群发展，打造一批具有国际竞争力的先进制造业集群。加快改造升级传统产业，推进传统制造业的智能化改造和数字化转型，巩固提升优势产业，持续提升中国制造品质，培育世界著名品牌。

以智能制造和绿色制造为主攻方向，推进工业数字化和绿色化转型。在数字化方面，大力推动数字技术与实体经济深度融合，通过数字技术赋能传统产业转型升级，以智能制造为主攻方向，推进产业经济数字化；通过数字技术催生新产业、新业态、新模式，促进

平台经济和共享经济健康发展，推进数字经济产业化。深入实施智能制造工程和中小企业数字化赋能专项行动，推动人工智能创新应用。加快建设现代化基础设施体系，以有效投资促进新型基础设施建设，继续适度超前推进网络、算力等新型信息基础设施建设，加快工业互联网规模化应用，提升网络安全保障能力。在绿色化方面，全面推动工业绿色发展，建设以开发绿色产品、建设绿色工厂、发展绿色园区、打造绿色供应链为核心内容的绿色制造体系，强化绿色监管。深入实施绿色制造工程，加快制造业绿色改造升级，将绿色设计、绿色技术和工艺、绿色生产、绿色管理、绿色供应链、绿色就业贯穿于产品全生命周期中。统筹推进重点行业碳达峰，加快节能降碳技术研发和推广，推动绿色低碳能源消费，推进资源高效循环利用，大力发展资源再利用产业和再制造产业，做好新能源汽车废旧电池等废旧资源回收利用。

畅通经济大循环，推进制造业发展的质量变革、效率变革、动力变革。一方面，要以国内大循环为主体，培育完整内需体系，打通全国统一大市场建设的堵点、难点和卡点，强化制造业要素资源的自由流通，着力解决制约高水平技术供给、制度供给的关键问题，以培育完整内需体系创造引领新的需求，通过增加高质量产品和服务供给提高制造业要素配置效率。全面推进城乡、区域协调发展，提高国内大循环的覆盖面，以主体功能区战略、新型城镇化战略引导产业合理布局，更好发挥高新区、工业园区等各类园区作用，推动形成优势互补、高质量发展的区域制造业布局。另一方面，要推进国内国际双循环相互促进，充分利用国内国际两个市场、两种资源，以高水平对外开放拓展制造业发展空间，大力支持企业拓展国际市场，更大力度引导外资投向先进制造业和高新技术产业，持续做好外资企业服务保障，逐步打造一个开放的技术创新生态。注重发挥自贸试验区在促进制造业高质量发展中的关键作用，使自贸试验区成为高水平自主创新高地、高素质生产要素汇集高地、高标准规则测试高地。

资料来源：以制造强国建设为重心，加快推进新型工业化[EB/OL]. (2023-10-29). http://www.qstheory.cn/laigao/ycjx/2023-10/29/c_1129937467.htm.

【思考】

结合案例资料，请谈谈如何实现我国从制造大国向制造强国转变。

第 3 章

团队组建

🏹 **学习目标**

☐ 了解实训考核评价指标体系。

☐ 做好实训中各岗位的宣讲。

🏹 **思政目标**

☐ 倡导团队成员之间的互相支持和合作，培养团队合作精神。

☐ 制定规章制度，规范团队成员行为，培养集体意识和纪律观念。

☐ 理解和尊重他人观点，培养语言表达和沟通能力。

3.1 实习动员

　　财会综合仿真实训开始之前，实训组织者应就本次实训的目的、内容、安排、形式、要求、考核等内容做统一宣讲。通过实习总动员使学生理解本次实训的意义，明确实训的要求及工作规范，了解实训考核评价指标体系。具体实习动员任务内容如图3-1所示。

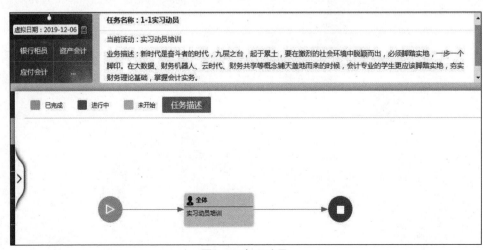

图3-1　实习动员

3.2 竞选岗位角色

1. 竞选CFO

查看当前所有公司的名称，每个公司财务部设置一位CFO。CFO即首席财务官，是企业中负责财务管理方面的重要职位。CFO的主要职责是管理企业的财务和会计工作，并提供财务战略规划和市场定位支持。

在企业全景仿真财务综合实训中，采用竞聘方式确定每个管理团队的CFO。首先，由竞聘者陈述对CFO角色的理解、价值主张、处事原则等；然后，所有参与实习的学生可以根据竞聘者的竞选发言参与投票；最后，以竞聘者得票多少决定谁是CFO。

2. 现场招聘团队并组建团队

为了快速组建公司财务团队，CFO需要立即着手招聘企业财务主管。待财务主管选定后，和财务主管一起制作招聘广告，提出岗位职位要求，收集、筛选招聘简历，面试应聘人员。

每位学生持个人填写的应聘简历去意向单位应聘，经过双向选择，最终确定自己的企业和财务岗位。

企业首席财务官和财务主管要充分重视企业招聘，做好招聘前的准备工作；每位应聘者要充分重视企业的面试，做好面试前的准备工作。

3. 绩效评价

(1) 按时上下班。若上班准时签到，发放一面红旗；若迟到或早退，发放一面蓝旗。

(2) 对任务完成情况进行奖惩。任务全部完成发放一面红旗，任务完成排名前三的依次奖励三面、两面、一面红旗；未完成任务发放一面蓝旗。

(3) 制作财务部门文化宣传海报。内容包括团队目标、部门文化等。

(4) 实训报告。在实训过程中，实训者需持续收集实训过程里的照片、视频等资料，以及系统内完整单据的截图，这些将用于制作实训报告。

(5) 增加研讨环节，例如：是否有工作经历、心目中好员工的形象等。

➦ 思政案例

华为的企业文化理念

"文化是为华为公司的发展提供土壤，文化的使命是使土壤更肥沃、更疏松，管理是种庄稼，其使命是多打粮食"。任正非用生动形象的比喻，刻画了文化的价值。华为从诞生的那一天起就精心培育自己的企业文化，并不断地总结提升，使华为的企业文化成为华为凝聚力的源泉。

在《华为基本法》第七稿讨论中，任正非亲笔加入了文化命题，任正非讲："目的是让后代记住我们是一无所有的。只有靠知识、靠管理，才能在人的头脑中挖掘出财富。"关于文化，《华为基本法》是这样描述的："资源是会枯竭的，唯有文化才会生生不息。一切工业产品都是人类智慧创造的。华为没有可以依据的自然资源，唯有在人的头脑中挖掘出大油田、大森林、大煤矿，精神是可以转化成物质的，物质文明有利于巩固精神文明，我们坚持精神文明促进物质文明的方针。"

从这里也可以看出，在华为最初的概念里，文化是除资源之外的经营管理要素，这脱离了狭隘的企业文化描述与微观范畴。所以，不从专门的职能来讲文化，不从意识形态、理念上探讨文化，这使华为的文化建设更广阔、更久远、更接近企业经营管理实际。有人讲企业文化就是宏大的愿景、使命，比较能体现企业家的气魄、胆量与想法，因而多被鼓吹，并在多种场景中被领导拿出来鼓舞士气。而华为，比较少讲愿景、使命，即使讲战略，也多是任正非所说的"活下去"这样通俗的语言。华为大多只讲价值观。

为什么华为以价值观为先？因为价值观是是非标准、行为准则。当时，华为的七条核心价值观，是愿景实现的基础，是使命成功实现的保障。如果只遥想愿景，没有价值观作底，企业就如同大海中的航船，即使前景无比宽阔，但可能没有舵，始终到不了目的地。

资料来源：《企业观察报. 华为的企业文化理念怎么就这么先进[EB/OL]. (2022-02-07). https://baijiahao.baidu.com/s?id=1724092630252275091&wfr=spider&for=pc.

【思考】

请根据你所在的仿真公司情况，提出相应的企业文化建设方案。

第 4 章
期初建账业务

7 学习目标
- ☐ 熟悉出纳、会计及财务经理岗位的工作分工。
- ☐ 掌握期初建账的财务工作流程及期初数填写。
- ☐ 掌握会计凭证的填制与审核、账簿分类及登记的要点。

7 思政目标
- ☐ 培养对职业道德和职业操守的重视。
- ☐ 培养对社会责任的认识及法律法规意识。
- ☐ 培养团队之间的合作精神和沟通能力。

4.1 业务概述

4.1.1 期初建账业务介绍

期初建账是一个重要的步骤，涉及确定账套参数、初始化科目余额和辅助账、核对账务数据等过程。课程强调了准确性和一致性的重要性，要求仔细核对各种数据，以避免后续出现错误和问题。

1. 企业账务处理程序

本企业采用科目汇总表账务处理程序。科目汇总表账务处理程序又称记账凭证汇总表账务处理程序，它是根据记账凭证定期编制科目汇总表，再根据科目汇总表登记总分类账的一种账务处理程序(见图4-1)。

(1) 根据原始凭证编制汇总原始凭证；

(2) 根据涉及现金和银行存款的凭证(收款凭证或付款凭证)逐笔登记现金日记账和银行存款日记账；

(3) 根据原始凭证、汇总原始凭证和记账凭证登记各种明细分类账；

(4) 根据各种记账凭证编制科目汇总表；

(5) 根据科目汇总表登记总分类账；

(6) 期末，日记账和明细分类账的余额同有关总分类账的余额核对相符；

(7) 期末，根据总分类账和明细分类账的记录，编制会计报表。

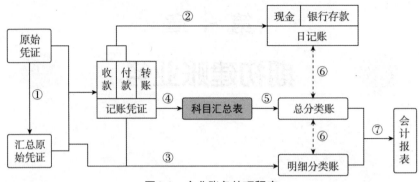

图4-1 企业账务处理程序

2. 凭证

1) 原始凭证

原始凭证，是在经济业务发生时取得或填制的，用于记录和证明经济业务发生或完成情况的凭证。其基本内容包括：凭证名称、填制日期、凭证编号、业务内容、填制单位、接收单位、金额、经办人、负责人和财务主管的签章等。原始凭证的种类很多，有发货单、到货单、领料单、银行结算凭证、各种报销单据等。以下列举几种常见的原始凭证样例(见图4-2至图4-5)。

图4-2 收款收据样例

报　销　单

填报日期：	年	月	日			单据及附件共　张

图4-3 报销单样例

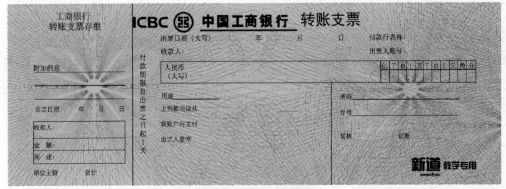

图4-4 转账支票样例

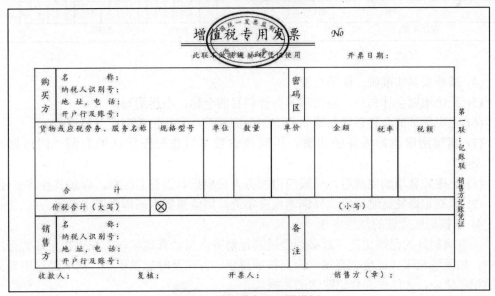

图4-5 增值税专用发票样例

2) 记账凭证

记账凭证亦称分录凭证，又称记账凭单，是由会计部门根据审核无误的原始凭证或原始凭证汇总表编制，按照登记账簿的要求，确定账户名称、记账方向(应借、应贷)和金额的一种记录，是登记明细分类账和总分类账的依据。以下是记账凭证样例(见图4-6)。

3) 编制记账凭证的注意事项

记账凭证是进行登账、报表的基础。编制记账凭证是财务人员每天必做的工作，掌握记账凭证编制的要求，是做好财务工作的一项重要内容。

编制记账凭证的注意事项如下：

(1) 以审核无误的原始凭证为依据；

(2) 填写记账凭证的日期；

(3) 按照凭证的种类顺序填写记账凭证的编号，按自然顺序连续编号，不得跳号、重号；

图4-6　记账凭证样例

(4) 摘要要真实准确、简明扼要；

(5) 正确填制会计科目，应当填写会计科目的全称，不得简写；

(6) 记账凭证的金额必须与原始凭证的金额相符，阿拉伯数字应书写规范；

(7) 填写所附原始凭证的张数，用阿拉伯数字写在记账凭证的右侧"附单据××张"处；

(8) 记账凭证填制完成后，一般应由财务人员根据职责签名盖章，以示其经济责任；

(9) 编制记账凭证时，应选择钢笔或签字笔，用蓝黑墨水或碳素墨水书写。

4) 审核记账凭证的注意事项

所有填制好的记账凭证，都必须经过其他财务人员认真地审核。在审核记账凭证的过程中，如发现记账凭证填制有误，应当按照规定的方法及时加以更正。只有经过审核无误后的记账凭证，才能作为登记账簿的依据。

记账凭证的审核主要包括以下内容：

(1) 记账凭证是否附有原始凭证，记账凭证的经济内容是否与所附原始凭证的内容相同；

(2) 记账凭证是否连续编号；

(3) 会计科目使用是否正确，借贷方对应关系是否清晰、金额是否正确；

(4) 记账凭证中的项目是否填制完整，摘要是否清楚；

(5) 附件张数是否记录正确；

(6) 有关人员的签章是否齐全。

3. 账簿

1) 登记账簿的注意事项

登记账簿是指根据审核无误的原始凭证及记账凭证，按照国家统一会计制度规定的会计科目，运用复式记账法把经济业务序时地、分类地登记到账簿。登记账簿是会计核算工作的主要环节。

登记账簿的注意事项如下。

(1) 登记会计账簿时，内容要准确完整，应当将记账凭证日期、编号、业务内容摘要、金额等信息逐项计入账内，做到数字准确、摘要清楚、字迹工整。

(2) 登记账簿要及时。

(3) 登记完毕后及时在记账凭证上注明已经登账的符号，表示已经记账。

(4) 账簿中书写的文字和数字上面要留有适当空格，不要写满格，一般应占格距的1/2。

(5) 登记账簿要用蓝黑墨水或者签字笔书写，不得使用圆珠笔或者铅笔书写。

(6) 下列情况，可以用红色墨水记账：按照红字冲账的记账凭证，冲销错误记录；在不设借贷等栏的多栏式账页中，登记减少数。

(7) 各种账簿应按页次顺序连续登记，不得跳行、隔页。如果发生跳行、隔页，应当将空行、空页划线注销，或者注明"此行空白""此页空白"字样，并由记账人员签名或者盖章。

(8) 凡需要结出余额的账户，结出余额后，应当在"借或贷"等栏内写明"借"或者"贷"等字样。没有余额的账户，应当在"借或贷"等栏内写"平"字，并在余额栏内用"0"表示。

(9) 发现差错必须根据差错的具体情况采用划线更正、红字更正、补充登记等方法更正。

(10) 每一账页登记完毕结转下页时，应当结出本页合计数及余额，写在本页最后一行和下页第一行有关栏内，并在摘要栏内注明"过次页"和"承前页"字样。

2) 账簿的分类(见表4-1)

表 4-1 账簿的分类

账簿分类名称		作用	适用科目
日记账	现金日记账	记录现金收支及结余	库存现金
	银行存款日记账	记录银行存款收支及结余	银行存款
分类账	总账	汇总登记全部经济业务进行总分类核算	一级科目
	明细账	分类登记经济业务事项的账簿，并受总分类账的控制和统驭	最末一级科目
备查账		满足企业生产经营需要	根据企业摘要自行确定
三栏式		登记不同的会计科目	除日记账、多栏式、数量金额式登记以外的其他科目
多栏式		登记不同的会计科目	期间费用科目、生产成本、制造费用等
数量金额式		登记不同的会计科目	存货类科目
活页式		分类账和备查账使用	除库存现金及银行存款以外的其他科目
订本式		日记账使用	现金及银行存款日记账

3) 账簿样例

(1) 总分类账样例(见图4-7)。

图4-7　总分类账样例

(2) 现金日记账样例(见图4-8)。

图4-8　现金日记账样例

(3) 三栏式明细账样例(见图4-9)。

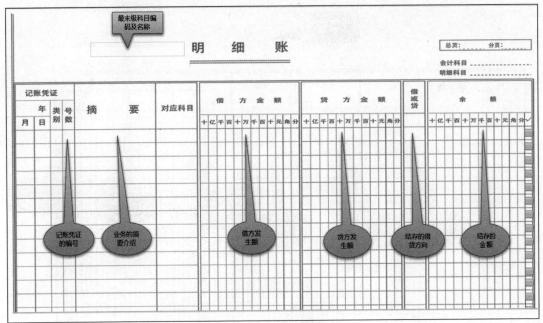

图4-9 三栏式明细账样例

(4) 数量金额式明细账样例(见图4-10)。

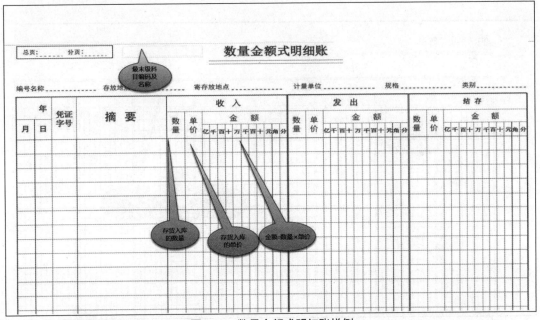

图4-10 数量金额式明细账样例

(5) 多栏式明细账样例(见图4-11和图4-12)。

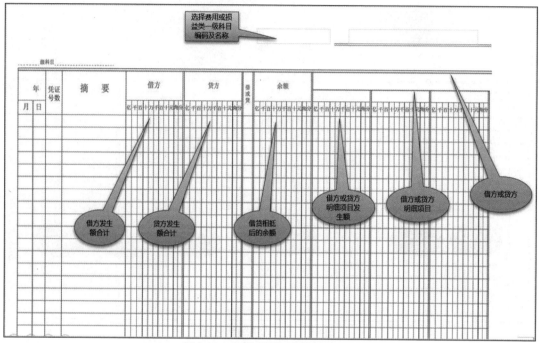

图4-11　多栏式明细账样例(左页)

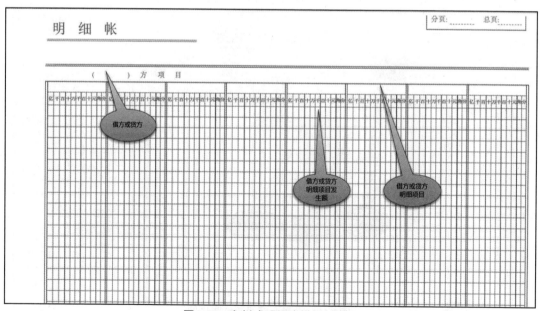

图4-12　多栏式明细账样例(右页)

(6) 应交税费——应交增值税明细账样例(见图4-13和图4-14)。

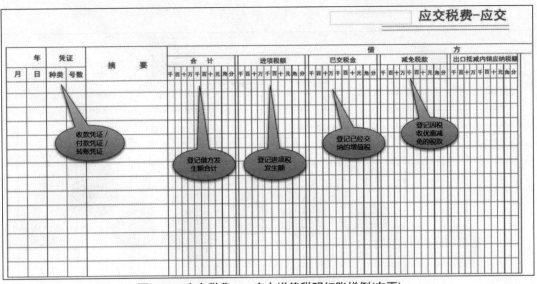

图4-13 应交税费——应交增值税明细账样例(左页)

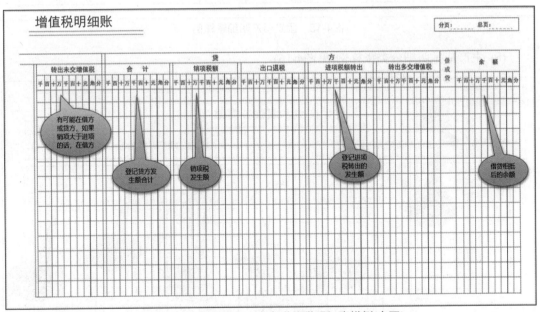

图4-14 应交税费——应交增值税明细账样例(右页)

(7) 固定资产明细账样例(见图4-15)。

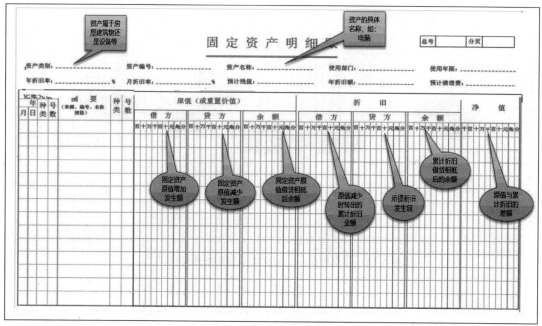

图4-15　固定资产明细账样例

(8) 生产成本明细分类账样例(见图4-16)。

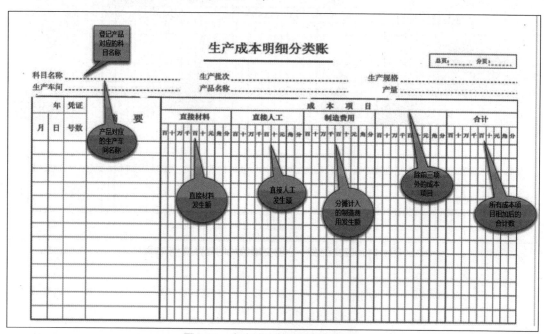

图4-16　生产成本明细分类账样例

4) 内部岗位分工(见表4-2)

表 4-2 内部岗位分工明细表

岗位	分工	管理科目
出纳岗	(1) 对涉及现金的凭证进行出纳处理; (2) 登记现金和银行存款日记账	(1) 库存现金; (2) 银行存款
费用核算岗	(1) 填制凭证; (2) 登记账簿	(1) 销售费用; (2) 管理费用; (3) 财务费用; (4) 应付职工薪酬; (5) 固定资产; (6) 无形资产; (7) 累计折旧; (8) 实收资本; (9) 本年利润; (10) 利润分配
成本核算岗	(1) 填制凭证; (2) 登记账簿	(1) 原材料; (2) 库存商品; (3) 生产成本; (4) 制造费用; (5) 主营业务成本; (6) 其他业务成本; (7) 应付账款; (8) 预付账款
往来核算岗	(1) 填制凭证; (2) 登记账簿	(1) 应收账款; (2) 预收账款; (3) 其他应收款; (4) 主营业务收入; (5) 其他业务收入
税务会计岗	(1) 填制凭证; (2) 登记账簿	(1) 应交税费; (2) 税金及附加; (3) 所得税费用
总账报表岗	(1) 负责编制和登记总账; (2) 负责编制会计报表; (3) 审核凭证; (4) 编制科目汇总表	总账科目
财务经理岗	(1) 进行财务分析; (2) 进行预算审核; (3) 审核会计报表	总账科目、明细账各科目

5) 建账原则

建账原则具体如下。

(1) 依法原则。各单位必须按照《会计法》和国家统一会计制度的规定设置会计账簿,不允许不建账,也不允许在法定的会计账簿之外另外建账。

(2) 全面系统原则。设置的账簿要符合各单位生产经营规模和经济业务的特点,使设置的账簿能够反映企业经济活动的全貌。

(3) 组织控制原则。设置的账簿要有利于账簿的组织、建账人员的分工，有利于财产物资的管理，便于账实核对。

(4) 科学合理原则。建账应根据不同账簿的作用和特点，确立它们之间的统驭或平行制约的关系，从而确保账簿资料的真实、正确和完整。

4.1.2　期初建账业务流程

1. 期初建账业务实训任务描述

1) 建账步骤

(1) 根据企业生产经营需要，选择会计科目并设置二级科目及辅助科目，明确建账科目。

(2) 在账簿的"启用表"上，写明单位名称、账簿名称启用日期，以及记账人员和会计主管人员姓名，并加盖名章和财务章，加贴印花税票。

(3) 按照会计科目表的顺序、名称，建立总账、明细账和日记账，录入总账和明细账科目期初余额，余额处注明借贷方向。

(4) 启用订本式账簿，应从第一页起到最后一页止顺序编定号码，不得跳页、缺号；使用活页式账簿，应按账户顺序编本户页次号码。各账户编列号码后，应填"账户目录"，将账户名称、页次登入目录内，并粘贴索引纸(账户标签)，写明账户名称，以便检索。

(5) 进行期初建账登账工作；建账后要进行账账核对，应将日记账与总账核对，明细账汇总与总账核对。

2) 建账明细

(1) 出纳岗填写期初数据。出纳员根据资料给定的内容选择自己岗位下的表格，只填写用绿色标注的金额，本系统主要填写库存现金、银行存款的期初余额。

(2) 费用核算岗填写期初数据。费用核算岗根据资料给定的内容选择自己岗位下的表格，只填写用绿色标注的金额。本系统主要填写其他应收款(主要指由薪资会计核算的职工出差借款、应向职工收取的各种垫付款，如为职工垫付的水电费、应由职工负担的五险一金等)、应付职工薪酬、固定资产和累计折旧(由资产会计核算)等项目的期初余额。

(3) 成本核算岗填写期初数据。成本核算岗根据资料给定的内容选择自己岗位下的表格，只填写用绿色标注的金额，本系统主要填写原材料各二级科目等项目的期初余额。

(4) 总账报表岗填写期初数据。总账报表岗根据资料给定的内容选择自己岗位下的表格，只填写用绿色标注的金额，本系统主要填写实收资本、资本公积等项目的期初余额。

(5) 往来核算岗填写期初数据。往来核算岗根据资料给定的内容选择自己岗位下的表格，只填写用绿色标注的金额，本系统主要填写应收账款、应付账款、长期借款、应付利息等项目的期初余额。

(6) 税务会计岗填写期初数据。税务会计岗根据资料给定的内容选择自己岗位下的表格，只填写用绿色标注的金额，本系统主要填写应交税费明细科目等项目的期初余额。

(7) 财务经理进行期初试算平衡。财务经理根据其他各岗位填写的数据进行对账核对各明细账、总分类账，进行试算平衡工作。

2. 期初建账业务实训具体业务流程步骤

(1) 进入实训界面，在左侧任务栏单击【期初建账】按钮。

(2) 选择要建的账簿类别，出现账簿后，选择右上角的【增页】按钮，在账簿名称前的方框里选择要建的会计科目。

(3) 根据背景资料里的"期初建账数据"填写期初余额，填写完成后，单击屏幕最下方的【保存建账数据】按钮。业务流程具体描述如表4-3所示。

表 4-3　业务流程具体描述

序号	活动名称	角色	活动描述
1	期初建账： 各个职能财务人员根据自己负责的账簿种类和各个科目期初数据，新建总账及明细账账簿	应收会计，税务会计，成本会计，出纳，应付会计，总账报表会计，仓管员，薪资会计，费用会计，资产会计	(1) 各岗位会计请在资料中找到自己岗位的Excel表，线上实训时，绿色背景的需要自己建立，白色背景的为已经预置的；线下实训时，需要全部填写在纸质账簿中； (2) 每建完一个账页，单击【保存】按钮，无须单击【完成】按钮； (3) 注意选择账簿，特别是固定资产账簿； (4) 账簿填写方式与规则可以参照资料中的PPT或者视频；角色与账簿对应关系参照资料中的Excel表，注意各表中红色字体部分
2	期初对账	财务经理	财务经理根据其他岗位登记的账簿数据进行期初对账，核对明细账和总分类账，并进行试算平衡

业务流程如图4-17所示。

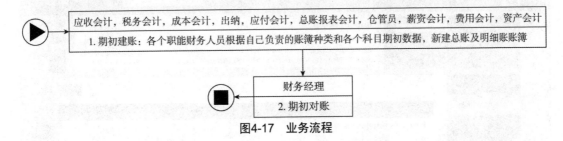

图4-17　业务流程

4.2　业务实践

1. 期初建账

各个职能财务人员根据自己负责的账簿种类和各个科目期初数据，新建总账及明细账账簿。

期初就是开始记账的年初或当月。

注意事项：

① 各岗位会计请在资料中找到自己岗位的Excel表，线上实训时，绿色背景的需要自己建立，白色背景的为已经预置；线下实训时，需要全部填写在纸质账簿中。

② 每建完一个账页，单击【保存】按钮，无须单击【完成】按钮。

③ 注意选择账簿，特别是固定资产账簿。

④ 账簿填写方式与规则可以参照资料中的PPT或者视频；角色与账簿对应关系请参照资料中的Excel表。注意各个表中红色字体部分。

(1) 阅读任务描述，了解期初建账工作要求，如图4-18所示。

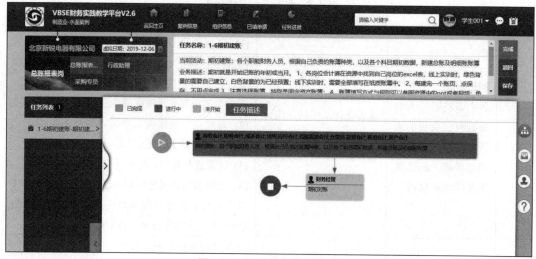

图4-18 期初建账任务描述

(2) 根据各个岗位查找期初建账资料，如图4-19所示。

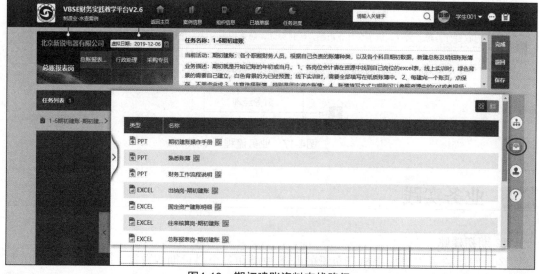

图4-19 期初建账资料查找路径

（3）日记账建账操作(此处以现金日记账为例)。

出纳岗单击流程图的第一步，如图4-20所示，进入操作界面，选择正确的账簿，依次单击【选择账簿】【现金日记账】(或者【银行存款日记账】)【资产类】按钮，选择要建账的科目【库存现金】(或者【银行存款】)，单击该科目，如图4-21所示。

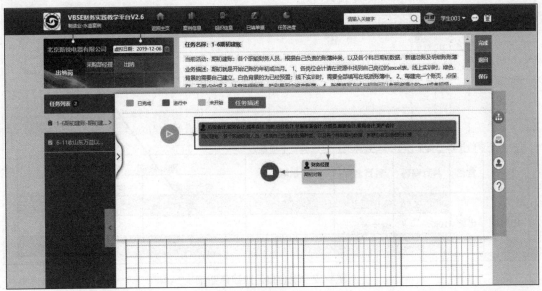

图4-20　期初建账业务流程图

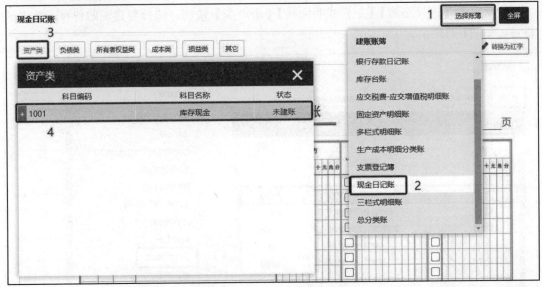

图4-21　现金日记账建账路径

根据资料中绿色填充数据填写期初余额，录入完成后单击【保存】按钮；所有数据检查无误后，单击【完成】按钮结束当前的任务，如图4-22所示。

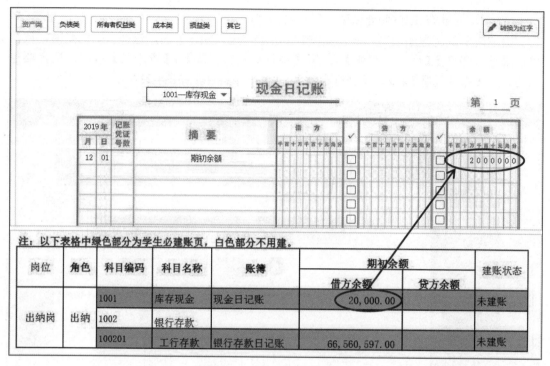

图4-22　现金日记账建账明细

(4) 三栏式明细账建账操作(此处以应收账款——北京城乡贸易城明细账为例)。

依次单击【选择账簿】【三栏式明细账】【资产类】按钮，选择要建账的科目，单击该科目，如图4-23所示。

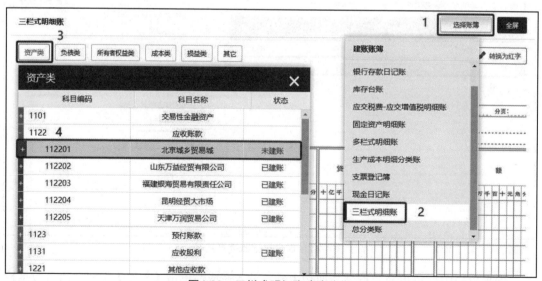

图4-23　三栏式明细账建账路径

根据资料中绿色填充数据填写期初余额，录入完成后单击【保存】按钮；所有数据检查无误后，单击【完成】按钮结束当前的任务，如图4-24所示。

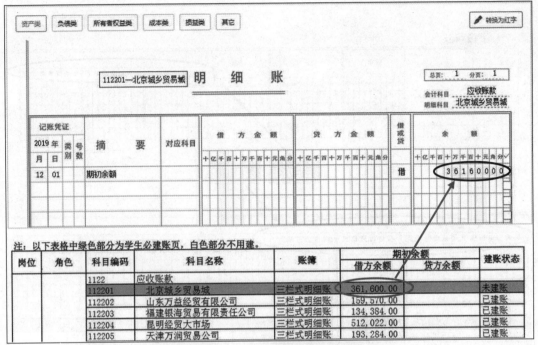

图4-24 三栏式明细账建账明细

(5) 多栏式明细账建账操作(此处以主营业务收入明细账为例)。

依次单击【选择账簿】【多栏式明细账】【损益类】按钮，选择要建账的科目，单击该科目，如图4-25所示。

图4-25 多栏式明细账建账路径

根据资料中绿色填充数据填写期初余额，若无余额，只填写表头和明细科目，录入完成后单击【保存】按钮；所有数据检查无误后，单击【完成】按钮结束当前的任务，如图4-26所示。

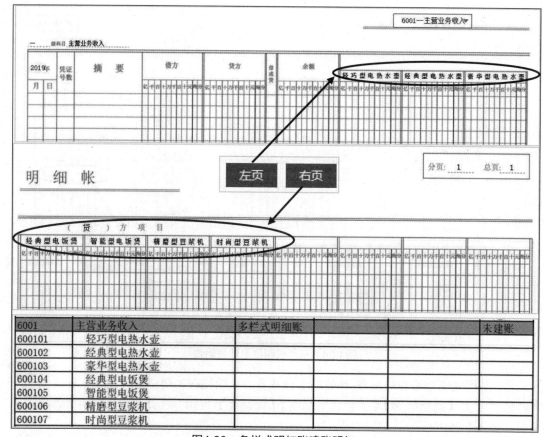

图4-26　多栏式明细账建账明细

(6) 应交税费——应交增值税明细账建账操作(此处以应交增值税明细账为例)。

依次单击【选择账簿】【应交税费-应交增值税明细账】【负债类】按钮,选择要建账的科目,单击该科目,进行应交税费——应交增值税明细账建账操作,如图4-27所示。

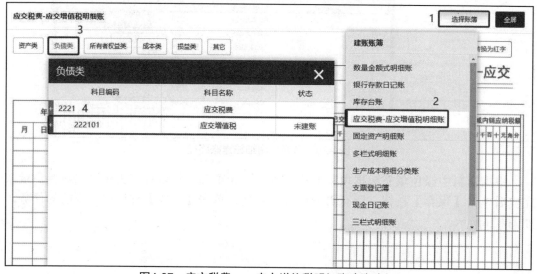

图4-27　应交税费——应交增值税明细账建账路径

根据资料中绿色填充数据填写期初余额，录入完成后单击【保存】按钮；所有数据检查无误后，单击【完成】按钮结束当前的任务，如图4-28所示。

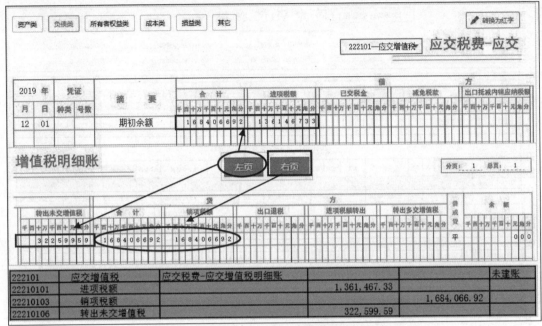

图4-28 应交税费——应交增值税明细账建账明细

(7) 固定资产明细账建账操作(此处以固定资产明细账——办公楼为例)。

依次单击【选择账簿】【固定资产明细账】【资产类】按钮，选择要建账的科目，单击该科目，如图4-29所示。

图4-29 固定资产明细账建账路径

根据资料中绿色填充数据填写期初余额，录入完成后单击【保存】按钮；所有数据检查无误后，单击【完成】按钮结束当前的任务，如图4-30所示。

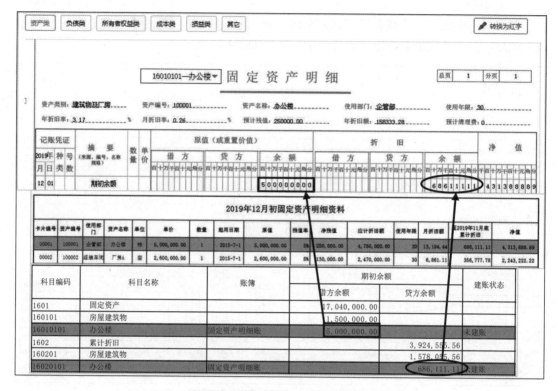

图4-30　固定资产明细账建账明细

(8) 生产成本明细分类账建账操作(此处以轻巧型壶体生产成本明细账为例)。

依次单击【选择账簿】【生产成本明细分类账】【成本类】按钮，选择要建账的科目，单击该科目，如图4-31所示。

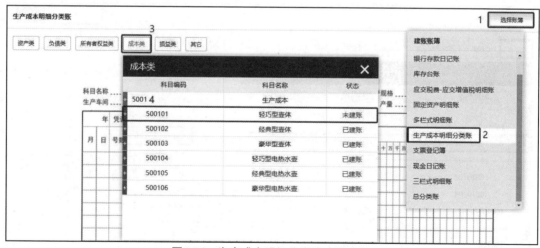

图4-31　生产成本明细分类账建账路径

根据资料中绿色填充数据填写期初余额，录入完成后单击【保存】按钮；所有数据检查无误后，单击【完成】按钮结束当前的任务，如图4-32所示。

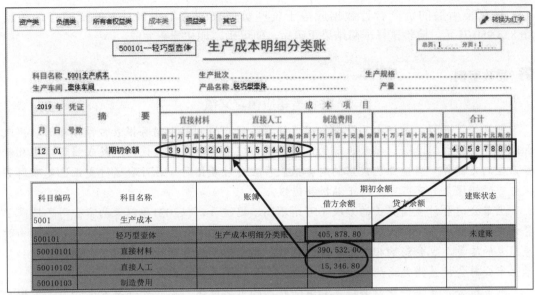

图4-32 生产成本明细分类账建账明细

2. 期初试算平衡业务

财务经理根据总分类账中的数据填写期初试算平衡表(见图4-33)，录入完成后单击【保存】按钮，试算平衡后单击【完成】按钮。

科目编码	科目名称	期初余额		科目编码	科目名称	期初余额	
		借方余额	贷方余额			借方余额	贷方余额
1001	库存现金	20 000.00		2202	应付账款		862 570.00
1002	银行存款			2203	预收账款		
1101	交易性金融资产			2211	应付职工薪酬		
1122	应收账款	1 360 860.00		2221	应交税费		1 221 865.70
1123	预付账款			2231	应付利息		
1221	其他应收款			2241	其他应付款		
1402	在途物资			2501	长期借款		2 000 000.00
1403	原材料			4001	实收资本		50 000 000.00
1405	库存商品	1 738 158.00		4002	资本公积		
1505	债权投资			4003	其他综合收益		
1506	债权投资减值准备			4101	盈余公积		5 193 680.00
1507	其他债权投资			4103	本年利润		
1511	长期股权投资			4104	利润分配		26 636 730.51
1521	投资性房地产						
1528	其他权益工具投资						
1601	固定资产						
1602	累计折旧						
1606	固定资产清理						
1701	无形资产	1 420 000.00					
1702	累计摊销		615 333.33				
5001	生产成本	2 142 084.60					
5101	制造费用						
	小计：				小计：		
	资产合计：				(负债+权益)合计：		

图4-33 期初试算平衡表

试算平衡后的资产合计数据应等于资产负债表(表2-4)中11月末的资产合计数据86 855 950.71元，检验试算平衡结果正确后，便可确定期初建账完成。

↗ 思政案例

会计差错应慎之又慎

前期会计差错，是指由于没有运用或错误运用在编制前期财务报表时预期能够取得或加以考虑的可靠信息等，导致出现的计算错误、应用会计政策错误、疏忽或曲解事实及舞弊产生的差错等。当企业已披露的财务报表存在会计差错时，往往会通过更正已发布财务报告中的错误来补充披露或纠正漏报及错报。

上市公司会计差错更正的频次不可谓不高，据统计，仅2021年以来两市公司已披露了会计差错更正公告360余家次，但无论上市公司由于何种原因更正会计差错，都会影响财务报表的质量，也会影响相关投资者的利益。在以信息披露为核心的当下，如何规范和整治上市公司会计差错更正乱象是资本市场必须面对的一项重要课题。

财务报告是反映企业财务信息和运营状况的重要载体，也是外部投资者和内部管理人员做出投融资决策的重要依据。如果要进行财务报表会计差错更正，必须把更正原因、更正事项讲清楚、说明白，不能让投资者"一头雾水"。出于财务信息披露公信力、严谨性的考虑，上市公司进行差错更正应该慎之又慎，但偏偏有公司一而再、再而三地反复更正，将差错更正当作"儿戏"。

会计差错更正理应慎之又慎，不能任性而为。究其根本，必须从源头上提高上市公司财务信息披露质量。上市公司、董监高、控股股东和实际控制人、年审会计师中介机构等各方主体，都应切实履行对财务报告所负有的责任。

资料来源：21世纪经济报道. 会计差错更正理应慎之又慎，岂能任性而为？[EB/OL]. (2021-11-12). https://baijiahao.baidu.com/s?id=1716153906567075136&wfr=spider&for=pc.

【思考】

结合以上思政案例，请谈谈应该如何提高会计信息披露质量。

第 5 章

采购业务

↗ 学习目标

❑ 熟悉公司采购业务流程及会计核算过程。

❑ 熟悉预付账款、应付账款和到货核算内容。

❑ 掌握采购业务与增值税发票的对应核算关系。

❑ 掌握公司采购业务与会计核算的流程对应关系。

↗ 思政目标

❑ 培养财务管理能力和纳税意识。

❑ 提高税务合规性和核算准确性。

❑ 培养创新思维和解决问题能力。

❑ 提高增值税处理能力。

5.1 业务概述

5.1.1 采购业务介绍

1. 采购业务介绍及流程描述

1) 采购的含义

采购是指企业在一定的条件下从供应市场获取产品或服务作为企业资源,以保证企业生产及经营活动正常开展的一项企业经营活动。个人或单位在一定的条件下从供应市场获取产品或服务作为自己的资源,为满足自身需要或保证生产、经营活动正常开展的一项经营活动。

2) 采购的形式

常见的采购形式分为战略采购(sourcing)、日常采购(procurement)、采购外包(purchasing outsourcing)三种形式。

(1) 战略采购是一种系统性的、以数据分析为基础的采购方法,旨在以最低总成本建立服务供给渠道,相比常规采购,更具策略性和长期性。它不仅仅是简单地以最低采购价格获得当前所需资源的交易，还可通过计划、实施、控制战略性和操作性采购决策的过程，实现企业的愿景计划。战略采购可以系统地评估一个企业的购买需求及确认内部和外部机会，从而减少采购的总成本。它涵盖整个采购流程，实现从需求描述直至付款的全程管理。相比之下，日常采购和采购外包更侧重于短期的采购需求和交易。

(2) 日常采购是采购人员根据确定的供应协议和条款及企业的物料需求时间计划，以采购订单的形式向供应方发出需求信息，并安排和跟踪整个物流过程，确保物料按时到达企业，以支持企业的正常运营的过程。

(3) 采购外包是企业将全部或部分采购业务外包给专业采购服务供应商，以降低采购成本、减少人员投入、减少固定投资，降低采购风险并提高采购效率。采购外包可以获得更低的采购成本和专业的采购服务，提高企业的竞争能力，同时有利于企业专注于自身的核心业务。对于中小企业来说，采购外包是最佳的降低成本方式。

3) 采购业务流程

一般的制造企业采购业务流程分为收集信息、询价、比价、议价、评估、索样、决定、请购、订购、协调与沟通、催交、进货验收、整理付款。采购业务流程如图5-1所示。

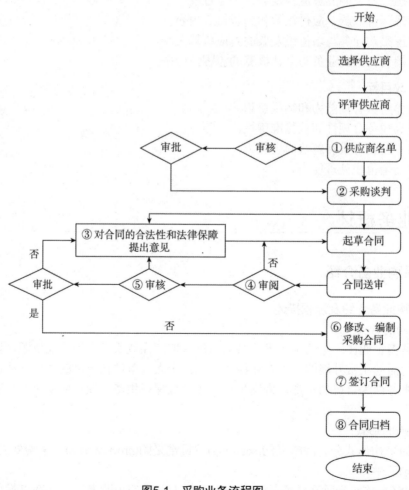

图5-1 采购业务流程图

4) 采购岗位的工作职责

(1) 采购主管的工作职责包括：

① 进行新产品、新材料供应商的资料收集及开发工作；

② 进行对新供应商的产能、设备、技术、品质等的评估及认证，以保证供应商的优良性；

③ 进行与供应商的比价、议价谈判工作；

④ 进行对旧供应商的价格、产能、品质、交期的审核工作，以确定原供应商的稳定供货能力；

⑤ 及时跟踪掌握原材料市场价格行情变化及品质情况，以期提升产品品质及降低采购成本；

⑥ 编排采购计划，订购物料及控制交期；

⑦ 进行部门员工的管理培训工作；

⑧ 进行与供应商及其他部门的沟通协调等。

(2) 采购员的工作职责包括：

① 下达订购单；

② 控制物料交期；

③ 调查材料市场行情；

④ 查证进料的品质和数量；

⑤ 处理进料品质和数量的异常情况；

⑥ 进行与供应商有关交期、交量等方面的沟通协调。

采购员的工作内容包括采购计划与需求的确认、供应商的选择与管理、采购数量的控制、采购品质的控制、采购价格的控制、交货期的控制、采购成本的控制、采购合同的管理、采购记录的管理等。

采购员必须具备成本意识与价值分析能力、预测能力、表达能力、良好的人际沟通与协调能力、专业知识。

2. 到货、预付账款、应付账款原理掌握——应付账款

1) 应付账款的含义

应付账款是指企业因购买材料、商品或接受劳务供应等而发生的债务，是会计科目的一种，用于核算企业因购买材料、商品或接受劳务供应等经营活动应支付的款项。

2) 应付账款的主要账务处理

公司购入材料、商品等验收入库，但货款尚未支付，根据有关凭证(发票账单、随货同行发票上记载的实际价款或暂估价值)，借记"原材料""库存商品""应交税费——应交增值税(进项税额)"等科目，贷记"应付账款"科目。企业接受供应单位提供劳务而发生的应付但尚未支付的款项，应根据供应单位的发票账单，借记"制造费用""管理费用"等有关成本费用科目，贷记"应付账款"科目。企业偿付应付账款时，借记"应付账款"科目，贷记"银行存款"科目。企业开出、承兑商业汇票抵付购货款时，借记"应付账款"科目，贷记"应付票据"科目。企业的应付账款，因对方单位发生变故确实无法支付时，报经有关部门批准后，可视同企业经营业务以外的一项额外收入，借记"应付账款"科目，贷记"营业外收入"科目。

应付账款通常是指因购买材料、商品或接受劳务供应等而发生的债务，这是买卖双方在购销活动中由于取得物资与支付货款在时间上不一致而产生的负债。

采购业务主要涉及的科目，如表5-1所示。

表 5-1　采购业务主要涉及的科目

会计科目	核算用途
在途物资	主要用于核算企业外购的采购成本；一般按照材料的品种、规格设置明细分类账，该账户属于资产类账户，借方登记增加额，贷方登记结转额
原材料	主要用于核算企业库存各种原材料的收入、发出、结存情况；该账户是资产类账户，借方表示材料的入库增加，贷方表示材料的发出情况，期末余额一般在借方，表示材料的结存数
应交税费——应交增值税(进项税额)	用于核算一般纳税人企业在采购过程中应当缴纳的增值税税额
应付账款	用于核算企业因采购材料物资等与供应商之间发生的结算债务。单货同到，根据采购发票做以下会计分录。 借：在途物资 　　应交税费——应交增值税(进项税额) 　　　贷：应付账款/银行存款等

(1) 企业购入材料商品等验收入库，但货款尚未支付，根据有关凭证(发票账单、随货同行发票上记载的实际价款或暂估价值)，借记"原材料""库存商品""在途物资"等科目；按可抵扣的增值税税额，借记"应交税费——应交增值税(进项税额)"等科目；按应付价款，贷记"应付账款"科目。

借：材料采购/在途物资等科目

　　应交税费——应交增值税(进项税额)

　　　贷：应付账款

企业采购物资时，因供货方发货时少付货物而出现的损失。由供货方补足少付的货物时，应由借方记"应付账款"，贷方转出"待处理财产损溢"中相应金额。

借：应付账款

　　　贷：待处理财产损溢

(2) 接受供应单位提供劳务而发生的应付未付款项，根据供应单位的发票账单，借记"生产成本""制造费用""管理费用"等有关成本费用科目，贷记"应付账款"科目。支付时，借记"应付账款"，贷记"银行存款"等科目。

① 发生应付未付款项时：

借：生产成本/制造费用/管理费用等科目

　　　贷：应付账款

② 支付时：

借：应付账款

　　　贷：银行存款

(3) 采用售后回购方式融资的，在发出商品等资产时，应按实际收到或应收的金额，借记"银行存款""应收账款"等科目；按专用发票上注明的增值税税额，贷记"应交税费——应交增值税(销项税额)"科目；按其差额，贷记本科目。回购价格与原销售价格之间的差额应在售后回购期间内按期计提利息费用，借记"财务费用"科目贷记本科目。购回该项商品等时，应按回购商品等的价款，借记本科目；按可抵扣的增值税额，借记"应交税费——应交增值税(进项税额)"科目；按实际支付的金额，贷记"银行存款"科目。

① 发出商品时：

借：银行存款/应收账款等科目

　　贷：应付账款

　　　　应交税费——应交增值税(销项税额)

② 产生利息费用时：

借：财务费用

　　贷：应付账款

③ 购回该项商品时：

借：应付账款

　　应交税费——应交增值税(进项税额)

　　贷：银行存款

(4) 企业与债权人进行债务重组，应当结合债务重组的不同方式进行账务处理。

① 以低于应付债务账面价值的现金清偿债务的，应按应付账款的账面余额，借记本科目；按实际支付的金额，贷记"银行存款"科目；按其差额，贷记"营业外收入——债务重组利得"科目。

借：应付账款

　　贷：银行存款

　　　　营业外收入——债务重组利得

② 企业以非现金资产清偿债务的，应按应付账款的账面余额借记本科目，按用于清偿债务的非现金资产的公允价值，贷记"交易性金融资产""其他业务收入""主营业务收入""固定资产清理""无形资产""长期股权投资"等科目；按应支付的相关税费，贷记"应交税费"等科目；按其差额，贷记"营业外收入"等科目或借记"营业外支出"等科目。

借：应付账款

　　营业外支出(倒挤)

　　贷：交易性金融资产/其他业务收入/主营业务收入/固定资产清理/无形资产

　　　　/长期股权投资

　　　　应交税费

　　　　营业外收入(倒挤)

③ 以债务转为资本，应按应付账款的账面余额，借记本科目；按债权人因放弃债权而享有的股权的公允价值，贷记"实收资本"或"股本""资本公积——资本溢价或股本溢价"科目；按其差额，贷记"营业外收入——债务重组利得"科目。

借：应付账款

　　贷：实收资本/股本/资本公积——资本溢价或股本溢价

　　　　营业外收入——债务重组利得

④ 以修改其他债务条件进行清偿的，应将重组债务的账面余额与重组后债务的公允价值的差额，借记本科目，贷记"营业外收入——债务重组利得"科目。

借：应付账款

　　贷：营业外收入——债务重组利得

⑤ 企业如有将应付账款划转出去或者确实无法支付的应付账款，应按其账面余额，借记本科目，贷记"营业外收入"科目。

借：应付账款

　　贷：营业外收入

本科目期末贷方余额，反映企业尚未支付的应付账款。

本科目期末余额也可以在借方，反映预付的款项。

3) 应付账款核算使用的主要科目

为了总括地反映和监督企业应付账款的发生及偿还情况，应设置"应付账款"科目。应付账款核算使用的主要科目如表5-2所示。

表5-2　应付账款核算使用的主要科目

科目余额方向	对应的科目内涵
贷方余额	该科目的贷方登记企业购买材料、物资及接受劳务供应的应付但尚未付的款项
借方余额	该科目的借方登记偿还的应付账款、以商业汇票抵付的应付账款
期末贷方余额	表示尚未支付的应付款项。该科目应按照供应单位设置明细账，以进行明细分类核算

3. 到货、预付账款、应付账款原理掌握——预付账款

1) 预付账款的含义

预付账款是指企业按照购货合同的规定，预先以货币资金或货币等价物支付供应单位的款项。预付账款是预先付给供货方客户的款项，是公司债权的组成部分。对购货企业来说，预付账款是一项流动资产。

预付账款一般包括预付的货款、预付的购货定金。

作为流动资产，预付账款不是用货币抵偿的，而是要求企业在短期内以某种商品、提供劳务或服务来抵偿的。

2) 预付账款的科目设置

企业应设置"预付账款"会计科目，核算企业按照购货合同规定预付给供应单位的款项。

(1) 企业因购货而预付的款项，借记"预付账款"科目，贷记"银行存款"科目。

(2) 收到所购物资时，根据发票账单等列明应计入购入物资成本的金额，借记"物资采购""原材料""库存商品"等科目；按专用发票上注明的增值税额，借记"应交税费——应交增值税(进项税额)"科目；按应付金额，贷记"预付账款"科目。

(3) 补付的款项，借记"预付账款"科目，贷记"银行存款"科目。

(4) 退回多付的款项，借记"银行存款"科目，贷记"预付账款"科目。

预付款项情况不多的企业，也可以将预付的款项直接计入"应付账款"科目的借方，不设置"预付账款"科目。

企业的预付账款，如有确凿证据表明其不符合预付账款性质，或者因供货单位破产撤销等原因已无望再收到所购货物的，应将原计入预付账款的金额转入其他应收款。企业应按预计不能收到所购货物的预付账款账面余额，借记"其他应收款——预付账款转入"科目，贷记"预付账款"科目。除转入"其他应收款"科目的预付账款外，其他预付账款不

得计提坏账准备。

"预付账款"科目应按供应单位设置明细账,进行明细核算。

"预付账款"科目期末借方余额,反映企业实际预付的款项;期末如为贷方余额,反映企业尚未补付的款项。

3) 预付账款的会计处理

"预付账款"账户下应按购货单位设置明细账,进行明细核算。预付账款情况不多的企业,也可以将预付的款项直接计入"应付账款"的借方。

在预付货款业务不多的企业,也可以通过"应付账款"科目核算预付账款业务。企业在预付时借记"应付账款"科目,收到采购的商品后再予冲销。但是,在这种处理方法下,"应付账款"的某些明细账户可能会出现借方余额。在期末,应付账款明细账的借方余额应在资产负债表中列作资产项目,而各明细账的贷方余额才列为负债。

预付账款业务较多的企业,需要为每一个客户设置明细账,列明预付日期、采购商品的规格及数量、预付金额、到货日期及注销日期等。

企业的预付账款不得计提坏账准备。如果有确凿的证据表明企业预付账款的性质已经发生改变,或者因供货单位破产、撤销等原因已经无望再收到所购货物的,应将原计入预付账款的金额转入其他应收款,并按规定计提坏账准备。

4. 采购业务涉及相关单据填写及操作流程

1) 增值税发票填开

增值税发票填开操作演示如图5-2所示。(以增值税专用发票填开操作演示为例)

(1) 单击【防伪税控开票模拟系统】

(2) 单击【防伪税控开票模拟系统】

(3) 单击【发票填开】

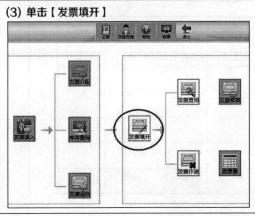

(4) 选择【填税税专用发票填开】

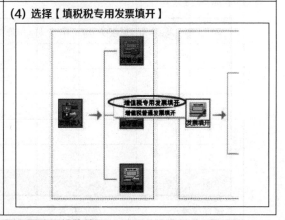

图5-2 增值税专用发票填开操作演示

图5-2　增值税专用发票填开操作演示(续)

2) 采购入库单填写注意事项

采购入库单三联样例如图5-3至图5-5所示。

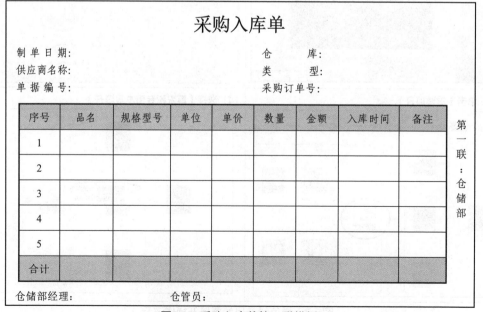

图5-3　采购入库单第一联样例

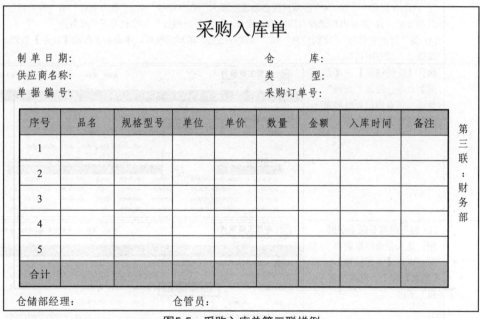

采购入库单

制单日期: 仓　　库:
供应商名称: 类　　型:
单据编号: 采购订单号:

序号	品名	规格型号	单位	单价	数量	金额	入库时间	备注
1								
2								
3								
4								
5								
合计								

第二联：采购部

仓储部经理: 仓管员:

图5-4 采购入库单第二联样例

采购入库单

制单日期: 仓　　库:
供应商名称: 类　　型:
单据编号: 采购订单号:

序号	品名	规格型号	单位	单价	数量	金额	入库时间	备注
1								
2								
3								
4								
5								
合计								

第三联：财务部

仓储部经理: 仓管员:

图5-5 采购入库单第三联样例

采购入库单(线上)填写说明如下。

(1) 仓库、供应商名称、类型：60个字符，仅显示前30个字符，超出部分以省略号代替，鼠标滑过该单元格时显示全部。单据编码、采购订单号：40个字符。

(2) 品名、规格类型、备注、单位：40个字符，仅显示前20个字符，超出部分以省略号代替，鼠标滑过该单元格时显示全部。

(3) 仓储部经理、仓管员：签字。

(4) 一式三联，支持复写。

(5) 有续页功能：单击【续页】按钮，则增加一页空单据。

(6) 【删除】按钮：单击该按钮，弹出提示框"确定要删除该页吗？"如果单击【确定】按钮，则删除一页；如果单击【取消】按钮，则不删除。

3) 企业网银办理企业间转账业务

企业网银办理企业间转账业务操作演示如图5-6所示。

业务	具体步骤
登录企业网银	(1) 进入企业网银登录界面，用户名、用户登录密码和卡密码为系统预置数据 (2) 直接单击【登录】按钮，进入企业网银主界面
支付单笔经办	(1) 执行【支付结算】→【支付单笔经办】命令 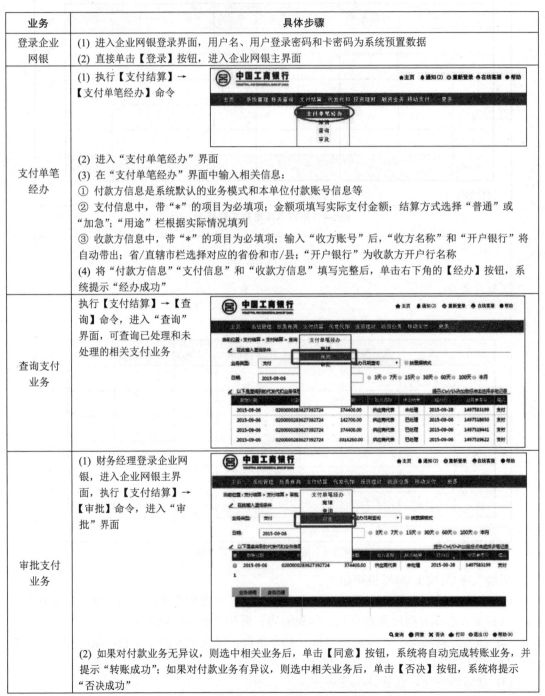 (2) 进入"支付单笔经办"界面 (3) 在"支付单笔经办"界面中输入相关信息： ① 付款方信息是系统默认的业务模式和本单位付款账号信息等 ② 支付信息中，带"*"的项目为必填项；金额项填写实际支付金额；结算方式选择"普通"或"加急"；"用途"栏根据实际情况填列 ③ 收款方信息中，带"*"的项目为必填项；输入"收方账号"后，"收方名称"和"开户银行"将自动带出；省/直辖市栏选择对应的省份和市/县；"开户银行"为收款方开户行名称 (4) 将"付款方信息""支付信息"和"收款方信息"填写完整后，单击右下角的【经办】按钮，系统提示"经办成功"
查询支付业务	执行【支付结算】→【查询】命令，进入"查询"界面，可查询已处理和未处理的相关支付业务
审批支付业务	(1) 财务经理登录企业网银，进入企业网银主界面，执行【支付结算】→【审批】命令，进入"审批"界面 (2) 如果对付款业务无异议，则选中相关业务后，单击【同意】按钮，系统将自动完成转账业务，并提示"转账成功"；如果对付款业务有异议，则选中相关业务后，单击【否决】按钮，系统将提示"否决成功"

图5-6 企业网银办理企业间转账业务操作演示

5.1.2 采购业务流程

1. 采购业务实训任务描述

1) 应付款项业务流程——与九江塑电供应商的业务往来演练(见表5-3)

表5-3 应付款项业务流程(九江塑电)

任务序号	任务简述	任务流程	会计分录
任务一 (12月6日)	与九江塑电签订采购合同	采购专员起草采购合同→采购专员填写合同会签单→采购部经理审核采购合同→财务经理审核采购合同→总经理审批采购合同→行政助理在采购合同上盖章→供应商代表在采购合同上签字盖章确认→行政助理将采购合同存档	
任务二 (12月6日)	提前收到九江塑电全额发票	采购专员向供应商催收发票→供应商代表开具并打印发票→采购专员接收发票并查询发票真伪→成本会计编制记账凭证→财务经理审核记账凭证→税务会计登记明细账→成本会计登记明细账→应付会计登记明细账	借：在途物资 　　应交税费—— 　　应交增值税(进项税额) 贷：应付账款
任务三 (12月12日)	采购九江塑电原材料入库	采购专员确认收货→仓管员办理入库→成本会计接收采购入库单待月底汇总	
任务四 (12月12日)	九江塑电在途转入在库账务处理	成本会计编制记账凭证→财务经理审核记账凭证→成本会计登记科目明细账	
任务五 (12月28日)	支付九江塑电12月6日合同货款	采购专员填写付款申请书→采购部经理审核付款申请书→财务经理审核付款申请书→总经理审批付款申请书→出纳办理企业网银转账业务→财务经理审批企业网银转账→采购专员通知供应商已通过网上银行转账付款；出纳打印转账通知→应付会计编制记账凭证→财务经理审核记账凭证→出纳登记银行存款日记账→应付会计登记明细账	借：应付账款 贷：银行存款

2) 预付款项业务流程——与北京京亿供应商的业务往来演练(见表5-4)

表5-4 预付款项业务流程(北京京亿)

任务序号	任务简述	任务流程	会计分录
任务一 (12月6日)	与北京京亿签订采购合同	采购专员起草采购合同→采购专员填写合同会签单→采购部经理审核采购合同→财务经理审核采购合同→总经理审批采购合同→行政助理在采购合同上盖章→供应商代表在采购合同上签字盖章确认→行政助理将采购合同存档	
任务二 (12月6日)	以支票预付北京京亿40%货款	采购专员填写付款申请书→采购部经理审核付款申请书→财务经理审核付款申请书→总经理审批付款申请书→	借：预付账款 贷：银行存款

任务序号	任务简述	任务流程	会计分录
任务二 (12月6日)	以支票预付北京京亿40%货款	出纳开具支票→财务经理在支票上盖章→采购专员将支票送交供应商； 应付会计编制记账凭证→财务经理审核记账凭证→出纳登记银行存款日记账→应付会计登记明细账	
任务三 (12月6日)	采购北京京亿201不锈钢板材入库	采购专员确认收货→仓管员办理入库→成本会计接收采购入库单	
任务四 (12月12日)	支付北京京亿余下60%货款	采购专员填写付款申请书→采购部经理审核付款申请书→财务经理审核付款申请书→总经理审批付款申请书→出纳办理企业间转账(企业网银)→财务经理审批企业间转账(企业网银)→采购专员通知供应商已办理付款业务； 出纳打印业务回单并交给应付会计→应付会计编制记账凭证→财务经理审核记账凭证→出纳登记银行存款日记账→应付会计登记明细账	借：预付账款 　　贷：银行存款
任务五 (12月12日)	采购北京京亿304不锈钢板材入库	采购专员确认收货→仓管员办理入库→成本会计接收采购入库单待月底汇总	
任务六 (12月12日)	收到北京京亿不锈钢板材全额发票	采购专员向供应商催收发票→供应商代表开具并打印发票→采购专员接收发票并查询发票真伪→成本会计编制记账凭证→财务经理审核记账凭证→税务会计登记明细账→成本会计登记明细账→应付会计登记明细账	借：原材料 　　应交税费—— 　　应交增值税(进项税额) 　　贷：预付账款

3) 到货业务流程——与四川电器供应商的业务往来演练(月末暂估)(见表5-5)

表5-5　到货业务流程(四川电器)

任务序号	任务简述	任务流程	会计分录
任务一 (12月12日)	与四川电器签订采购合同	采购专员起草采购合同→采购专员填写合同会签单→采购部经理审核采购合同→财务经理审核采购合同→总经理审批采购合同→行政助理在采购合同上盖章→供应商代表在采购合同上签字盖章确认→行政助理将采购合同存档	
任务二 (12月28日)	从四川电器采购的商品入库	采购专员确认收货→仓管员办理入库→成本会计接收采购入库单	
任务三 (12月28日)	从四川电器采购的商品月末做暂估处理	成本会计编制记账凭证→财务经理审核记账凭证→成本会计登记明细账→应付会计登记明细账	借：库存商品—— 　　二级明细 　　贷：应付账款

4) 到货业务流程——与九江塑电供应商的业务往来演练(见表5-6)

表 5-6 到货业务流程(九江塑电)

任务序号	任务简述	任务流程	会计分录
任务一 (12月12日)	与九江塑电签订采购合同	采购专员起草采购合同→采购专员填写合同会签单→采购部经理审核采购合同→财务经理审核采购合同→总经理审批采购合同→行政助理在采购合同上盖章→供应商代表在采购合同上签字盖章确认→行政助理将采购合同存档	
任务二 (12月28日)	当天从九江塑电采购的原材料入库	采购专员确认收货→仓管员办理入库→成本会计接收采购入库单	

任务三
(12月28日)
	当天收到九江塑电开具的发票	采购专员向供应商催收发票→供应商代表开具并打印发票→采购专员接收发票并查询发票真伪→成本会计编制记账凭证→财务经理审核记账凭证→税务会计登记明细账→成本会计登记明细账→应付会计登记明细账	借: 原材料
			    应交税费——
			    应交增值税(进项税额)
			  贷: 应付账款

任务四 (12月28日)	当天支付九江塑电12月12日合同货款	采购专员填写付款申请书→采购部经理审核付款申请书→财务经理审核付款申请书→总经理审批付款申请书→出纳办理企业网银转账业务→财务经理审批企业网银转账→采购专员通知供应商已通过网上银行转账付款;出纳打印转账通知→应付会计编制记账凭证→财务经理审核记账凭证→出纳登记银行存款日记账→应付会计登记明细账	借: 应付账款 贷: 银行存款

2. 采购业务实训具体业务流程步骤

1) 应付款项业务流程步骤——与九江塑电供应商的业务往来演练

(1) 与九江塑电签订采购合同。

采购专员根据采购订单起草采购合同并填写会签单,采购部经理、财务经理和总经理依次审核合同,行政助理盖章,供应商代表签字确认,最后,行政助理存档。业务流程具体描述如表5-7所示。

表 5-7 业务流程具体描述

序号	活动名称	角色	活动描述
1	起草采购合同	采购专员	采购专员根据已约定的货物种类、数量、价格、交货期等具体条款,起草采购合同,合同一式两份
2	填写合同会签单	采购专员	采购专员根据合同内容如实填写合同会签单,交由采购部经理审核
3	审核采购合同	采购部经理	采购部经理审核完成后,在合同会签单上签字,并交由财务经理审核

续表

序号	活动名称	角色	活动描述
4	审核采购合同	财务经理	财务经理审核完成后，在合同会签单上签字，并交由制造企业总经理审核
5	审批采购合同	制造企业总经理	制造企业总经理进行最终审核，并在合同会签单上签字
6	采购合同盖章	行政助理	行政助理确认合同审批完成，在采购合同上加盖合同专用章或公章，盖章后交给供应商进行确认
7	供应商签字盖章确认	供应商代表	供应商收到合同后，对合同内容进行确认，确认无误后签字盖章，保留一份采购合同，另一份采购合同交回制造企业
8	采购合同存档	行政助理	行政助理收到合同后，将合同编号并归档

业务流程如图5-7所示。

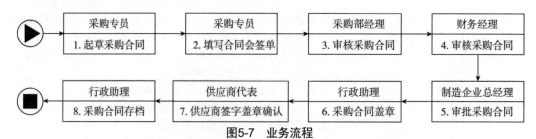

图5-7　业务流程

(2) 提前收到九江塑电全额发票。

采购专员催收供应商发票；供应商代表开具并打印发票；采购专员接收发票并核实发票真伪；成本会计编制记账凭证并经财务经理审核；税务会计、成本会计和应付会计依次登记明细账。业务流程具体描述如表5-8所示。

表5-8　业务流程具体描述

序号	活动名称	角色	活动描述
1	催收发票	采购专员	采购专员通过电话、邮件、书面文件等方式与销售方取得联系，催收业务发票
2	开具并打印发票	供应商代表	供应商根据销售货物的种类、数量、金额开具增值税专用发票
3	接收发票并查询发票真伪	采购专员	采购专员接收发票后，需要对发票的真实性进行验证
4	编制记账凭证	成本会计	成本会计根据业务情况、发票等原始凭证填制记账凭证
5	审核记账凭证	财务经理	财务经理对记账凭证进行审核
6	登记明细账	税务会计	各职能会计根据记账凭证登记明细账
7	登记明细账	成本会计	
8	登记明细账	应付会计	

业务流程如图5-8所示。

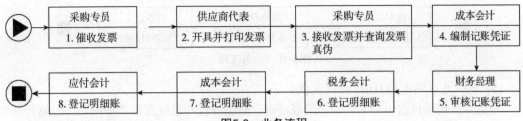

图5-8 业务流程

(3) 采购九江塑电原材料入库。

采购专员确认收货并线下更新采购合同执行情况表；仓管员办理入库操作；成本会计接收采购入库单，待月底进行汇总处理。业务流程具体描述如表5-9所示。

表 5-9 业务流程具体描述

序号	活动名称	角色	活动描述
1	确认收货	采购专员	(1) 采购专员核对合同、货物； (2) 原材料放入待检区； (3) 质检抽取检验合格； (4) 确认收货，填写到货单
2	办理入库	仓管员	(1) 仓管员根据到货单填写采购入库单； (2) 办理入库； (3) 仓管员传递采购入库单给采购专员； (4) 仓管员根据采购入库单登记库存台账
3	接收采购入库单待月底汇总	成本会计	仓管员将采购入库单交给成本会计，成本会计进行汇总

业务流程如图5-9所示。

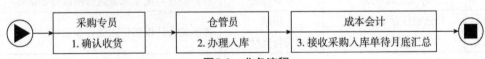

图5-9 业务流程

(4) 九江塑电在途转入在库账务处理。

承接上个任务，成本会计编制记账凭证；财务经理审核凭证；成本会计登记明细账。业务流程具体描述如表5-10所示。

表 5-10 业务流程具体描述

序号	活动名称	角色	活动描述
1	编制记账凭证	成本会计	成本会计结转在途物资
2	审核记账凭证	财务经理	财务经理对记账凭证进行审核
3	登记科目明细账	成本会计	成本会计根据审核后的记账凭证登记明细账

业务流程如图5-10所示。

图5-10 业务流程

(5) 支付九江塑电12月6日合同货款。

采购专员填写付款申请书，经采购部经理、财务经理和总经理依次审核后，出纳开具支票并由财务经理盖章。采购专员将支票交给供应商，同时应付会计编制记账凭证，财务经理审核凭证。最后，出纳登记日记账，应付会计登记明细账。业务流程具体描述如表5-11所示。

表5-11 业务流程具体描述

序号	活动名称	角色	活动描述
1	填写付款申请书	采购专员	采购专员根据合同金额填写付款申请书并交由采购部经理进行审核
2	审核付款申请书	采购部经理	采购部经理审核付款申请书内容，审核无误后签字，并交由财务经理审核
3	审核付款申请书	财务经理	财务经理审核付款申请书，审核无误后签字，并交由制造企业总经理审核
4	审批付款申请书	制造企业总经理	制造企业总经理对付款申请书进行最终审核
5	办理企业网银转账业务	出纳	出纳根据付款申请书进行网银转账
6	审批企业网银转账	财务经理	财务经理审批转账
7	通知供应商已通过网上银行转账方式支付货款	采购专员	转账完成后，采购专员通知供应商已付货款
8	打印转账通知	出纳	出纳打印转账通知交给应付会计
9	编制记账凭证	应付会计	应付会计根据转账通知编制记账凭证
10	审核记账凭证	财务经理	财务经理对记账凭证进行审核并签字
11	登记银行存款日记账	出纳	各职能会计根据记账凭证登记明细账
12	登记明细账	应付会计	

业务流程如图5-11所示。

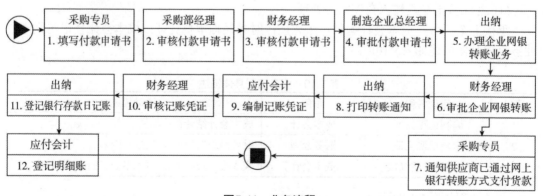

图5-11 业务流程

2) 预付款项业务流程步骤——与北京京亿供应商的业务往来演练

(1) 与北京京亿签订采购合同。

采购专员起草采购合同并填写合同会签单，经采购部经理、财务经理和总经理依次审核后，行政助理进行合同盖章。供应商代表进行供应商签字并盖章确认，最后，行政助理负责采购合同的存档工作。业务流程具体描述如表5-12所示。

表 5-12　业务流程具体描述

序号	活动名称	角色	活动描述
1	起草采购合同	采购专员	采购专员根据已约定的货物种类、数量、价格、交货期等具体条款，起草采购合同，合同一式两份
2	填写合同会签单	采购专员	采购专员根据合同内容如实填写合同会签单，交由采购部经理审核
3	审核采购合同	采购部经理	采购部经理审核完成后，在合同会签单上签字，并交由财务经理审核
4	审核采购合同	财务经理	财务经理审核完成后，在合同会签单上签字，并交由制造企业总经理审核
5	审批采购合同	制造企业总经理	制造企业总经理进行最终审核，并在合同会签单上签字
6	采购合同盖章	行政助理	行政助理确认合同审批完成，在采购合同上加盖合同专用章或公章，盖章完成后交给供应商进行确认
7	供应商签字盖章确认	供应商代表	供应商收到合同后，对合同内容进行确认，确认无误后，签字盖章，保留一份采购合同，另一份采购合同交回制造企业
8	采购合同存档	行政助理	行政助理收到合同后，将合同编号并归档

业务流程如图5-12所示。

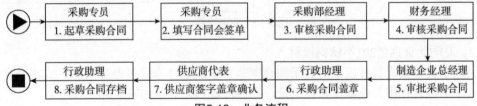

图5-12　业务流程

(2) 以支票预付北京京亿40%货款。

采购专员填写付款申请书，经采购部经理、财务经理和总经理依次审核后，出纳开具支票并由财务经理盖章。采购专员将支票交给供应商，同时应付会计编制记账凭证，财务经理审核凭证。最后，出纳登记日记账，应付会计登记明细账，以完成付款流程。业务流程具体描述如表5-13所示。

表 5-13　业务流程具体描述

序号	活动名称	角色	活动描述
1	填写付款申请书	采购专员	业务专员根据合同信息填写付款申请书
2	审核付款申请书	采购部经理	业务部经理审核付款申请书内容，审核无误后签字
3	审核付款申请书	财务经理	财务部经理审核付款申请书，审核无误后签字

续表

序号	活动名称	角色	活动描述
4	审批付款申请书	制造企业总经理	制造企业总经理进行最终审核，并在付款申请书上签字
5	开具支票	出纳	(1) 开具支票； (2) 登记支票簿； (3) 支票送财务经理盖章
6	支票盖章	财务经理	(1) 支票盖章； (2) 将支票传递给采购员； (3) 将支票存根及付款申请书传递给应付会计
7	将支票送交供应商	采购专员	采购专员将支票交给供应商
8	编制记账凭证	应付会计	根据付款申请书、支票存根等原始凭证编制记账凭证
9	审核记账凭证	财务经理	财务经理审核记账凭证
10	登记银行存款日记账	出纳	各职能会计根据记账凭证登记明细账
11	登记明细账	应付会计	

业务流程如图5-13所示。

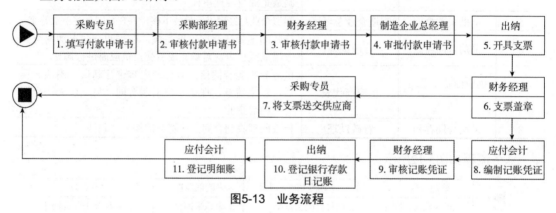

图5-13　业务流程

(3) 采购北京京亿201不锈钢板材入库。

采购专员确认收货并线下更新采购合同执行情况表，仓管员办理入库。成本会计接收采购入库单以进行相关成本核算和记录。业务流程具体描述如表5-14所示。

表5-14　业务流程具体描述

序号	活动名称	角色	活动描述
1	确认收货	采购专员	(1) 采购专员核对合同、货物； (2) 原材料放入待检区； (3) 质检抽取检验合格； (4) 确认收货，填写到货单
2	办理入库	仓管员	(1) 仓管员根据到货单填写采购入库单； (2) 办理入库； (3) 仓管员传递采购入库单给采购专员； (4) 仓管员根据采购入库单登记库存台账
3	接收采购入库单待月底汇总	成本会计	仓管员将采购入库单交给成本会计，成本会计进行汇总

业务流程如图5-14所示。

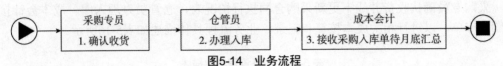

图5-14 业务流程

(4) 支付北京京亿余下60%货款。

采购专员填写付款申请书，经采购部经理、财务经理和总经理依次审核后，出纳开具支票并由财务经理盖章。采购专员将支票交给供应商，同时应付会计编制记账凭证，财务经理审核凭证。最后，出纳登记日记账，应付会计登记明细账，以完成付款流程。业务流程具体描述如表5-15所示。

表5-15 业务流程具体描述

序号	活动名称	角色	活动描述
1	填写付款申请书	采购专员	采购专员根据合同信息填写付款申请书
2	审核付款申请书	采购部经理	采购部经理审核付款申请书内容，审核无误后签字
3	审核付款申请书	财务经理	财务经理审核付款申请书，审核无误后签字
4	审批付款申请书	制造企业总经理	制造企业总经理进行最终审核，并在付款申请书上签字
5	办理企业间转账	出纳	出纳根据付款申请书的信息进行转账付款
6	审批企业间转账	财务经理	财务经理对网银付款进行审批
7	通知供应商已办理付款业务	采购专员	采购专员通知供应商已付款
8	打印业务回单并交给应付会计	出纳	出纳打印付款业务回单，并交给应付会计记账
9	编制记账凭证	应付会计	应付会计根据付款申请书、付款业务回单编制记账凭证
10	审核记账凭证	财务经理	财务经理审核记账凭证
11	登记银行存款日记账	出纳	各职能会计根据记账凭证登记明细账
12	登记明细账	应付会计	

业务流程如图5-15所示。

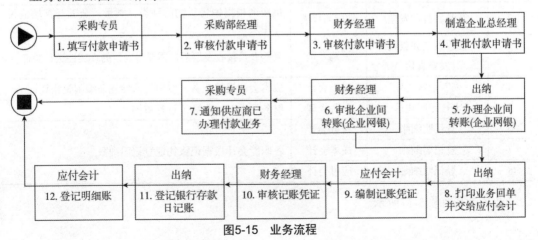

图5-15 业务流程

（5）采购北京京亿304不锈钢板材入库。

采购专员确认收货并线下更新采购合同执行情况表，仓管员办理入库。成本会计接收采购入库单，以进行相关成本核算和记录。业务流程具体描述如表5-16所示。

表5-16 业务流程具体描述

序号	活动名称	角色	活动描述
1	确认收货	采购专员	（1）采购专员核对合同、货物； （2）原材料放入待检区； （3）质检抽取检验合格； （4）确认收货，填写到货单
2	办理入库	仓管员	（1）仓管员根据到货单填写采购入库单； （2）办理入库； （3）仓管员传递采购入库单给采购专员； （4）仓管员根据采购入库单登记库存台账
3	接收采购入库单待月底汇总	成本会计	仓管员将采购入库单交给成本会计，成本会计进行汇总

业务流程如图5-16所示。

图5-16 业务流程

（6）收到北京京亿不锈钢板材全额发票。

采购专员向供应商催收发票，接收发票并查询发票真伪。成本会计编制记账凭证，财务经理审核凭证。最后，税务会计、成本会计和应付会计分别登记明细账。业务流程具体描述如表5-17所示。

表5-17 业务流程具体描述

序号	活动名称	角色	活动描述
1	催收发票	采购专员	采购专员通过电话、邮件、书面文件等方式与销售方取得联系，催收业务发票
2	开具并打印发票	供应商代表	供应商根据销售货物的种类、数量、金额开具增值税专用发票
3	接收发票并查询发票真伪	采购专员	采购专员接收发票后，需要对发票的真实性进行验证
4	编制记账凭证	成本会计	成本会计根据业务、发票等原始凭证编制记账凭证
5	审核记账凭证	财务经理	财务经理对记账凭证进行审核
6	登记明细账	税务会计	各职能会计根据记账凭证登记明细账
7	登记明细账	成本会计	
8	登记明细账	应付会计	

业务流程如图5-17所示。

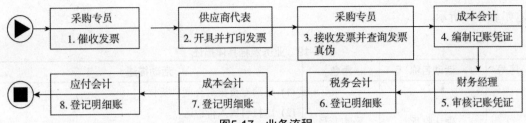

图5-17 业务流程

3) 到货业务流程步骤——与四川电器供应商的业务往来演练(月末暂估)

(1) 与四川电器签订采购合同。

采购专员起草采购合同并填写合同会签单,经采购部经理、财务经理和总经理审核后,行政助理在采购合同上盖章。供应商代表进行签字并盖章确认后,行政助理将采购合同存档。业务流程具体描述如表5-18所示。

表5-18 业务流程具体描述

序号	活动名称	角色	活动描述
1	起草采购合同	采购专员	采购专员根据已约定的货物种类、数量、价格、交货期等具体条款,起草采购合同,合同一式两份
2	填写合同会签单	采购专员	采购专员根据合同内容如实填写合同会签单,交由采购部经理审核
3	审核采购合同	采购部经理	采购部经理审核完成后,在合同会签单上签字,并交由财务经理审核
4	审核采购合同	财务经理	财务经理审核完成后,在合同会签单上签字,并交由制造企业总经理审核
5	审批采购合同	制造企业总经理	制造企业总经理进行最终审核,并在合同会签单上签字
6	采购合同盖章	行政助理	行政助理确认合同审批完成,在采购合同上加盖合同专用章或公章,盖章完成后交给供应商进行确认
7	供应商签字盖章确认	供应商代表	供应商收到合同后,对合同内容进行确认,确认无误后,签字盖章,保留一份采购合同,另一份采购合同交回制造企业
8	采购合同存档	行政助理	行政助理收到合同后,将合同编号并归档

业务流程如图5-18所示。

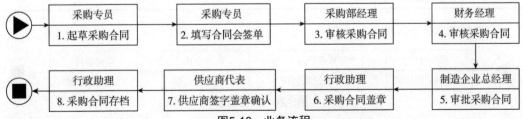

图5-18 业务流程

(2) 从四川电器采购的商品入库。

采购流程中,采购专员确认收货并线下更新采购合同执行情况表,仓管员负责办理入库。同时,成本会计接收采购入库单进行相关成本核算和记录。业务流程具体描述如表5-19所示。

表5-19 业务流程具体描述

序号	活动名称	角色	活动描述
1	确认收货	采购专员	(1) 采购专员核对合同、货物； (2) 原材料放入待检区； (3) 质检抽取检验合格； (4) 确认收货，填写到货单
2	办理入库	仓管员	(1) 仓管员根据到货单填写采购入库单； (2) 办理入库； (3) 仓管员传递采购入库单给采购专员； (4) 仓管员根据采购入库单登记库存台账
3	接收采购入库单待月底汇总	成本会计	仓管员将采购入库单交给成本会计，成本会计进行汇总

业务流程如图5-19所示。

图5-19 业务流程

(3) 从四川电器采购的商品月末做暂估处理。

承接上个任务，成本会计编制记账凭证，财务经理审核凭证。最后，成本会计和应付会计依次登记相应的明细账。业务流程具体描述如表5-20所示。

表5-20 业务流程具体描述

序号	活动名称	角色	活动描述
1	编制记账凭证	成本会计	(1) 整理入库单汇总； (2) 根据入库单汇总表、合同、发票等信息编制记账凭证
2	审核记账凭证	财务经理	财务经理审核记账凭证，审核无误后签字
3	登记明细账	成本会计	各职能会计根据记账凭证登记明细账
4	登记明细账	应付会计	

业务流程如图5-20所示。

图5-20 业务流程

4) 到货业务流程步骤——与九江塑电供应商的业务往来演练

(1) 与九江塑电签订采购合同。

采购专员起草合同并填写会签单，经采购部经理、财务经理和总经理依次审核后，行政助理在合同上盖章。供应商代表进行签字并盖章确认后，行政助理将采购合同进行存档。业务流程具体描述如表5-21所示。

表 5-21 业务流程具体描述

序号	活动名称	角色	活动描述
1	起草采购合同	采购专员	采购专员根据已约定的货物种类、数量、价格、交货期等具体条款，起草采购合同，合同一式两份
2	填写合同会签单	采购专员	采购专员根据合同内容如实填写合同会签单，交由采购部经理审核
3	审核采购合同	采购部经理	采购部经理审核完成后，在合同会签单上签字，并交由财务经理审核
4	审核采购合同	财务经理	财务经理审核完成后，在合同会签单上签字，并交由制造企业总经理审核
5	审批采购合同	制造企业总经理	制造企业总经理进行最终审核，并在合同会签单上签字
6	采购合同盖章	行政助理	行政助理确认合同审批完成，在采购合同上加盖合同专用章或公章，盖章后交给供应商进行确认
7	供应商签字盖章确认	供应商代表	供应商收到合同后，对合同内容进行确认，确认无误后签字盖章，保留一份采购合同，另一份采购合同交回制造企业
8	采购合同存档	行政助理	行政助理收到合同后，将合同编号并归档

业务流程如图5-21所示。

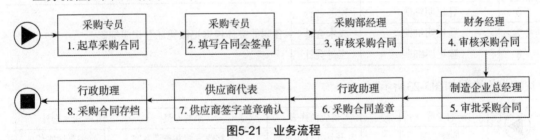

图5-21 业务流程

(2) 当天从九江塑电采购的原材料入库。

采购专员确认收货并线下更新采购合同执行情况表，仓管员办理物品入库。同时，成本会计接收采购入库单，进行相关的成本核算和记录。业务流程具体描述如表5-22所示。

表 5-22 业务流程具体描述

序号	活动名称	角色	活动描述
1	确认收货	采购专员	(1) 采购专员核对合同、货物； (2) 原材料放入待检区； (3) 质检抽取检验合格； (4) 确认收货，填写到货单
2	办理入库	仓管员	(1) 仓管员根据到货单填写采购入库单； (2) 办理入库； (3) 仓管员传递采购入库单给采购专员； (4) 仓管员根据采购入库单登记库存台账
3	接收采购入库单待月底汇总	成本会计	仓管员将采购入库单交给成本会计，成本会计进行汇总

业务流程如图5-22所示。

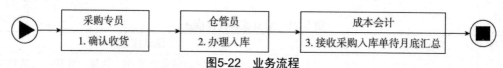

图5-22 业务流程

(3) 当天收到九江塑电开具的发票。

采购专员催促供应商开具发票，供应商代表开具并打印发票后交给采购专员查询真伪。成本会计编制记账凭证，财务经理审核凭证后，税务会计、成本会计和应付会计分别登记对应的明细账。业务流程具体描述如表5-23所示。

表5-23 业务流程具体描述

序号	活动名称	角色	活动描述
1	催收发票	采购专员	采购专员通过电话、邮件、书面文件等方式与销售方取得联系，催收业务发票
2	开具并打印发票	供应商代表	供应商根据销售货物的种类、数量、金额开具增值税专用发票
3	接收发票并查询发票真伪	采购专员	采购专员接收发票后，对发票的真实性进行验证
4	编制记账凭证	成本会计	成本会计根据业务情况、发票等原始凭证编制记账凭证
5	审核记账凭证	财务经理	财务经理对记账凭证进行审核
6	登记明细账	税务会计	各职能会计根据记账凭证登记明细账
7	登记明细账	成本会计	
8	登记明细账	应付会计	

业务流程如图5-23所示。

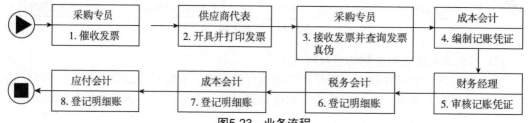

图5-23 业务流程

(4) 当天支付九江塑电12月12日合同货款。

采购专员填写付款申请书，经采购部经理、财务经理和总经理审核后，出纳开具支票并由财务经理盖章。采购专员将支票给供应商，同时应付会计编制记账凭证，财务经理审核凭证。最后，出纳登记日记账，应付会计登记相应的明细账。业务流程具体描述如表5-24所示。

表5-24 业务流程具体描述

序号	活动名称	角色	活动描述
1	填写付款申请书	采购专员	采购专员根据合同金额填写付款申请书并交由采购部经理审核
2	审核付款申请书	采购部经理	采购部经理审核付款申请书内容，审核无误后签字，并交由财务经理审核

续表

序号	活动名称	角色	活动描述
3	审核付款申请书	财务经理	财务经理审核付款申请书,审核无误后签字,并交由制造企业总经理审核
4	审批付款申请书	制造企业总经理	制造企业总经理对付款申请书进行最终审核
5	办理企业网银转账业务	出纳	出纳根据付款申请书进行网银转账
6	企业网银转账审批	财务经理	财务经理审批转账
7	通知供应商已通过网上银行转账付款	采购专员	转账完成后,采购专员通知供应商已付货款
8	打印转账通知	出纳	出纳打印转账通知交给应付会计
9	编制记账凭证	应付会计	应付会计根据转账通知编制记账凭证
10	审核记账凭证	财务经理	财务经理对记账凭证进行审核并签字
11	登记银行存款日记账	出纳	各职能会计根据记账凭证登记明细账
12	登记明细账	应付会计	

业务流程如图5-24所示。

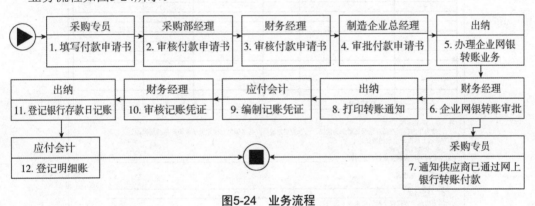

图5-24 业务流程

5.2 业务实践

本业务为应付款项业务,以与九江塑电供应商的业务往来演练为例。与北京京亿供应商的业务往来、与四川电器供应商的业务往来等的操作步骤,实训者可参考本案例演示进行操作。

任务一 与九江塑电签订采购合同(12月6日)

(1) 采购专员起草采购合同。在采购合同的填写过程中,应完整填写甲乙方公司全称、合同编号、产品描述(名称、型号)、计量单位、数量、单价(含税)、总价、交货方式、付款方式及时间、送货地点,以及甲乙双方公司基本信息等。

根据本案例提供的业务数据如下:合同日期为2019年12月6日;卖方为九江塑电,买方为北京新锐电器有限公司(制造企业);付款条件是2019年12月31日前用网银付款;合同编码为HT-CG-001;采购订单号为HT-CG-001;交货日是2019年12月12日,交货至公司库房;开票情况是2019年12月6日收到采购发票;付款情况是2019年12月28日将货款付清。采购订单如图5-25所示,采购合同如图5-26所示。

货物名称	规格型号	编码	单位	数量	无税单价/元	无税金额/元	税额/元	含税金额/元
轻巧、经典型壶盖	通用：定制	HF-0001	件	45,000.00	5.00	225000.00	29250.00	254250.00
豪华型壶盖	豪华型：定制	HC-0001	件	4,000.00	8.00	32000.00	4160.00	36160.00
轻巧、经典型底座	通用：定制	HF-0002	件	44,000.00	20.00	880000.00	114400.00	994400.00
豪华型底座	豪华型：定制	HC-0002	件	4,000.00	35.00	140000.00	18200.00	158200.00
国产温控器	国产BB3	HF-0004	件	30,000.00	20.00	600000.00	78000.00	678000.00
进口温控器	SKE903	HC-0005	件	2,500.00	40.00	100000.00	13000.00	113000.00
轻巧型手柄	轻巧型：定制	HA-0002	件	20,000.00	5.00	100000.00	13000.00	113000.00
经典型手柄	经典型：定制	HB-0002	件	10,000.00	7.00	70000.00	9100.00	79100.00
豪华型手柄	豪华型：定制	HC-0006	件	2,500.00	10.00	25000.00	3250.00	28250.00
轻巧、经典型加热底盘	通用：定制	HF-0005	件	30,000.00	12.00	360000.00	46800.00	406800.00
豪华型加热底盘	豪华型：定制	HC-0008	件	2,500.00	18.00	45000.00	5850.00	50850.00
轻巧型辅材套件	轻巧型：定制	HA-0003	套	30,000.00	4.00	120000.00	15600.00	135600.00
经典型辅材套件	经典型：定制	HB-0003	套	14,000.00	4.50	63000.00	8190.00	71190.00
豪华型辅材套件	豪华型：定制	HC-0007	套	4,000.00	5.00	20000.00	2600.00	22600.00
合计:						2780000.00	361400.00	3141400.00

图5-25　业务数据——采购订单(九江塑电)

采购合同

合同编号：

甲方：　　　　　　　　　　　　　　　　　（以下简称"甲方"）

乙方：　　　　　　　　　　　　　　　　　（以下简称"乙方"）

　　甲、乙双方在平等互利、诚实信用的基础上，依据《中华人民共和国民法典》及其他相关法律法规的规定，经过友好协商，签订本合同。

第一条　产品名称、型号、数量、金额

序号	产品描述（名称、型号）	计量单位	数量	单价（含税）	总价
1					
2					
合计	大写人民币：				￥

第二条　质量标准

　　乙方为甲方提供产品应以保证质量为前提。乙方为甲方提供产品必须符合国家关于此类产品的质量约定，否则由乙方承担全部由此引起的责任。

第三条　交货付款方式

1、交货时间。合同生效后，乙方在：_____

交给甲方。

2、付款方式及时间。

　　1）付款方式：_____

　　2）付款时间：_____

　　乙方应向甲方提供全额的增值税专用发票。

3、送货地点。_____

乙方承担送货费用。

4、产品在运输过程中出现（产品损坏、产品丢失、包装破损、延期到达等）问题时，由乙方负责处理、协调、解决。

第四条　验收方法

　　甲方在收到乙方交付货物当日内安排验收，如发现货物品种，型号，规格，质量、数量等不合规定，有权立即要求乙方予以更换。乙方应在接到甲方通知后3个工作日内更换产品，并承担相应的费用。逾期未交付则乙方违约，同时乙方承担由此给甲方造成的损失。

第五条　甲方权利义务

1、对乙方交付产品进行验收的权利和义务。

2、乙方交付产品不符合合同约定时，有拒绝收货的权利。

3、当乙方的产品存在瑕疵，给甲方造成损失时，有权要求乙方给予赔偿。

4、乙方所提供的产品符合合同要求的情况下，甲方有按照合同规定付款的义务。

第六条　乙方权利义务

1、乙方保证所交付的产品为合法正版产品。否则甲方有权退货，并保留追究乙方责任的权利。

2、乙方保证按时交付甲方所购产品。

第七条　违约责任

　　合同生效后，任何一方不得无正当理由解除合同，无正当理由解除合同的，需要向对方支付合同总金额20%的违约金，上述违约金不足以弥补损失时，对超出违约金外的经济损失违约方仍有义务赔偿。

第八条　争议处理

　　双方在履行合同时如发生争议，首先应友好协商解决，如协商不成，双方均可向对方所在地法院提起诉讼。

第九条　其他

1、本合同一式两份，双方各执一份，具有同等法律效力。

2、合同经双方签字盖章后生效。

3、合同未尽事宜，双方应本着友好协商的精神，根据本合同书签订的原则，从实际需要出发，达成补充协议。

（以下无正文）

甲方(签章)：_____　　　　　乙方(签章)：_____

法定代表人：_____　　　　　法定代表人：_____

日　期：_____　　　　　日　期：_____

图5-26　采购合同填写演示(九江塑电)

(2) 采购专员依据采购合同填写合同会签单(见图5-27)。

注意：需要填写单据编号、会签日期、送签部门、签约人、合同名称、对方单位、合同主要内容、合同金额(大写)，其他信息如承办人、电话、E-mail可选择性填写。

填写内容检查无误后，依次单击【保存】【完成】按钮。

(3) 采购部经理审核采购合同，在业务部门审批意见处写"同意"并签署姓名及日期，如图5-27①处所示。

(4) 财务经理审核采购合同，在财务部审批意见处写"同意"并签署姓名及日期，如图5-27②处所示。

(5) 公司总经理审批采购合同，在总经理审批意见处签署姓名及日期，如图5-27③处所示。

图5-27　合同会签单填写演示(九江塑电)

(6) 行政助理查看合同会签单是否全部审核通过，检查无误后在采购合同甲方处盖公司合同专用章。

注意：需要完整填写甲方信息(如法定代表人、日期)并盖章，且盖章用的是甲方公司合同专用章，如图5-28①处所示。

(7) 采购专员需要联系供应商代表，进行供应商签字并盖章确认。

注意：需要完整填写乙方信息(如法定代表人、日期)并盖章，且盖章用的是供应商公司(乙方)合同专用章，如图5-28②处所示。

图5-28　采购合同双方盖章演示

(8) 行政助理将生效的采购合同存档，并把采购合同复印件交给财务经理。这一部分的操作是线下完成的。这里直接单击【保存】和【完成】按钮，结束了本步骤的任务，如图5-29所示。

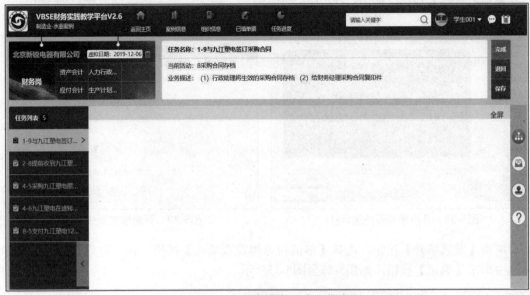

图5-29 业务完成演示(九江塑电)

任务二 提前收到九江塑电全额发票(12月6日)

(1) 采购专员向供应商催开发票。采购专员可通过电话、邮件、书面文件等方式与销售方取得联系，催收业务发票。该任务属于线下完成的催收发票的任务，实训者可线下完成，完成后单击【完成】按钮，任务流转到下一岗位进行操作，如图5-30所示。

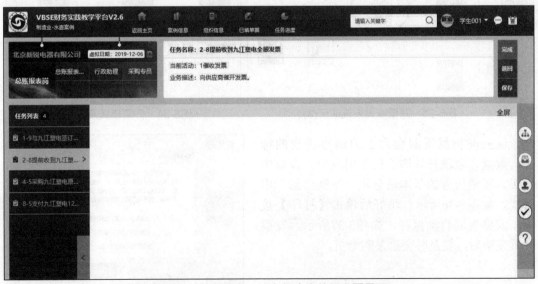

图5-30 线下业务——向供应商催开发票界面

（2）供应商代表开具并打印发票。供应商在"防伪税控开票模拟操作系统"界面单击【防伪税控开票模拟系统】，然后进入"防伪税控开票及网上报税模拟操作系统"界面，单击【防伪税控开票模拟系统】按钮，如图5-31和图5-32所示。

视频：开具增值税发票

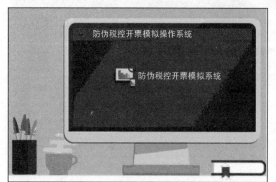

图5-31　开票模式系统演示(1)

图5-32　开票模式系统演示(2)

单击【发票填开】按钮，选择【增值税专用发票填开】按钮，在"发票号码确认"对话框中单击【确定】按钮，如图5-33至图5-35所示。

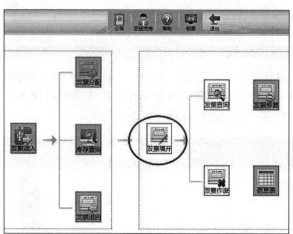

图5-33　开票模式系统演示(3)

图5-34　开票模式系统演示(4)

供应商根据采购合同上的销售货物的种类、数量、金额开具增值税专用发票。发票中购买方和销售方的基本信息从"案例信息"中查找，如图5-36所示。填好后单击【打印】按钮，发票视同自动保存，如图5-37所示。发票开具完毕后，要及时交给采购专员。

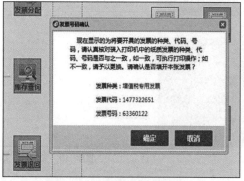

图5-35　开票模式系统演示(5)

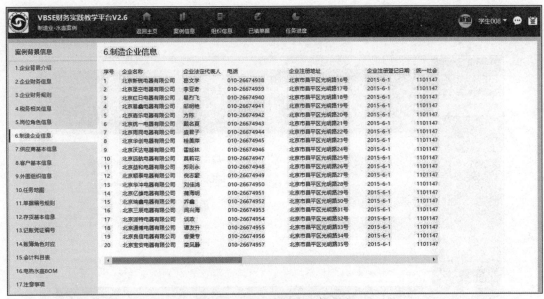

图5-36 查询发票基本信息路径

注意：如果发票上的行数不够，可以多开具记账增值税专用发票。此处为了方便模拟开票系统可按以下简化开票操作，把"数量"设为1件；"单位"设为件或套；"货物或应税劳务、服务名称"统一采用采购订单第一个商品名称为汇总商品名称，如图5-37所示。

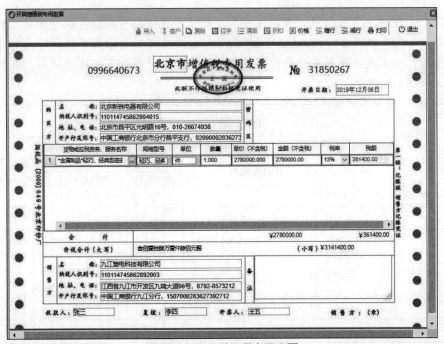

图5-37 开具增值税专用发票

(3) 采购专员接收发票后，需要对发票的真实性进行验证。采购专员在查验界面输入正确的11位发票代码、8位发票号码，便可查验当前的增值税发票真伪，查询结果显示为成功，如图5-38所示。

注意： 本任务默认系统里所展示的查验界面。国家税务总局全国增值税发票查验平台网址为https://inveri.chinatax.gov.cn/index.html。

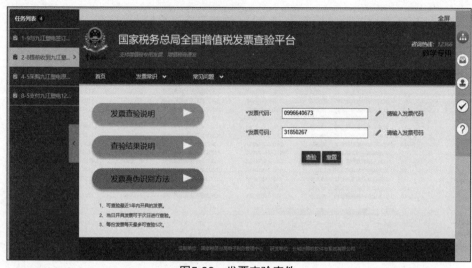

图5-38　发票查验真伪

(4) 成本会计根据增值税专用发票、采购合同及采购订单明细编制记账凭证。借记在途物资、应交税费——应交增值税(进项税额)，贷记应付账款——九江塑电等二级明细科目。

注意： ①凭证序号需按照"案例信息"里的记账凭证编号中任务编号所对应的凭证号数来填写，如任务编号2-8对应凭证号数009号；②附单据数量按照系统所给出的业务单据数量来填写，如采购订单和采购合同共两张；③成本会计编制完记账凭证后，在制单处盖章签字，如图5-39所示。

记 账 凭 证

2019 年 12 月 06 日　　　　　　　　　　　记字第 009号

摘 要	总账科目	明细账科目	借方金额										贷方金额										√	
			亿	千	百	十	万	千	百	十	元	角	分	亿	千	百	十	万	千	百	十	元	角	分	
提前收到九江塑电全…	1402—在途物资				2	7	8	0	0	0	0	0	0												☐
	2221—应交税费	22210101—进项税额				3	6	1	4	0	0	0	0												☐
	2202—应付账款	22020203—九江塑电科技有限公司														3	1	4	1	4	0	0	0	0	☐
																									☐
																									☐
合　　计																									☐

附单据 2 张

会计主管：　　　记账：　　　出纳：　　　复核：　　　制单：学生004

图5-39　记账凭证编制演示

(5) 财务经理审核记账凭证，根据增值税专用发票及采购合同审核记账凭证。注意记账凭证填写是否合规，摘要、总账科目、明细账科目及借贷方金额是否都按照增值税专用发票上的内容和金额如实填列。财务经理审核无误后，在记账凭证"会计主管"和"复核"处签名盖章，如图5-40所示。

图5-40 记账凭证审核演示

（6）税务会计根据记账凭证登记明细账，并在记账凭证上打钩过账及盖章。此处包括以下三个步骤：①税务会计登记"应交税费——应交增值税"明细账，根据记账凭证如实填写当期的应交税费——应交增值税(进项税额)借方金额361 400.00元，最后余额借记361 400.00元，如图5-41和图5-42所示；②明细账登记完毕后，在记账凭证上应交税费——应交增值税(进项税额)科目最右侧打钩并填写附单据张数；③最后，税务会计在记账凭证"记账"处盖章签字，如图5-43所示。

图5-41 应交税费——应交增值税明细账登记演示(左页)

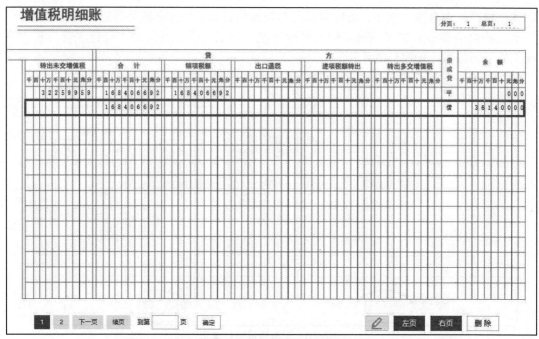

图5-42　应交税费——应交增值税明细账登记演示(右页)

图5-43　记账凭证打钩和登记演示

(7) 成本会计根据记账凭证登记明细账，并在记账凭证上打钩过账及盖章。此任务是成本核算岗的任务，根据记账凭证，借记在途物资、应交税费——应交增值税(进项税额)，贷记应付账款——九江塑电。因此，成本核算岗需要完成"在途物资"三栏式明细账登记。此处包括以下三个步骤：①成本会计登记"在途物资"三栏式明细账，根据记账凭证如实填写当期的在途物资科目借方金额278 000.00，最后余额借记278 000.00，如图5-44所示；②明细账登记完毕后，在记账凭证上在途物资科目最右侧打钩并填写附单据张数；③成本会计在凭证"记账"处盖章签字，如图5-45所示。

图5-44　"在途物资"三栏式明细账登记演示

图5-45　记账凭证打钩和登记演示

(8) 应付会计根据记账凭证登记明细账，并在记账凭证上打钩过账及盖章。此任务是往来核算岗的任务，根据记账凭证，借记在途物资、应交税费——应交增值税(进项税额)，贷记应付账款——九江塑电。因此，往来核算岗需要完成"应付账款——九江塑电"三栏式明细账登记。此处包括以下三个步骤：①应付会计登记"应付账款"三栏式明细账，根据记账凭证如实填写当期的应付账款科目贷方金额361 400.00，最后余额贷记361 400.00，如图5-46所示；②明细账登记完毕后，在记账凭证上应付账款科目最右侧打钩并填写附单据张数；③应付会计在凭证"记账"处盖章签字，如图5-47所示。

22020203—九江塑电科▼			明 细 账		总页：1　分页：1		

会计科目　应付账款
明细科目　九江塑电科技…

记账凭证		摘　要	对应科目	借 方 金 额	贷 方 金 额	借或贷	余 额
2019年 月 日	类别 号数			十亿千百十万千百十元角分	十亿千百十万千百十元角分		十亿千百十万千百十元角分✓
12 01		期初余额				贷	2 4 9 8 0 0 0 0
12 06		提前收到全额发票	在途物资		3 1 4 1 4 0 0 0 0	贷	3 3 9 1 2 0 0 0 0

图5-46　"应付账款"三栏式明细账登记演示

记 账 凭 证

2019 年 12 月 06 日　　　　　记字第 009 号

摘　要	总账科目	明细账科目	借方金额	贷方金额	✓
			亿千百十万千百十元角分	亿千百十万千百十元角分	
提前收到九江塑电全…	1402—在途物资		2 7 8 0 0 0 0 0		☑
	2221—应交税费	22210101—进项税额	3 6 1 4 0 0 0 0		☑
	2202—应付账款	22020203—九江塑电科技有限公司		3 1 4 1 4 0 0 0 0	☑
					☐
					☐
					☐
合　　　计					☐

附单据 2 张

会计主管：学生003　记账：学生006　出纳：　　复核：学生003　制单：学生004
学生004
学生005

清除

图5-47　记账凭证打钩和登记演示

任务三　采购九江塑电原材料入库(12月12日)

(1) 采购专员确认收货。此任务包括以下4个步骤：①采购专员核对合同、货物；②将原材料放入待检区；③质检抽取检验合格；④确认收货，填写到货单。

注意： 采购专员须根据发货单、采购合同和采购订单的业务数据内容如实填写完整到货单，主要包括：单位名称(供应商名称、到货地址、收货人、电话)、产品内容及要求(产品名称、产品型号、单位、数量、备注等)。到货单其他内容如"到货确认形式如下""请确认后签字""请将单据传回至如下"可根据实际业务发生填写，如图5-48所示。

到 货 单

编号：

单位名称	供应商名称				
	到货地址				
	收货人			电话	

产品内容及要求如下：

序号	产品名称	产品型号	单位	数量	备注
1					
2					
3					
4					
5					
6					
7					
8					
9					
10					
11					
12					
13					
14					
15					
16					

到货确认形式如下：	
请确认后签字：	
请将单据传回至如下：	
联系人：	传真：81234566 电话：86754321

图5-48 到货单填写演示

(2) 仓管员办理入库。此任务包括以下4个步骤：①仓管员根据到货单填写采购入库单(见图5-49)；②办理入库；③仓管员传递采购入库单给采购专员；④仓管员根据采购入库单登记库存台账(见图5-50)。

注意：仓管员需根据到货单、物料检验报告、采购合同和采购订单的业务数据内容如实填写完整采购入库单，主要包括：采购入库单表头(制单日期、供应商名称、单据编号、仓库、类型、采购订单号)、采购入库单具体内容(品名、规格型号、单位、单价、数量、入库时间等)，最后仓管员签字、仓储部经理审核。采购入库单一式三联都需要填写完整。

(3) 成本会计接收采购入库单，待月底汇总。此任务属于线下实训任务，默认线下已完成，直接单击【完成】按钮即可，如图5-51所示。

采购入库单

制单日期：　　　　　　　　　　　　　　仓　　库：
供应商名称：　　　　　　　　　　　　　　类　　型：
单据编号：　　　　　　　　　　　　　　采购订单号：

序号	品　名	规格型号	单位	单价	数量	金额	入库时间	备注
1								
2								
3								
4								
5								
合计								

第一联：仓储部

仓储部经理：　　　　　　　　　　　　仓管员：

图5-49　采购入库单填写演示

库 存 台 账

分页：＿＿＿＿　总页：＿＿＿＿

物料名称：　　　　　　　规格：　　　　　　　最高存量：
物料编号：　　　　　　　存放仓库：　　　　　　最低存量：　　　　计量单位：

年		凭证号数	摘　要	入库		出库		结存	
月	日			数量	单价	数量	单价	数量	单价

图5-50　库存台账填写演示

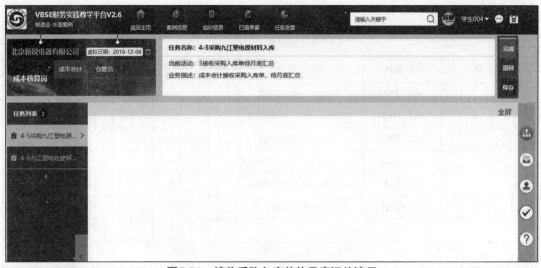

图5-51 接收采购入库单待月底汇总演示

任务四 九江塑电在途转入在库账务处理(12月12日)

(1) 成本会计检查采购入库单,根据采购入库单编制记账凭证(见图5-52)。编制记账凭证时注意填写年月日、凭证号、摘要、总账科目、明细科目、借贷方金额、附单据张数、责任人签字盖章(包括制单人、会计主管、复核、记账等)。

注意: ①凭证序号需按照"案例信息"里的记账凭证编号中任务编号所对应的凭证号数来填写,如任务编号4-6对应凭证号数023号; ②附单据数量按照系统所给出的业务单据数量来填写,如采购入库单只有1张; ③成本会计编制完记账凭证后,在制单处盖章签字; ④最后填写合计金额并划线。

记 账 凭 证

记字第 023号

2019 年 12 月 12 日

摘 要	总账科目	明细账科目	借方金额									贷方金额									√
			亿	千	百	十	万	千	百	十	元	角	分	亿	千	百	十	万	千	百	十	元	角	分	
九江塑电在途转入在库	1403—原材料	14030103—国产温控器			6	0	0	0	0	0	0	0										□
	1403—原材料	14030104—进口温控器			1	0	0	0	0	0	0	0										□
	1403—原材料	14030105—轻巧型手柄			1	0	0	0	0	0	0	0										□
	1403—原材料	14030106—经典型手柄				7	0	0	0	0	0	0										□
	1403—原材料	14030107—豪华型手柄				2	5	0	0	0	0	0										□
	1403—原材料	14030108—轻巧、经典型壶盖				2	2	5	0	0	0	0										□
合 计																						□

会计主管: 记账: 出纳: 复核: 制单: 学生004

(1)

图5-52 记账凭证编制演示

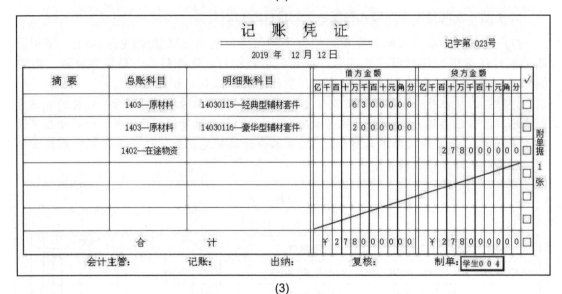

记 账 凭 证

2019 年 12 月 12 日

记字第 023号

摘 要	总账科目	明细账科目	借方金额	贷方金额	√
			亿 千 百 十 万 千 百 十 元 角 分	亿 千 百 十 万 千 百 十 元 角 分	
	1403—原材料	14030109—豪华型壶盖	3 2 0 0 0 0		☐
	1403—原材料	14030110—轻巧、经典型底座	8 8 0 0 0 0 0		☐
	1403—原材料	14030111—豪华型底座	1 4 0 0 0 0 0		☐
	1403—原材料	14030112—轻巧、经典型加热底盘	3 6 0 0 0 0 0		☐
	1403—原材料	14030113—豪华型壶底加热底盘	4 5 0 0 0 0		☐
	1403—原材料	14030114—轻巧型辅材套件	1 2 0 0 0 0 0		☐
合　　　　计					☐

附单据 1 张

会计主管:　　　记账:　　　出纳:　　　复核:　　　制单: 学生004

(2)

记 账 凭 证

2019 年 12 月 12 日

记字第 023号

摘 要	总账科目	明细账科目	借方金额	贷方金额	√
			亿 千 百 十 万 千 百 十 元 角 分	亿 千 百 十 万 千 百 十 元 角 分	
	1403—原材料	14030115—经典型辅材套件	6 3 0 0 0 0		☐
	1403—原材料	14030116—豪华型辅材套件	2 0 0 0 0 0		☐
	1402—在途物资			2 7 8 0 0 0 0 0	☐
					☐
					☐
					☐
合　　　　计			￥ 2 7 8 0 0 0 0 0	￥ 2 7 8 0 0 0 0 0	☐

附单据 1 张

会计主管:　　　记账:　　　出纳:　　　复核:　　　制单: 学生004

(3)

图5-52　记账凭证编制演示(续)

(2) 财务经理检查采购入库单,根据采购入库单审核记账凭证,如图5-53所示。

注意: 财务经理需检查记账凭证填写内容和格式是否规范;检查无误后,在复核和会计主管处签字盖章,每一联记账凭证都需要签字盖章。(由于该系统未设置会计主管,可由财务经理一并签字盖章即可,实际工作需由实际责任人签章。)

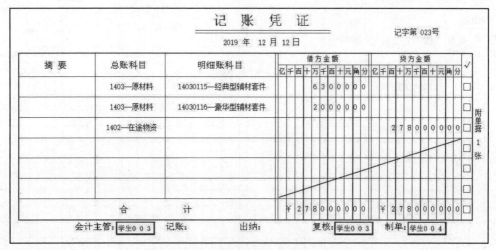

记 账 凭 证

2019 年 12 月 12 日 　　　　记字第 023号

摘要	总账科目	明细账科目	借方金额 亿	千	百	十	万	千	百	十	元	角	分	贷方金额 亿	千	百	十	万	千	百	十	元	角	分	√
九江塑电在途转入在库	1403—原材料	14030103—国产温控器				6	0	0	0	0	0	0	0												☐
	1403—原材料	14030104—进口温控器				1	0	0	0	0	0	0	0												☐
	1403—原材料	14030105—轻巧型手柄				1	0	0	0	0	0	0	0												☐
	1403—原材料	14030106—经典型手柄				.	7	0	0	0	0	0	0												☐
	1403—原材料	14030107—豪华型手柄					2	5	0	0	0	0	0												☐
	1403—原材料	14030108—轻巧、经典型壶盖				2	2	5	0	0	0	0	0												☐
	合　　计																								☐

会计主管：学生003　记账：　出纳：　复核：学生003　制单：学生004

附单据 1 张

(1)

记 账 凭 证

2019 年 12 月 12 日 　　　　记字第 023号

摘要	总账科目	明细账科目	借方金额 亿	千	百	十	万	千	百	十	元	角	分	贷方金额 亿	千	百	十	万	千	百	十	元	角	分	√
	1403—原材料	14030109—豪华型壶盖					3	2	0	0	0	0	0												☐
	1403—原材料	14030110—轻巧、经典型底座				8	8	0	0	0	0	0	0												☐
	1403—原材料	14030111—豪华型底座				1	4	0	0	0	0	0	0												☐
	1403—原材料	14030112—轻巧、经典型加热底盘					3	6	0	0	0	0	0												☐
	1403—原材料	14030113—豪华型壶底加热底盘					4	5	0	0	0	0	0												☐
	1403—原材料	14030114—轻巧型辅材套件				1	2	0	0	0	0	0	0												☐
	合　　计																								☐

会计主管：学生003　记账：　出纳：　复核：学生003　制单：学生004

附单据 1 张

(2)

记 账 凭 证

2019 年 12 月 12 日 　　　　记字第 023号

摘要	总账科目	明细账科目	借方金额 亿	千	百	十	万	千	百	十	元	角	分	贷方金额 亿	千	百	十	万	千	百	十	元	角	分	√
	1403—原材料	14030115—经典型辅材套件						6	3	0	0	0	0												☐
	1403—原材料	14030116—豪华型辅材套件						2	0	0	0	0	0												☐
	1402—在途物资																2	7	8	0	0	0	0	0	0	☐
																									☐
																									☐
	合　　计		¥	2	7	8	0	0	0	0	0	0	0	¥	2	7	8	0	0	0	0	0	0	0	☐

会计主管：学生003　记账：　出纳：　复核：学生003　制单：学生004

附单据 1 张

(3)

图5-53　记账凭证财务经理审核演示

(3) 成本会计登记明细账。根据记账凭证分录，借记原材料，贷记在途物资。因此，成本会计岗需要完成数量金额式和三栏式明细账的登记。此处包括以下三个步骤：①成本会计同时登记“原材料”数量金额式明细账和“在途物资”三栏式明细账，金额分别是原材料借记278 000.00和在途物资贷记278 000.00，如图5-54和图5-55所示；②登记明细账后，在记账凭证中原材料和在途物资科目最右侧打钩并填写附单据张数；③在“记账”处盖章签字，如图5-56所示。

总页：1 分页：1　　14030103—国产温控器

数量金额式明细账

编号名称 HF-0004　存放地点 仓库　寄存放地点 仓库　计量单位 件　规格 国产BB3　类别 原材料

2019年 月	日	凭证字号	摘要	收入 数量	收入 单价	收入 金额	发出 数量	发出 单价	发出 金额	结存 数量	结存 单价	结存 金额
12	01		期初余额							200	20.00	400000
12	12		材料入库	30000	20.00	60000000				30200	20.00	60400000

图5-54　原材料数量金额式明细账登记演示(以首个原材料为例)

1402—在途物资　**明　细　账**　　总页：1　分页：1

会计科目 在途物资

明细科目

2019年 月	日	记账凭证 类别	号数	摘要	对应科目	借方金额	贷方金额	借或贷	余额
12	06			收到九江塑电采购…	应付账款	27800000		借	27800000
12	12			九江塑电在途物资…	原材料		27800000	平	000

图5-55　“在途物资”三栏式明细账登记演示

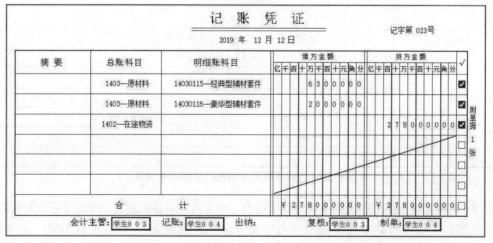

记 账 凭 证

2019 年 12 月 12 日　　　　　记字第 023号

摘要	总账科目	明细账科目	借方金额 亿千百十万千百十元角分	贷方金额 亿千百十万千百十元角分	√
九江塑电在途转入在库	1403—原材料	14030103—国产温控器	6 0 0 0 0 0 0 0		☑
	1403—原材料	14030104—进口温控器	1 0 0 0 0 0 0 0		☑
	1403—原材料	14030105—轻巧型手柄	1 0 0 0 0 0 0 0		☑
	1403—原材料	14030106—经典型手柄	7 0 0 0 0 0 0		☑
	1403—原材料	14030107—豪华型手柄	2 5 0 0 0 0 0		☑
	1403—原材料	14030108—轻巧、经典型壶盖	2 2 5 0 0 0 0		☑
合　　　计					☐

会计主管：学生003　记账：学生004　出纳：　　复核：学生003　制单：学生004

附单据1张

(1)

记 账 凭 证

2019 年 12 月 12 日　　　　　记字第 023号

摘要	总账科目	明细账科目	借方金额 亿千百十万千百十元角分	贷方金额 亿千百十万千百十元角分	√
	1403—原材料	14030109—豪华型壶盖	3 2 0 0 0 0 0		☑
	1403—原材料	14030110—轻巧、经典型底座	8 8 0 0 0 0 0 0		☑
	1403—原材料	14030111—豪华型底座	1 4 0 0 0 0 0 0		☑
	1403—原材料	14030112—轻巧、经典型加热底盘	3 6 0 0 0 0 0 0		☑
	1403—原材料	14030113—豪华型壶底加热底盘	4 5 0 0 0 0 0		☑
	1403—原材料	14030114—轻巧型辅材套件	1 2 0 0 0 0 0 0		☑
合　　　计					☐

会计主管：学生003　记账：学生004　出纳：　　复核：学生003　制单：学生004

附单据1张

(2)

记 账 凭 证

2019 年 12 月 12 日　　　　　记字第 023号

摘要	总账科目	明细账科目	借方金额 亿千百十万千百十元角分	贷方金额 亿千百十万千百十元角分	√
	1403—原材料	14030115—经典型辅材套件	6 3 0 0 0 0 0		☑
	1403—原材料	14030116—豪华型辅材套件	2 0 0 0 0 0 0		☑
	1402—在途物资			2 7 8 0 0 0 0 0 0	☑
					☐
					☐
					☐
合　　　计			¥ 2 7 8 0 0 0 0 0	¥ 2 7 8 0 0 0 0 0 0	☐

会计主管：学生003　记账：学生004　出纳：　　复核：学生003　制单：学生004

附单据1张

(3)

图5-56　记账凭证打钩和登记演示

注意：该笔记账凭证共有14个原材料——二级明细科目，需建立14个“原材料”数量金额式明细账，此处以记账凭证第一个原材料“国产BB3”为例演示数量金额式明细账登记，其他13个原材料科目需实训者自行完成明细账登记。应重点掌握各个会计科目所对应的账簿类型选择及填写的方法和规则。

任务五　支付九江塑电12月6日合同货款(12月28日)

(1) 采购专员根据采购合同的业务数据来填写付款申请书(见图5-57)。

注意：①付款申请书需填写年月日、用途及情况、金额、收款单位(人)、账号、开户行、金额大写、选择用途(电汇/汇票/转账/现金/其他选其一)、落实责任人(总经理签字、财务经理和会计签字、业务部门经理和经办人签字)；②金额前需加“¥”符号。

付款申请书

年　月　日

用途及情况	金额											收款单位(人):
	亿	千	百	十	万	千	百	十	元	角	分	账　号:
												开户行:
金额(大写)合计:												○电汇 ○汇票 ○转账 ○现金 ○其他

总经理		财务部门	经理		业务部门	经理	
			会计			经办人	

图5-57　付款申请书填写演示

(2) 采购部经理根据采购合同审核付款申请书后签名盖章，所有内容和格式审核无误后单击【完成】按钮。

注意：①采购经理须检查付款申请书的填写内容是否合规，以及填写金额/格式是否正确；②采购经理审核完毕，须在业务部门的经理栏签名盖章，如图5-58所示。

付款申请书

年　月　日

用途及情况	金额											收款单位(人):
	亿	千	百	十	万	千	百	十	元	角	分	账　号:
												开户行:
金额(大写)合计:												○电汇 ○汇票 ○转账 ○现金 ○其他

总经理		财务部门	经理		业务部门	经理	
			会计			经办人	

图5-58　付款申请书业务部门经理审核演示

(3) 财务经理根据采购合同审核付款申请书，所有内容审核无误后，单击【完成】按钮。

注意：①检查付款申请书的填写内容是否合规和填写金额/格式是否正确；②财务经理审核完毕，要在财务部门的经理栏签名，如图5-59所示。(此处流程未涉及财务部门的会计岗，故可忽略财务部门的会计签名盖章。)

付款申请书

年 月 日

用途及情况	金额										收款单位(人):		
	亿	千	百	十	万	千	百	十	元	角	分	账 号:	
												开户行:	
金额(大写)合计:											○电汇 ○汇票 ○转账 ○现金 ○其他		
总 经 理		财务部门	经理			业务部门		经 理					
			会计					经办人					

图5-59 付款申请书财务部门经理审核演示

(4) 企业总经理根据采购合同审批付款申请书。所有内容审核无误后，单击【完成】按钮。

注意： ①检查付款申请书的填写内容是否合规和填写金额/格式是否正确；②总经理审核完毕，要在总经理栏签名，如图5-60所示。

付款申请书

年 月 日

用途及情况	金额										收款单位(人):		
	亿	千	百	十	万	千	百	十	元	角	分	账 号:	
												开户行:	
金额(大写)合计:											○电汇 ○汇票 ○转账 ○现金 ○其他		
总 经 理		财务部门	经理			业务部门		经 理					
			会计					经办人					

图5-60 付款申请书总经理审批演示

(5) 出纳登录企业网银，办理转账业务，并通知财务经理审批。企业网银办理企业间转账业务具体步骤如下。

出纳进入企业网银登录界面，用户名、用户登录密码和卡密码为系统预置数据，如图5-61所示。

执行【支付结算】→【支付单笔经办】命令，如图5-62所示。

视频：办理企业
网银转账业务

进入"支付单笔经办"主界面，输入相关信息：①付款方信息是系统默认的业务模式和本单位付款账号信息等；②支付信息中，带"＊"的项目为必填项，金额项填写实际支付金额；结算方式选择"普通"或"加急"；用途栏根据实际情况填列。③收款方信息中，带"＊"的项目也为必填项，输入收方账号后，收方名称和开户银行将自动带出；省/直辖市栏选择对应的省份和市/县；开户银行为收款方开户行名称，如图5-63所示。

图5-61 登录企业网银界面

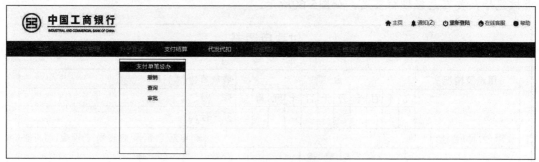

图5-62 支付单笔经办登录界面

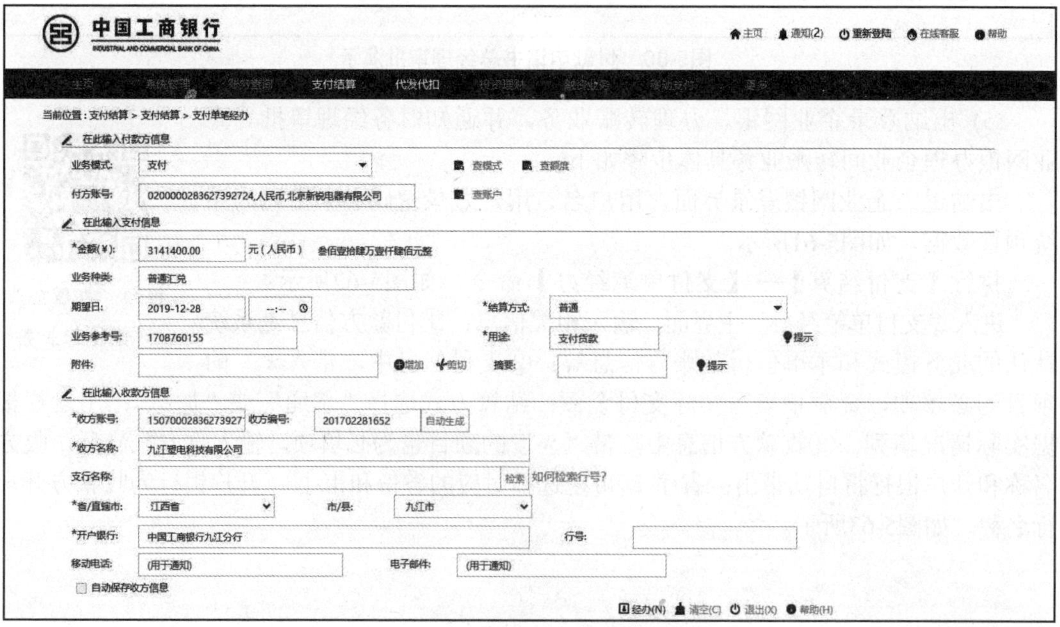

图5-63 支付单笔经办信息填写界面

将付款方信息、支付信息和收款方信息填写完整后，单击右下角【经办】按钮，系统提示"经办成功"，如图5-64所示。

图5-64 经办成功界面

执行【支付结算】→【查询】命令，进入"查询"界面，可查询已处理和未处理的相关支付业务，如图5-65所示。

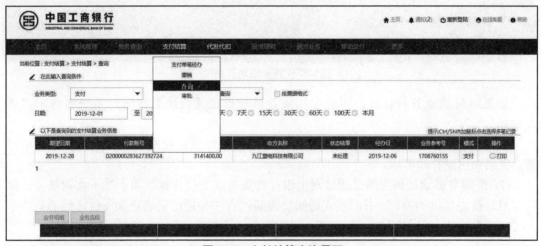

图5-65 支付结算查询界面

财务经理登录企业网银，进入企业网银主界面，执行【支付结算】→【审批】命令，进入"审批"界面，如图5-66所示。

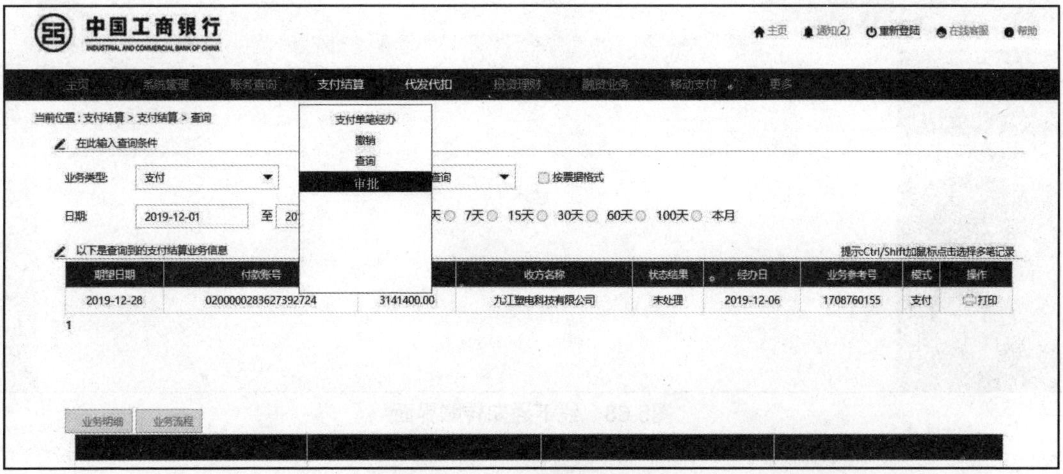

图5-66 支付结算审批界面

如果对付款业务无异议，则选中相关业务后单击右下角【同意】按钮，系统将自动完成转账业务，并提示"转账成功"，如图5-67所示。

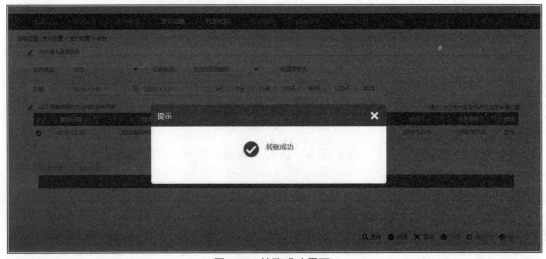

图5-67　转账成功界面

如果对付款业务有异议，则选中相关业务后单击【否决】按钮，系统将提示"否决成功"。

(6) 财务经理进行企业网银转账审批。财务经理登录企业网银，审批付款，完成转账；并通知出纳打印单据。

(7) 采购专员通知供应商已通过网上银行转账方式支付货款，属于线下实训任务。采购专员通过电话/邮件/口头/书面形式通知供应商，告知公司已完成货款支付，然后直接单击【完成】按钮，如图5-68所示。

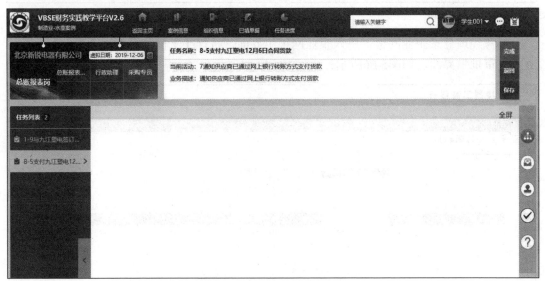

图5-68　线下通知转账界面

(8) 出纳打印转账通知。出纳登录网上银行，打印转账通知，并转交给应付会计，如图5-69和图5-70所示。

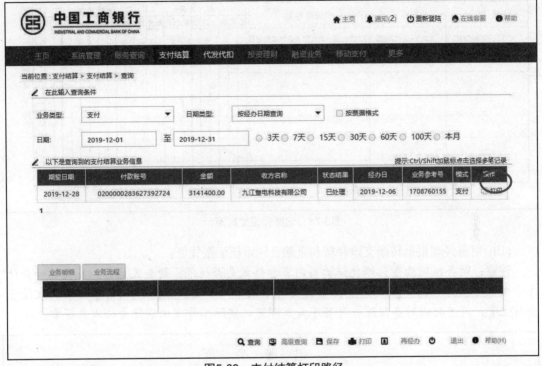

图5-69 支付结算打印路径

图5-70 付款业务回单打印

(9) 应付会计根据转账支票存根和采购合同编制记账凭证，借记应付账款——九江塑电，贷记银行存款——工行存款，如图5-71所示。

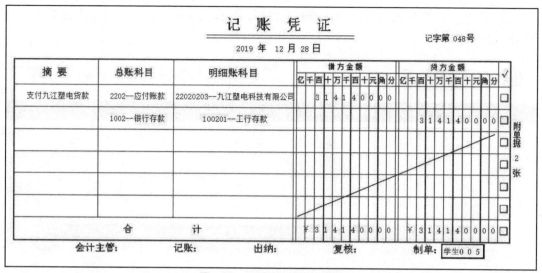

图5-71 记账凭证编制演示

(10) 财务经理根据转账支票存根和采购合同审核记账凭证。

注意:财务经理检查记账凭证填写内容和格式是否规范;检查无误后,在复核和会计主管处签字盖章,每一联记账凭证都需要签字盖章,如图5-72所示。(由于该系统未设置会计主管,可直接由财务经理一并签字盖章即可,实际工作需由实际责任人来签章。)

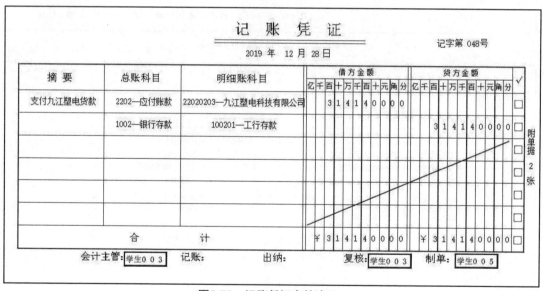

图5-72 记账凭证审核演示

(11) 出纳在凭证上签字,根据记账凭证登记银行存款日记账,并在记账凭证上打钩过账,如图5-73和图5-74所示。

| 100201—工行存款 ▼ | | 银行存款日记账 | | 第 1 页 |

2019年 月	2019年 日	记账凭证号数	摘 要	借 方 千百十万千百十元角分	✓	贷 方 千百十万千百十元角分	✓	余 额 千百十万千百十元角分
12	01		期初余额		□		□	6 6 5 6 0 5 9 7 0 0
12	28		支付九江塑电12月6日合同货款		□	3 1 4 1 4 0 0 0 0 0	□	6 3 4 1 9 1 9 7 0 0
					□		□	
					□		□	
					□		□	
					□		□	
					□		□	
					□		□	
					□		□	
					□		□	
					□		□	
					□		□	

图5-73 银行存款日记账登记演示

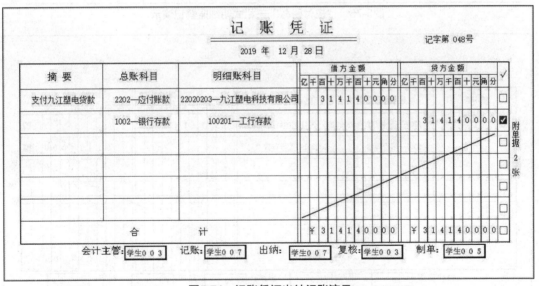

记 账 凭 证

2019 年 12 月 28 日　　　　记字第 048 号

摘 要	总账科目	明细账科目	借方金额 亿千百十万千百十元角分	贷方金额 亿千百十万千百十元角分	✓
支付九江塑电货款	2202—应付账款	22020203—九江塑电科技有限公司	3 1 4 1 4 0 0 0 0		□
	1002—银行存款	100201—工行存款		3 1 4 1 4 0 0 0 0	☑
					□
					□
					□
					□
合　　计			￥ 3 1 4 1 4 0 0 0 0	￥ 3 1 4 1 4 0 0 0 0	□

附单据 2 张

会计主管：学生００３　记账：学生００７　出纳：学生００７　复核：学生００３　制单：学生００５

图5-74 记账凭证出纳记账演示

(12) 应付会计根据记账凭证登记"应付账款"三栏式明细账，并在记账凭证上打钩过账及盖章，如图5-75和图5-76所示。

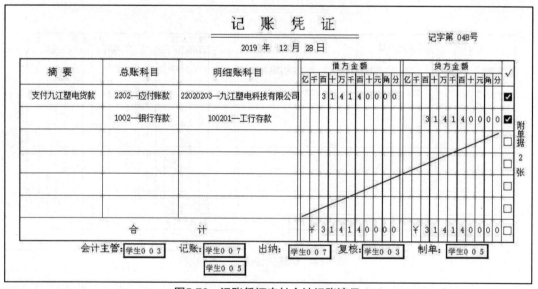

图5-75　"应付账款"三栏式明细账登记演示

图5-76　记账凭证应付会计记账演示

本案例采购业务实操演示到此结束。

思政案例

夯实会计基础工作　履行会计监督职能

核算和监督是会计的两大基本职能。会计的核算职能，是指会计以货币为主要计量单位，对特定主体的经济活动进行确认、计量和报告。会计的监督职能，是指对特定主体经济活动和相关会计核算的真实性、合法性和合理性进行审查。

2023年2月，中共中央办公厅、国务院办公厅印发《关于进一步加强财会监督工作的意见》(以下简称《意见》)，这是做好新时代财会监督工作的纲领性文件和行动指南。《意见》从总体要求、进一步健全财会监督体系、完善财会监督工作机制、加大重点领域财会监督力度、保障措施5个方面，全面系统地阐述了会计监督职能的作用。

作为企业日常运行中不可缺少的一环，采购往往涉及大量的资金流动，需要进行严格的监督与管理，以有效地预防财务风险。财务监督应包括控制资金流动，减少采购过程中造成的资金浪费和资金占用，并且确保企业资金流向正常，保持财务健康稳定。这就需要企业建立一个健全的财务管理系统，以确保财务记录的准确性和透明度。对于企业来说，在实施财务管理时，应该秉持透明和诚信的原则，建立一个审核和监控体系，限制采购人员的权利，对采购人员进行管理和监督，从而减少采购过程中出现的问题。例如，规范采购范围、数量、总价等因素，确保采购过程的合理性。对采购过程中的财务数据进行采集和监控，以确保采购流程的完整性和正当性，例如，采用数字化手段记录采购全过程的原始数据，通过财务信息系统、审计等方式进行监控等。

在日常工作中，财会人员应该树立良好的风险防范意识，发挥"守门人"作用，查问题、堵漏洞，尽职尽责，恪守职业道德规范，廉洁自律，不同流合污，不收受贿赂，不贪污钱财，保持清白、自我约束、自我控制、自觉地抵制自己的不良欲望。

【思考】
1. 请谈谈在采购管理中，会计人员如何行使监督职能。
2. 企业应采取何种信息化手段进行采购管理，谈谈你的想法。

第 6 章

生产业务

↗ 学习目标
- ❑ 掌握公司生产业务流程及账务处理。
- ❑ 掌握存货的分类及存货会计处理方法。
- ❑ 掌握公司生产业务流程与存货分类的对应关系。
- ❑ 能够独立完成与生产业务相关的存货核算流程。

↗ 思政目标
- ❑ 培养对企业生产运作的理解和判断能力。
- ❑ 培养对实际经济问题的分析和解决能力。
- ❑ 培养独立学习和对实际问题的解决能力。
- ❑ 强化专业素养、职业道德、商业素养等。

6.1 业务概述

6.1.1 生产业务介绍

1. 库存商品

库存商品是指企业已完成全部生产过程并已验收入库，合乎标准规格和技术条件，可以按照合同规定的条件送交订货单位，或可以作为商品对外销售的产品，以及外购或委托加工完成验收入库用于销售的各种商品。

企业应设置"库存商品"科目，核算库存商品的增减变化及其结存情况。商品验收入库时，应由"生产成本"科目转入"库存商品"科目；对外销售库存商品时，根据不同的销售方式进行相应的账务处理；在建工程等领用库存商品，应按其成本转账。

2. 存货

存货是指企业在日常活动中持有以备出售的产成品或商品、处在生产过程中的在产品、在生产过程或提供劳务过程中耗用的材料和物料等。

存货的确认条件包括两点：第一，与该存货有关的经济利益很可能流入企业；第二，该存货的成本能够可靠地计量。存货应当按照成本进行初始计量，存货成本包括采购成本、加工成本和其他成本。

(1) 外购的存货。

外购存货的成本即存货的采购成本，指企业存货从采购到入库前所发生的全部支出，包括购买价款、相关税费、运输费、装卸费、保险费，以及其他可归属于存货采购成本的费用。

(2) 通过进一步加工而取得的存货。

① 委托加工物资的核算。委托加工物资是指企业委托外单位加工的各种材料、商品等物资。企业委托外单位加工物资的成本包括：加工中实际耗用物资的成本、支付的加工费用及应负担的运杂费等，以及支付的税费(包括委托加工物资收回后直接出售的应税消费品应负担的消费税等)。

② 自行生产的存货。自行生产的存货的初始成本包括投入的原材料或半成品、直接人工和按照一定方法分配的制造费用。制造费用，是指企业为生产产品和提供劳务而发生的各项间接费用。其包括企业生产部门(如生产车间)管理人员的职工薪酬、折旧费、办公费、水电费、机物料损耗、劳动保护费、季节性和修理期间停工损失等。

(3) 其他方式取得的存货。

① 投资者投入存货的成本。应当按照投资合同或协议约定的价值确定，但合同或协议约定价值不公允的除外。

② 通过提供劳务取得的存货。企业提供劳务取得的存货，应将所发生的从事劳务提供人员的直接人工和其他直接费用，以及可归属于该存货的间接费用，计入存货成本。

(4) 不计入存货成本的相关费用。

下列费用应当在发生时确认为当期损益，不计入存货成本：

- 非正常消耗的直接材料、直接人工和制造费用；
- 仓储费用(不包括在生产过程中为达到下一个生产阶段所必需的仓储费用)；
- 不能归属于使存货达到目前场所和状态的其他支出。

(5) 存货期末计量原则。

资产负债表日，存货应当按照成本与可变现净值孰低计量。存货成本高于其可变现净值的，应当计提存货跌价准备，计入当期损益(资产减值损失)。

① 可变现净值与存货成本的定义。可变现净值，是指在正常生产经营过程中，以存货的估计售价减去至完工时估计将要发生的成本、估计的销售费用及相关税费后的金额。存货成本，是指期末存货的实际成本。在可变现净值计量下，资产按照其正常对外销售所能收到现金或者现金等价物的金额扣减该资产至完工时估计将要发生的成本、估计的销售费用及相关税费后的金额计量。计算公式为

存货可变现净值＝存货估计售价－至完工估计将发生的成本－估计销售费用－相关税费

注意：企业预计的销售存货现金流量，并不完全等于存货的可变现净值。

② 可变现净值的确定。可变现净值是指在正常生产经营过程中，以存货的估计售价减去至完工估计将要发生的成本、估计的销售费用及相关税费后的金额。企业在实际确定存货的可变现净值时，应当以取得的可靠证据为基础，并且考虑持有存货的目的、资产负债表日后事项的影响等因素。企业因持有存货的目的不同，确定存货可变现净值的处理方法也各不相同。

③ 可变现净值中估计售价的确定。

- 为执行销售合同或劳务合同而持有的存货，以合同价作为可变现净值的计量基础；
- 当持有存货多于销售合同订购数量时，超出的部分应以一般售价作为计量的基础；
- 对于没有合同约定的存货，其可变现净值以一般销售价或原材料的市场价作为计量基础。可变现价值是一种交换产出价值，它与清算价值的主要区别在于它们得之于不同的市场条件。可变现净值是处于正常销售经营活动中，基于正常利润情况下的价格；而清算价格则是一种迫售价格，即以大幅降低的价格出售给顾客，或通常按远低于成本的价格出售给顾客。

可变现价值只适用于计价那些为销售而持有的资产，如商品、投资，以及企业经营上不再使用的机器设备等。此外，由于企业不可能将所有资产都按现行售价来计价，这就需要运用其他计价方法，而用不同的计价方法计价所合计出的资产总额，缺乏解释意义。会计实务中，除特殊项目和特殊情况外，一般不采用可变现净值这种计量属性。

3. 生产完工计价

生产成本(Production Cost)亦称制造成本，是指生产活动的成本，即企业为生产产品而发生的成本。生产成本是生产过程中各种资源利用情况的货币表示，是衡量企业技术和管理水平的重要指标。生产成本由直接材料、直接人工和制造费用三部分组成。直接材料是指在生产过程中的劳动对象，通过加工使之成为半成品或成品，它们的使用价值随之变成另一种使用价值；直接人工是指生产过程中所耗费的人力资源，可用工资额和福利费等计算；制造费用则是指生产过程中使用的厂房、机器、车辆及设备等设施及机物料和辅料，它们的耗用一部分是通过折旧方式计入成本，另一部分是通过维修、定额费用、机物料耗用和辅料耗用等方式计入成本。

会计处理如下。

(1) 本科目核算企业进行工业性生产发生的各项生产成本，包括生产各种产品(产成品、自制半成品等)、自制材料、自制工具、自制设备等。企业(农业)进行农业生产发生的各项生产成本，可将本科目改为"5001 农业生产成本"科目，并分别种植业、畜牧养殖业、林业和水产业确定成本核算对象(消耗性生物资产生产性生物资产、公益性生物资产和农产品)和成本项目，进行费用的归集和分配。企业(房地产开发)可将本科目改为"5001 开发成本"科目。

(2) 本科目可按基本生产成本和辅助生产成本进行明细核算。基本生产成本应当分别按照基本生产车间和成本核算对象(产品的品种、类别、订单批别、生产阶段等)设置明细账(或成本计算单，下同)，并按照规定的成本项目设置专栏。

(3) 生产成本的主要账务处理。

① 企业发生的各项直接生产成本，借记本科目(基本生产成本、辅助生产成本)，贷记"原材料""库存现金""银行存款""应付职工薪酬"等科目。各生产车间应负担的制造费用，借记本科目(基本生产成本、辅助生产成本)，贷记"制造费用"科目。辅助生产车间为基本生产车间、企业管理部门和其他部门提供的劳务和产品，期(月)末按照一定的分配标准分配给各受益对象，借记本科目(基本生产成本)、"管理费用""销售费用""其他业务成本""在建工程"等科目，贷记本科目(辅助生产成本)。企业已经生产完成并已验收入库的产成品及入库的自制半成品，应于期(月)末，借记"库存商品"等科目，贷记本科目(基本生产成本)。

② 生产性生物资产在产出农产品过程中发生的各项费用，借记"农业生产成本"科目，贷记"库存现金""银行存款""原材料""应付职工薪酬""生产性生物资产累计折旧"等科目。

农业生产过程中发生的应由农产品、消耗性生物资产、生产性生物资产和公益性生物资产共同负担的费用，借记"农业生产成本——共同费用"科目，贷记"库存现金""银行存款""原材料""应付职工薪酬""农业生产成本"等科目。期(月)末，可按一定的分配标准对上述共同负担的费用进行分配，借记"农业生产成本——农产品""消耗性生物资产""生产性生物资产""公益性生物资产"等科目，贷记"农业生产成本——共同费用"科目。

应由生产性生物资产收获的农产品负担的费用，应当采用合理的方法在农产品各品种之间进行分配；如有尚未收获的农产品，还应当在已收获和尚未收获的农产品之间进行分配。生产性生物资产收获的农产品验收入库时，按其实际成本，借记"农产品"科目，贷记本科目(农产品)。

(4) 本科目期末借方余额，反映企业尚未加工完成的在产品成本或尚未收获的农产品成本。

6.1.2 生产业务流程

1. 生产业务实训任务描述

1) 壶体车间物料领用与半成品完工入库演练(见表6-1)

表 6-1 壶体车间领料与半成品完工入库演练

任务序号	任务简述	任务流程
任务一 (12月6日)	壶体车间上期半成品完工入库	车间管理员填写完工单→生产计划经理审核完工单→仓管员填写生产入库单并办理入库→成本会计接收入库单待月底汇总
任务二 (12月6日)	壶体车间物料领用	车间管理员填写领料单→仓管员审核签字并发放物料→车间管理员在材料出库单上盖章→仓管员登账并传递单据→成本会计接收材料出库单待月底汇总
任务三 (12月12日)	壶体车间物料领用	车间管理员填写领料单→仓管员审核签字并发放物料→车间管理员在材料出库单上盖章→仓管员登账并传递单据→成本会计接收材料出库单待月底汇总
任务四 (12月12日)	壶体车间半成品完工入库	车间管理员填写完工单→仓管员填写生产入库单并办理入库→成本会计接收入库单待月底汇总

2) 组装车间物料领用与产成品完工入库演练(见表6-2)

表 6-2 组装车间领料与产成品完工入库演练

任务序号	任务简述	任务流程
任务一 (12月6日)	组装车间物料领用	车间管理员填写领料单→仓管员审核签字并发放物料→车间管理员在材料出库单上盖章→仓管员登账并传递单据→成本会计接收材料出库单待月底汇总

续表

任务序号	任务简述	任务流程
任务二 (12月6日)	组装车间上期在线产品完工入库	车间管理员填写完工单→生产计划经理审核完工单→仓管员填写生产入库单并办理入库→成本会计接收入库单待月底汇总
任务三 (12月12日)	组装车间成品完工入库	车间管理员填写完工单→仓管员填写生产入库单并办理入库→成本会计接收入库单待月底汇总
任务四 (12月12日)	组装车间物料领用	车间管理员填写领料单→仓管员审核签字并发放物料→车间管理员在材料出库单上盖章→仓管员登账并传递单据→成本会计接收材料出库单待月底汇总
任务五 (12月28日)	组装车间成品完工入库	车间管理员填写完工单→仓管员填写生产入库单并办理入库→成本会计接收入库单待月底汇总

2. 生产业务实训具体业务流程步骤

1) 壶体车间物料领用与半成品完工入库演练

(1) 壶体车间上期半成品完工入库(12月6日)。

车间管理员需要确认生产任务按时完成,并上报完工单;生产计划经理需要对完工单进行审核;仓管员填写生产入库单,记录生产物资的数量、规格、入库地点等信息,并将其提交至成本会计审核;成本会计审核入库单,检查其完整性和准确性,然后将其归档待月底成本核算。业务流程具体描述如表6-3所示。

表6-3　业务流程具体描述

序号	活动名称	角色	活动描述
1	填写完工单	车间管理员	负责车间物料调配和生产计划执行的员工,需要确认生产任务按时完成,并上报完工单
2	审核完工单	生产计划经理	生产计划经理需要对完工单进行审核,以确保生产任务执行符合计划和要求
3	填写生产入库单并办理入库	仓管员	仓库员根据完工单创建一张生产入库单,记录生产物资的数量、规格、入库地点等信息,并将其提交至成本会计审核
4	接收入库单待月底汇总	成本会计	成本会计审核入库单,检查其完整性和准确性,然后将其归档等待月底成本核算

业务流程如图6-1所示。

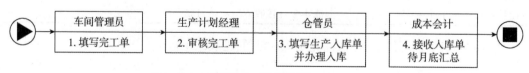

图6-1　业务流程

(2) 壶体车间物料领用(12月6日)。

车间管理员填写领料单,仓管员审核并发放物料,车间管理员在物料出库单上盖章确认出库,仓管员传递相关单据,成本会计接收材料出库单待月底汇总核算。业务流程具体描述如表6-4所示。

表6-4 业务流程具体描述

序号	活动名称	角色	活动描述
1	填写领料单	车间管理员	车间管理员需要根据生产计划和工艺流程，按照固定格式填写领料单，并说明物料种类、数量、规格等详细信息
2	审签并发放物料	仓管员	仓管员查看领料单并核对库存情况，确认物料可以供应，然后在领料单上签字，并发放物料给车间管理员
3	在材料出库单上盖章	车间管理员	领取物料的车间管理员在物料出库单上盖章，确认物料已经领取
4	登账并传递单据	仓管员	仓管员将领料单和物料出库单传递给成本会计，准备进行成本核算
5	接收材料出库单待月底汇总	成本会计	成本会计接收物料出库单，并将其用于汇总月度成本核算。同时，还要检查单据的完整性和准确性，防止数据错误或缺失

业务流程如图6-2所示。

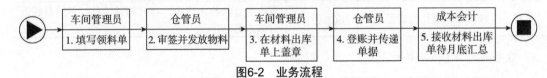

图6-2 业务流程

(3) 壶体车间物料领用(12月12日)。

车间管理员继续填写领料单，仓管员审核并发放物料，车间管理员在物料出库单上盖章，仓管员将单据传递给成本会计，成本会计接收材料出库单并待月底进行汇总核算。业务流程具体描述如表6-5所示。

表6-5 业务流程具体描述

序号	活动名称	角色	活动描述
1	填写领料单	车间管理员	车间管理员需要根据生产计划和工艺流程，按照固定格式填写领料单，并说明物料种类、数量、规格等详细信息
2	审签并发放物料	仓管员	仓管员查看领料单并核对库存情况，确认物料可以供应，然后在领料单上签字，并发放物料给车间管理员
3	在材料出库单上盖章	车间管理员	领取物料的车间管理员在物料出库单上盖章，确认物料已经领取
4	登账并传递单据	仓管员	仓管员将领料单和物料出库单传递给成本会计，准备进行成本核算
5	接收材料出库单待月底汇总	成本会计	成本会计接收物料出库单，并将其用于汇总月度成本核算。同时，还要检查单据的完整性和准确性，防止数据错误或缺失

业务流程如图6-3所示。

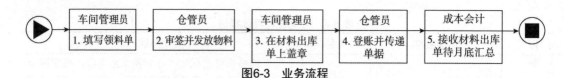

图6-3　业务流程

(4) 壶体车间半成品完工入库(12月12日)。

车间管理员将完成的半成品或物资送到仓库进行入库填写完工单,仓管员根据完工单填写生产入库单并办理入库手续,成本会计接收入库单并待月底进行汇总核算。业务流程具体描述如表6-6所示。

表6-6　业务流程具体描述

序号	活动名称	角色	活动描述
1	填写完工单	车间管理员	车间管理员完成生产,并将半成品或物资送至仓库进行入库,根据生产订单填写完工单
2	填写生产入库单并办理入库	仓管员	仓管员填写生产入库单,记录入库物资的数量、规格等信息,并办理入库手续
3	接收入库单待月底汇总	成本会计	成本会计接收入库单,核对相关信息,并待月底进行成本汇总

业务流程如图6-4所示。

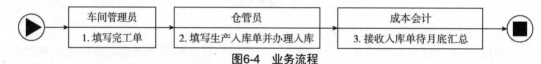

图6-4　业务流程

2) 组装车间物料领用与产成品完工入库演练

(1) 组装车间物料领用(12月6日)。

车间管理员填写领料单,仓管员审核并发放物料,车管员在物料出库单上盖章,仓管员将单据传递给成本会计,成本会计接收材料出库单并待月底进行汇总核算。业务流程具体描述如表6-7所示。

表6-7　业务流程具体描述

序号	活动名称	角色	活动描述
1	填写领料单	车间管理员	车间管理员需要根据生产计划和工艺流程,按照固定格式填写领料单,并说明物料种类、数量、规格等详细信息
2	审签并发放物料	仓管员	仓管员查看领料单并核对库存情况,确认物料可以供应,然后在领料单上签字,并发放物料给车间管理员
3	在材料出库单上盖章	车间管理员	领取物料的车间管理员在物料出库单上盖章,确认物料已经领取
4	登账并传递单据	仓管员	仓管员将领料单和物料出库单传递给成本会计,准备进行成本核算
5	接收材料出库单待月底汇总	成本会计	成本会计接收物料出库单,并将其用于汇总月度成本核算。同时,还要检查单据的完整性和准确性,防止数据错误或缺失

业务流程如图6-5所示。

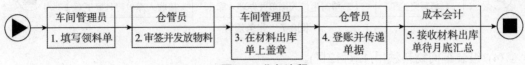

图6-5 业务流程

(2) 组装车间上期在线产品完工入库(12月6日)。

车间管理员将完成的产品或物资送到仓库进行入库,生产计划经理审核完工单,然后仓管员填写生产入库单并办理入库手续,成本会计接收入库单并待月底进行汇总核算。业务流程具体描述如表6-8所示。

表 6-8 业务流程具体描述

序号	活动名称	角色	活动描述
1	填写完工单	车间管理员	车间管理员负责将生产完成的产品或物资送至仓库进行入库操作。这包括将物资从车间转移到仓库,确保物资的准确性和完整性
2	审核完工单	生产计划经理	生产计划经理负责审核完工单,确保生产任务按时完成,并评估生产效率和质量
3	填写生产入库单并办理入库	仓管员	仓管员根据车间管理员送来的物资信息,填写生产入库单,记录入库物资的数量、规格等信息,并办理入库手续
4	接收入库单待月底汇总	成本会计	成本会计接收仓管员填写的生产入库单,并在月将入库数据汇总,用于成本核算和财务报告

业务流程如图6-6所示。

图6-6 业务流程

(3) 组装车间成品完工入库(12月12日)。

车间管理员将完成的产品或物资送到仓库进行入库,仓管员填写生产入库单并办理入库手续,成本会计接收入库单并等待月底进行汇总核算。业务流程具体描述如表6-9所示。

表 6-9 业务流程具体描述

序号	活动名称	角色	活动描述
1	填写完工单	车间管理员	车间管理员负责将生产完成的产品或物资送到仓库进行入库,根据生产订单填写完工单
2	填写生产入库单并办理入库	仓管员	仓管员根据车间管理员送来的物资信息,填写生产入库单,记录入库物资的数量、规格等信息,并办理入库手续
3	接收入库单待月底汇总	成本会计	成本会计负责接收仓管员填写的生产入库单,并待月底进行数据的汇总和核算

业务流程如图6-7所示。

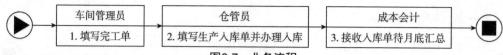

图6-7 业务流程

(4) 组装车间物料领用(12月12日)。

车管员填写领料单，仓管员审核并发放物料，车管员在物料出库单上盖章，仓管员将单据传递给成本会计，成本会计接收材料出库单并等待月底进行汇总核算。业务流程具体描述如表6-10所示。

表 6-10 业务流程具体描述

序号	活动名称	角色	活动描述
1	填写领料单	车间管理员	车间管理员需要根据生产计划和工艺流程，按照固定格式填写领料单，并说明物料种类、数量、规格等详细信息
2	审签并发放物料	仓管员	仓管员查看领料单并核对库存情况，确认物料可以供应，然后在领料单上签字，并发放物料给车间管理员
3	在材料出库单上盖章	车间管理员	领取物料的车间管理员在物料出库单上盖章，确认物料已经领取
4	登账并传递单据	仓管员	仓管员将领料单和物料出库单传递给成本会计，准备进行成本核算
5	接收材料出库单待月底汇总	成本会计	成本会计接收物料出库单，并将其用于汇总月度成本核算。同时，还要检查单据的完整性和准确性，防止数据错误或缺失

业务流程如图6-8所示。

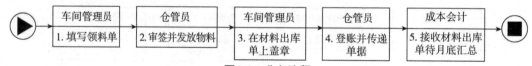

图6-8 业务流程

(5) 组装车间成品完工入库(12月28日)。

车间管理员将完成的产品或物资送到仓库进行入库填写完工单，仓管员根据完工单填写生产入库单并办理入库手续，成本会计接收入库单并待月底进行汇总核算。业务流程具体描述如表6-11所示。

表 6-11 业务流程具体描述

序号	活动名称	角色	活动描述
1	填写完工单	车间管理员	车间管理员完成生产，并将产品或物资送至仓库进行入库，根据生产订单填写完工单
2	填写生产入库单并办理入库	仓管员	仓管员填写生产入库单，记录入库物资的数量、规格等信息，并办理入库手续
3	接收入库单待月底汇总	成本会计	成本会计接收入库单，核对相关信息，并待月底进行成本汇总

业务流程如图6-9所示。

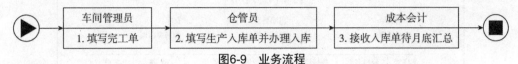

图6-9 业务流程

6.2 业务实践

1. 壶体车间物料领用与半成品完工入库

1) 出库单

(1) 材料出库单。车间生产领用材料时，车间人员依据派工单及生产订单进行领料并填写领料单，仓管员根据审批的领料单办理材料出库，材料出库单一式三联(见图6-10至图6-12)：一联仓储部留存；一联生产计划部留存；一联财务部留存，记账并作为计算成本的依据。仓

视频：填写材料出库单

管员根据"领料单"如实填写"材料出库单"一式三份；车间领料人就出库单的相应项目与仓管员核对，确认无误后在"材料出库单"上签名，做到货、单相符；仓储部经理凭手续齐全的"领料单(仓库联)"和"材料出库单"的仓储部存根联登记仓库实物台账，其余一联交财务部门，一联交生产计划部门。

(2) 销售出库单。企业在签订合同后，销售部人员会依据合同规定的时间携带合同原件到仓管处办理出库手续。销售出库单一式三联：一联仓储部留存、一联销售部随货物交给客户、一联财务部记账。

(3) 其他出库单。主要用于除材料、销售出库单以外的存货出库，如视同材料重复使用的回料，作为宣传用的商品、样品等的出库，因这些出库所结转的存货的成本计入当期费用，因此在出库时与材料、销售出库单分开处理，以便于核算。

图6-10 材料出库单第一联

材料出库单

新道 教学专用

单据编号：　　出库类型：　　仓库：

出库日期：　　领料单号：　　领料部门：

序号	物料名称	物料编码	出库数量	单价	金额	备注
1						
2						
3						
4						
5						
6						
7						
合计						

第二联：生产计划部

仓管员：　　仓储部经理：　　车间管理员：

图6-11　材料出库单第二联

材料出库单

新道 教学专用

单据编号：　　出库类型：　　仓库：

出库日期：　　领料单号：　　领料部门：

序号	物料名称	物料编码	出库数量	单价	金额	备注
1						
2						
3						
4						
5						
6						
7						
合计						

第三联：财务部

仓管员：　　仓储部经理：　　车间管理员：

图6-12　材料出库单第三联

2) 生产订单

生产订单是指企业将开始制造某种物料的请求，下达给生产车间并要求生产车间执行该生产任务。生产车间根据生产订单组织生产和领用物料。生产订单中详细记录了与要生产的该物料相关的所有信息，包括物料清单(BOM)、工序资源、工艺路线及具体工序的信息。

3) 物料清单

物料清单是产品结构的技术性描述文件，它不仅列出了某产品的全部构成项目，还指出了这些项目之间的结构关系，即表明了从产品组件、子件、零件直至原材料之间的结构关系，明确定义了每个组件所需下属部件的数量。

物料清单是从接收客户订单，到选择装配、计算累计提前期，再到编制生产和采购计划、配套领料、跟踪物流、追溯任务、计算成本，以及改变成本设计不可缺少的重要文件，上述工作涉及企业的销售计划、生产、供应、成本、设计、工艺等多个部门。因此，BOM不仅是一种技术文件，更是一种管理文件，是各部门联系与沟通的纽带，在企业中，哪个部门都离不开它。

4) 领料单

(1) 领料部门：填写实际领料的车间，如壶体车间。

(2) 领料单号及派工单号：根据背景单据填写，派工单号由生产计划部提供，领料单号由仓管员提供。

(3) 编制日期：填写实际领料的日期。

(4) 加工产品：填写领用该材料是用于生产什么产品，如轻巧型壶体。

(5) 领料单通常由车间生产人员填写。在本实训课程中，其由车间管理员填写。

(6) 领料单一式二联：第一联领料后生产计划部留存、第二联领料后仓储部留存，如图6-13和图6-14所示。

领　料　单

领料部门：　　领料单号：　　派工单号：　　编制日期：　　年　月　日

序号	材料编码	材料名称	单 位	材料规格	加工产品	领用数量	领用时间	备 注

第一联：生产计划部存留

仓管员　　车间管理员：

图6-13　领料单第一联

领　料　单

领料部门：　　领料单号：　　派工单号：　　编制日期：　　年　月　日

序号	材料编码	材料名称	单 位	材料规格	加工产品	领用数量	领用时间	备 注

第二联：仓储部存留

仓管员　　车间管理员：

图6-14　领料单第二联

5) 出库汇总表

成本会计汇总"材料出库单",填制出库汇总表(见图6-15),汇总后打印作为原始凭证附在记账凭证的后面。出库汇总表可用于月末计算"全月一次平均法"的材料出库成本。

DJ0042 _____出库汇总表

库房名称: 年 月 日

序号	物料名称	物料编码	数量	单价	金额	领料部门	备注
1							
2							
3							
4							
5							
6							
7							
8							
9							
10							
11							
12							
合计							

部门主管: 保管员:

图6-15 出库汇总表

2. 组装车间物料领用与产成品完工入库

1) 产品完工入库流程

产品完工入库是生产车间生产的产品完工后,由车间管理员与仓管员办理产品入库的一项业务。

半成品车间完工入库和产成品车间完工入库使用同样的流程和入库单。产品完工入库业务流程具体描述如表6-12所示。

表6-12 产品完工入库业务流程具体描述

序号	活动名称	角色	活动描述
1	填写完工单	车间管理员	(1) 根据生产计划,填写"完工单",请参照示范表单填写; (2) 车间管理员将完工单转交给仓管员,视为完工产品交接的简化模拟手续;仓管员在完工单上签字,视为接收完工产品的手续。"完工单"的一联,留存给仓管员
2	填写入库单	仓管员	(1) 根据完工单的信息,填写"生产入库单"; (2) 入库产品,可能是成品,也可能是半成品; (3) 可以参照示范单据填写"生产入库单"; (4) 将生产入库单的财务联交成本会计
3	填写物料卡片	仓管员	(1) 根据入库单,更新每一种物料的"物料卡片"信息; (2) "物料卡片"可以显示每一种产品在动态物流中的实际库存。因此,每次产品入库、出库都应即时更新; (3) 物料卡片属于线下操作

续表

序号	活动名称	角色	活动描述
4	登记库存台账	仓管员	(1) 根据"生产入库单"，登记"库存台账"："库存台账"格式为列表，表上第一列为示范填写列，请参照填写； (2) "库存台账"将显示每个生产周期产品入库、出库的具体信息。因此，每次产品入库、出库都应更新"库存台账"
5	汇总入库单，登记入库汇总表	成本会计	(1) 接收仓管员送交的生产入库单财务联； (2) 下载产品入库汇总表(Excel表)； (3) 登记产品入库汇总表

2) 生产入库单

水壶生产有两道工序：

● 第一道工序是在壶体车间加工壶体，加工完成后办理完工入库；

● 第二道工序是组装水壶，组装完成后办理完工入库。

这两道工序完成后，都需要填写生产入库单进行入库。

办理入库前，核对车间出具的完工单和质检报告信息是否齐全；

完工单编号指明了此次入库的是哪一个完工单完成的产品。生产入库时无法确定产品的总成本和单位成本，因此只填写数量，不填写单价和金额。生产入库单一式三联，存根联留在仓储部登记库存台账，其余一联交财务部作为成本核算的依据，一联交生产计划部作为产量统计的依据，如图6-16所示。

3) 完工单

(1) 完工单是由生产车间来填写，用于证明产品完工入库的单据。

(2) 完工单一式两联，一联生产计划部留存，一联仓储部留存，如图6-17所示。

视频：填写完工单

(3) 本案例中，产品全部验收合格，计划产量等于实际完工量。

(4) 剩余在制品是指月末未完工的产品，本案例不涉及，全部完工。

(5) 本案例假设产品全部检验合格，因此待检验产品数与不良产品数为零。

生产入库单

新道 教学专用

单据编号：　　　　　　　完工单编号：
仓　库：　　　　　　　　制 单 日 期：

序号	品　名	规格型号	单位	入库时间	数　量	备　注
1						
2						
3						
4						
5						
合计						

第一联：仓储部存根

仓储部经理：　　　　　　仓管员：　　　　　　车间管理员：

(1)

图6-16　生产入库单一式三联

生产入库单

新道 教学专用
seentao

单据编号：　　　　　　　　　　完工单编号：
仓　　库：　　　　　　　　　　制单日期：

序号	品　名	规格型号	单位	入库时间	数　量	备　注
1						
2						
3						
4						
5						
合计						

第二联：生产计划部

仓储部经理：　　　　　　仓管员：　　　　　　车间管理员：

(2)

生产入库单

新道 教学专用
seentao

单据编号：　　　　　　　　　　完工单编号：
仓　　库：　　　　　　　　　　制单日期：

序号	品　名	规格型号	单位	入库时间	数　量	备　注
1						
2						
3						
4						
5						
合计						

第三联：财务部

仓储部经理：　　　　　　仓管员：　　　　　　车间管理员：

(3)

图6-16　生产入库单一式三联(续)

完　工　单

新道 教学专用
seentao

生产部门：
完工单号：　　　　　　　　　　　　编制日期：　　　年　　　月　　　日

产品名称	完工日期	计划产量	实际完工量	剩余在制品	待检验	不良产品数
合计						

第一联：生产计划部留存

部门经理：　　　　　　　　车间管理员：

(1)

图6-17　完工单一式两联

完 工 单 新道 教学专用

产品名称	完工日期	计划产量	实际完工量	剩余在制品	待检验	不良产品数
合计						

生产部门：
完工单号：　　　　　　　　　　　　编制日期：　　年　　月　　日

第二联：仓储部留存

部门经理：　　　　　　　　车间管理员：

(2)

图6-17　完工单一式两联(续)

3. 以壶体车间物料领用与半成品完工入库演示

任务一　壶体车间上期半成品完工入库(12月6日)

(1) 车间管理员需要确认生产任务按时完成，并上报完工单(见图6-18)。

完 工 单

生产部门：壶体车间
完工单号：流水号XX　　　　　　　　编制日期：2019 年 12 月 06 日

产品名称	完工日期	计划产量	实际完工量	剩余在制品	待检验	不良产品数
轻巧型壶体	2019年12月06日	9,396.00				
经典型壶体	2019年12月06日	4,392.00				
豪华型壶体	2019年12月06日	1,200.00				
合计						

第一联：生产计划部留存

部门经理：　　　　　　　　车间管理员：zn002

图6-18　完工单填写演示

(2) 生产计划部经理需要对完工单进行审核，如图6-19所示。

(3) 仓管员填写生产入库单(见图6-20)，记录生产物资的数量、规格型号、入库时间等信息。仓管员登记库存台账，如图6-21至图6-23所示。仓管员将入库单财务联提交至成本会计审核。

完 工 单

生产部门:壶体车间
完工单号:流水号XX
编制日期: 2019 年 12 月 06 日

产品名称	完工日期	计划产量	实际完工量	剩余在制品	待检验	不良产品数
轻巧型壶体	2019年12月06日	9,396.00				
经典型壶体	2019年12月06日	4,392.00				
豪华型壶体	2019年12月06日	1,200.00				
合 计						

部门经理: zn004　　　**车间管理员:** zn002

第一联:生产计划部留存

图6-19　完工单审核演示

生产入库单

单据编号: 流水号XX　　**完工单编号:** 流水号XX
仓　库: 仓库　　**制单日期:** 2019年12月06日

序号	品名	规格型号	单位	入库时间	数量	备注
1	轻巧型壶体	轻巧型	件	2019年12月06日	9396	
2	经典型壶体	经典型	件	2019年12月06日	4392	
3	豪华型壶体	豪华型	件	2019年12月06日	1200	
4						
5						
合计						

仓储部经理:　　**仓管员:** zn007　　**车间管理员:**

第一联:仓储部存根

图6-20　生产入库单填写演示

生产入库单 ⊕ ❶　库存台账
资产类　负债类　所有者权益类　成本类　损益类　其它

14030201—轻巧型壶体　**库存台账**　　分页:_____　总页:___1

物料名称:轻巧型壶体　　规格:轻巧型　　最高存量:
物料编号:HA-0001　　存放仓库:仓库　　最低存量:　　计量单位:件

2019 年		凭证号数	摘 要	入库		出库		结存	
月	日			数量	单价	数量	单价	数量	单价
12	01		期初结存					9,450.00	
12	06		上期完工	9,396.00				18,846.00	

图6-21　库存台账建账演示(1)

图6-22 库存台账建账演示(2)

图6-23 库存台账建账演示(3)

(4) 成本会计审核入库单，检查其完整性和准确性，然后将其归档待月底成本核算，如图6-24所示。

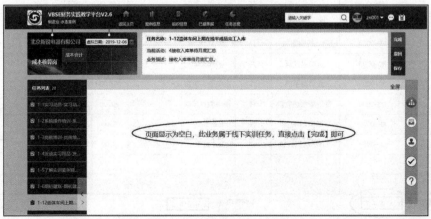

图6-24 接收入库单待月底汇总演示

任务二　壶体车间物料领用(12月6日)

(1) 车间管理员根据生产订单及物料清单填写领料单。

注意：只填写2019年12月06日当日的领料明细数据，如图6-25所示。

领　料　单

领料部门：壶体车间　　领料单号：LL-12-001　　派工单号：SC-12-001　　　　编制日期：2019 年 12 月 06 日

序号	材料编码	材料名称	单位	材料规格	加工产品	领用数量	领用时间	备注
1	HA-0002	轻巧型手柄	件	轻巧型：定制		140.00	2019年12…	
2	HF-0004	国产温控器	件	国产BB3		140.00	2019年12…	
3	HF-0005	轻巧、经典型加…	件	通用：定制		140.00	2019年12…	
4	HC-0005	进口温控器	件	SKE903		40.00	2019年12…	
5	HC-0006	豪华型手柄	件	豪华型：定制		40.00	2019年12…	
6	HC-0008	豪华型加热底盘	件	豪华型：定制		40.00	2019年12…	
7	HF-0003	201不锈钢板材	件	0.5mm*1250…		5.00	2019年12…	
8	HC-0004	304不锈钢板材	件	0.5mm*1250…		2.00	2019年12…	

仓管员：　　　　　　　　　　车间管理员： z n 0 0 2

第一联：生产计划部存留

图6-25　领料单填写演示

(2) 仓管员审核签字并发放物料。①领料单审核并签字(见图6-26)；②发放物料，填写材料出库单(见图6-27和图6-28)。

注意：领料单一式两联，每联都要签字盖章；材料出库单一式三联，每联都要签字盖章。

领　料　单

领料部门：壶体车间　　领料单号：LL-12-001　　派工单号：SC-12-001　　　　编制日期：2019 年 12 月 06 日

序号	材料编码	材料名称	单位	材料规格	加工产品	领用数量	领用时间	备注
1	HA-0002	轻巧型手柄	件	轻巧型：定制		140.00	2019年12…	
2	HF-0004	国产温控器	件	国产BB3		140.00	2019年12…	
3	HF-0005	轻巧、经典型加…	件	通用：定制		140.00	2019年12…	
4	HC-0005	进口温控器	件	SKE903		40.00	2019年12…	
5	HC-0006	豪华型手柄	件	豪华型：定制		40.00	2019年12…	
6	HC-0008	豪华型加热底盘	件	豪华型：定制		40.00	2019年12…	
7	HF-0003	201不锈钢板材	件	0.5mm*1250…		5.00	2019年12…	
8	HC-0004	304不锈钢板材	件	0.5mm*1250…		2.00	2019年12…	

仓管员： z n 0 0 7 　　　　　　车间管理员： z n 0 0 2

第一联：生产计划部存留

图6-26　领料单审核演示

图6-27 材料出库单填写演示(1)

图6-28 材料出库单填写演示(2)

(3) 车间管理员需要在材料出库单上盖章。

注意：材料出库单一式三联，每联都要签字盖章，如图6-29和图6-30所示。

图6-29　材料出库单盖章演示(1)

图6-30　材料出库单盖章演示(2)

(4) 仓管员登记库存台账；将材料出库单财务部联给成本会计，将生产计划部联给生产计划部留存，仓储部存根联由仓储部自留。

注意： 此处需要登记8个库存台账，以下以"轻巧型手柄"库存台账为例，如图6-31所示。

库存台账
资产类 负债类 所有者权益类 成本类 损益类 其它
14030105—轻巧型手柄

库 存 台 账

分页:_____ 总页:__1__

物料名称：轻巧型手柄　规格：轻巧型：定制　最高存量：
物料编号：HA-0002　存放仓库：仓库　最低存量：　计量单位：件

2019 年		凭证号数	摘 要	入库		出库		结存	
月	日			数量	单价	数量	单价	数量	单价
12	01		期初结存					160.00	
12	06		壶体车间领用			140.00		20.00	
12	12		采购入库	20,000.00				20,020.00	

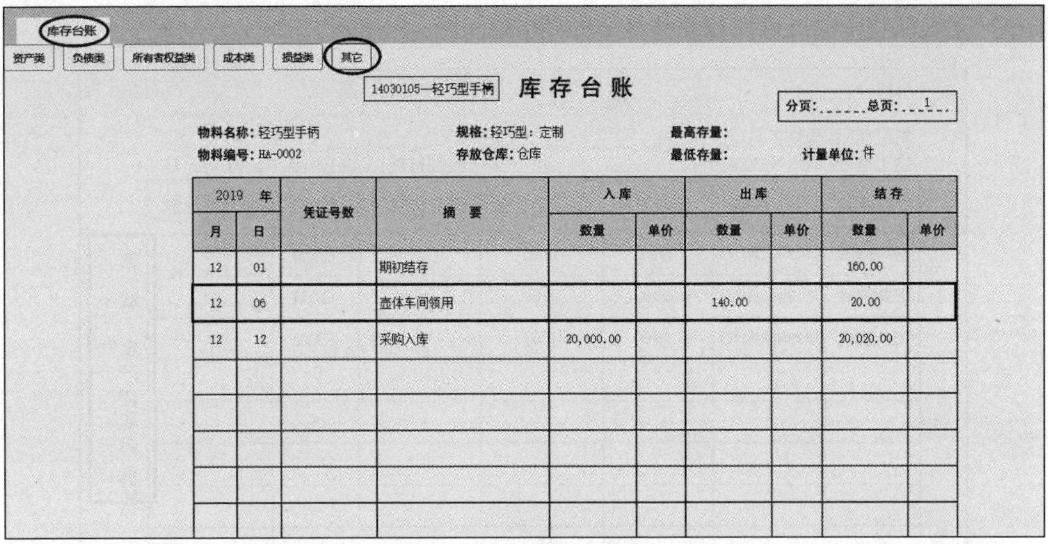

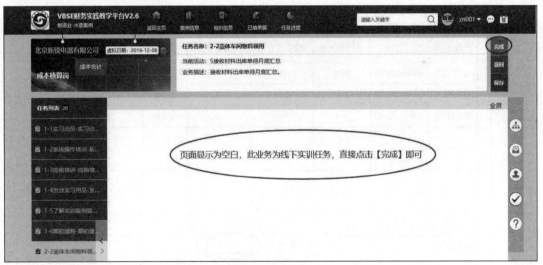

图6-31　库存台账建账演示

(5) 成本会计负责接收材料出库单，并待月底将所有的出库数据进行汇总和核算。这些数据将用于成本核算和财务报告，以确保正确计算成本，并提供准确的财务信息，如图6-32所示。

图6-32　接收材料出库单待月底汇总演示

任务三　壶体车间物料领用(12月12日)

车间管理员填写领料单；仓管员审核签字并发放物料；车间管理员在材料出库单上盖章；仓管员登记库存台账并传递单据；成本会计接收材料出库单待月底汇总。

(任务三是重复任务二所有的操作步骤，此处不再赘述。)

任务四　壶体车间半成品完工入库(12月12日)

(1) 车间管理员完成生产，并将产品或物资送至仓库进行入库，根据生产订单填写完工单，并确保物资的准确性和完整性，如图6-33和图6-34所示。

完 工 单

生产部门:壶体车间
完工单号:流水号XXXX　　　　　　　　　　　　编制日期:　2019 年　12 月　12 日

产品名称	完工日期	计划产量	实际完工量	剩余在制品	待检验	不良产品数	第一联:生产计划部留存
轻巧型壶体	2019年12月12日	18792	18792	0	已检验	0	
经典型壶体	2019年12月12日	8784	8784	0	已检验	0	
豪华型壶体	2019年12月12日	2400	2400	0	已检验	0	
合 计							

部门经理:　　　　　　　　　　车间管理员　z n 0 0 2

图6-33　完工单第一联

完 工 单

生产部门:壶体车间
完工单号:流水号XXXX　　　　　　　　　　　　编制日期:　2019 年　12 月　12 日

产品名称	完工日期	计划产量	实际完工量	剩余在制品	待检验	不良产品数	第二联:仓储部留存
轻巧型壶体	2019年12月12日	18792	18792	0	已检验	0	
经典型壶体	2019年12月12日	8784	8784	0	已检验	0	
豪华型壶体	2019年12月12日	2400	2400	0	已检验	0	
合 计							

部门经理:　　　　　　　　　　车间管理员　z n 0 0 2

图6-34　完工单第二联

(2) 仓管员填写生产入库单(见图6-35),记录入库物资的数量、规格等信息,并办理入库手续。

注意:①生产入库单是一式三联,每联都要签字盖章。②需要登记3个库存台账,以下以"轻巧型壶体"库存台账为例,如图6-36所示。

(3) 成本会计负责接收仓管员填写的生产入库单,并待月底进行数据的汇总和核算,如图6-37所示。这些入库数据将被用于成本核算和财务报告,以确保正确计算生产成本并提供财务信息。

生产入库单

单据编号:		流水号XXXX	完工单编号:		流水号XXXX	
仓 库:		仓库	制 单 日 期:		2019年12月12日	

序号	品 名	规 格 型 号	单位	入库时间	数量	备 注
1	轻巧型壶体	轻巧型	件	2019年12月12日	18792	
2	经典型壶体	经典型	件	2019年12月12日	8784	
3	豪华型壶体	豪华型	件	2019年12月12日	2400	
4						
5						
合计						

第一联：仓储部存根

仓储部经理： 仓管员：（zn007） 车间管理员：

图6-35 生产入库单填写演示

库存台账

14030201—轻巧型壶体 **库存台账**

分页：_____ 总页：____1

物料名称:轻巧型壶体 　　规格:轻巧型 　　　最高存量:

物料编号: HA-0001 　　存放仓库:仓库 　　最低存量: 　计量单位:件

2019 年		凭证号数	摘 要	入库		出库		结存	
月	日			数量	单价	数量	单价	数量	单价
12	01		期初结存					9,450.00	
12	06		上期完工	9,396.00				18,846.00	
12	12		12日完工	18,932.00				37,778.00	

图6-36 库存台账建账演示

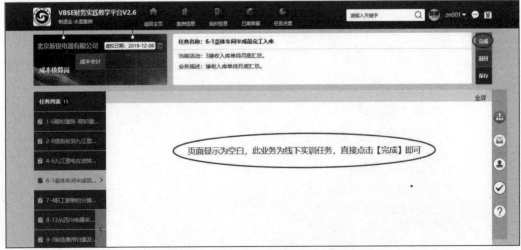

图6-37 接收入库单待月底汇总演示

↗ 思政案例

持续推动降本增效

"降本增效"是我国供给侧结构性改革的一项重要内容，面对复杂性、严峻性和不确定性不断上升的经济发展环境，"降本增效"成为释放经济发展活力的关键一招。当下，无论是生产企业还是公民个人，都应该坚持"集约优先"的发展策略，打出"降本增效"组合拳。

在实践中，企业的综合成本不仅包括常规的税费成本，还涉及其融资成本、能源成本、物流成本及制度性交易成本等。企业成本构成的复杂性和差异性，以及降低成本涉及因素的系统性和关联性，决定了降低实体经济企业成本工作的长期性和艰巨性。所以，对于生产企业，首先，应该加强降本增效意识，大力推动绿色低碳技术研发应用，实现节能增效的绿色转型；其次，重视和加强内部管控，降低生产成本和提高经济效益；最后，通过制定科学合理的内部控制目标和绩效考核指标，以及采取合理有效的手段来提高企业核心竞争力，从而达到降本增效。

在个人层面，也存在着各种各样的成本，比如时间成本、健康成本、金钱成本等。所以同学们也应该树立降本增效的意识，采取一系列措施来降低成本和提高效率，比如有效地管理时间，充实自己，使用时间管理工具和技巧，如日程表、待办事项列表、番茄钟法；在日常的生活中，关注自己的健康状况，包括躯体健康、心理健康等；进行科学的财富管理，实现自身的财务目标。

"取之有制、用之有节则裕，取之无制、用之不节则乏。"在复杂的经济环境下，降本增效对个人和企业的可持续发展具有重要意义，它可以提高企业的竞争力和盈利水平，同时也可以为个人提供更好的工作环境和发展机会，推动可持续发展。

【思考】

1. 联系企业生产实际情况，请谈谈企业进行降本增效的好处。
2. 请谈谈如何在学习、生活中实现降本增效。

第 7 章

销售业务

↗ **学习目标**
□ 熟悉公司销售业务流程及相关账务处理流程。
□ 掌握公司销售业务与会计核算的流程对应关系。
□ 掌握预收账款、应收账款和发货的核算内容。
□ 掌握销售业务与增值税发票的对应核算关系。

↗ **思政目标**
□ 培养良好经济意识和社会责任感。
□ 提高对企业经营管理的认识。
□ 提升税收合规意识，推动企业可持续发展。
□ 提升财务管理水平，以服务于社会经济建设。

7.1 业务概述

7.1.1 销售业务介绍

1. 销售合同

销售合同是指平等主体的自然人、法人、其他组织之间设立、变更、终止民事权利义务关系的协议。签订销售合同是营销活动中常见的一项法律活动。销售合同不仅涉及营销员的经济利益，还会对企业的经济效益产生深远影响。所以，合同的签订一定要慎之又慎。

1) 销售合同的内容

企业的销售合同包括但不限于以下内容：

(1) 供需双方全称、签约时间和地点；

(2) 产品名称、单价、数量和金额；

(3) 运输方式、运费承担、交货期限、交货地点及验收方法；

(4) 付款方式及付款期限；

(5) 免除责任及限制责任条款；

(6) 违约责任及赔偿条款；

(7) 具体谈判业务时的可选择条款；

(8) 合同双方盖章生效等。

2) 销售合同的签订程序

签订销售合同是一件非常重要的事情，关系到企业的经济效益，所以营销人员在签订合同的时候，要同客户就合同的内容反复协商，达成一致，并签订书面合同。销售合同的签订程序具体可概括为两个阶段：要约和承诺。

(1) 要约。这是当事人一方向另一方提出订立销售合同的建议和要求。提出要约的一方称为要约人，另一方称为受约人。要约人在要约中要向对方表达订立销售合同的愿望，并明确提出销售合同的主要条款，以及要求对方做出答复的期限等。要约人在自己规定的期限内，会受到要约的法律约束。如果对方接受了要约，要约人就有义务同对方签订销售合同。对于特定物，要约人不能再向第三方发出同样的要约或签订相同内容的销售合同。否则，要约人要承担由此给对方造成的损失。

(2) 承诺。这是受约人对要约人提出的建议和要求表示完全同意。要约一经承诺，即表明双方就合同主要条款达成协议，合同即告成立，所以承诺对合同的成立起着决定性作用。承诺应在要约规定的期限内做出，要约中没有规定期限的，应按其合理期限考虑，即双方函电的正常往返时间加上必要的考虑时间。承诺的内容必须与要约的内容完全一致，承诺必须是无条件地完全接受要约的全部条款。如果受约人在答复中，对要约内容、条件做了重要修改，或仅部分同意要约内容，或附条件地接受要约，应视为对要约的拒绝；而向原要约人提出新的要约，叫反要约。在实际的操作中，一份销售合同的订立往往要经过要约、反要约、再反要约，一直到承诺这样一个复杂的谈判过程。一个销售合同能否有效成立，主要看其是否经历了要约和承诺两个阶段。

3) 销售合同应具备的主要条款

销售合同的主要条款决定了合同签订双方的义务和权利，决定了销售合同是否有效和是否合法，是当事人履行合同的主要依据。这是一份合同的重中之重。营销员在签订合同的过程中，一定要对合同所具备的主要条款逐一审明，详尽规定，使之清楚明确。

(1) 标的。标的是销售合同当事人双方权利和义务所共同指向的对象，销售合同中的标的主要表现为推销的商品或劳务。标的，是订立销售合同的目的和前提，没有标的或标的不明确的合同是无法履行的，也是不能成立的。

(2) 数量和质量。这里是指销售合同标的的数量和质量。它们是确定销售合同标的特征的最重要因素，也是衡量销售合同是否被履行的主要尺度。确定标的数量，应明确计量单位和计量方法。

(3) 价款或酬金。价款或酬金是取得合同标的一方向另一方支付的以货币数量表示的代价，体现了经济合同所遵循的等价有偿的原则。在合同中，营销人员应明确规定定价或酬金的数额，并说明它们的计算标准、结算方式和程序等。

(4) 履行期限、履行地点及履行方式。履行期限是合同当事人双方实现权利和履行义务的时间，它是确认销售合同是否按时履行或延期履行的时间标准。双方当事人在签订合同时，必须明确规定具体的履行期限，如按年、季度或月、日履行的起止期限，切忌使用"可能完成""一定完成""要年内完成"等模棱两可、含糊不清的措辞。履行地点是一方当事人履行义务，另一方当事人接受义务的地方，直接关系到履行的费用和履行期限。在确定履行地点时，应冠以省、市名称，避免因重名而履行错误。履行方式是指合同当事人履行义务的具体方法由合同的内容和性质来决定。例如交付货物，是一次履行还是分期分批履行，是提货还是代办托运等。

(5) 违约责任。违约责任是指销售合同当事人违反销售合同约定的条款时应承担的法律责任。

此外，销售合同的内容还包括根据法律规定或销售合同性质必须具备的条款，以及当事人一方要求必须规定的条款，这些也是销售合同的主要条款。

4) 销售合同的审批流程(见图7-1)

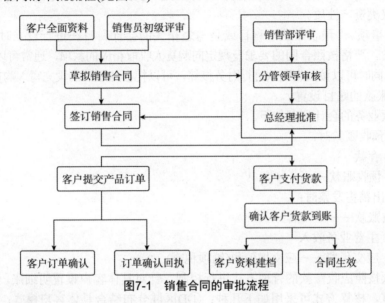

图7-1 销售合同的审批流程

2. 发货、预收账款、应收账款原理掌握——预收账款

1) 预收账款的含义

预收账款(deposit received)是指企业向购货方预收的购货订金或部分货款。企业预收的货款待实际出售商品、产品或者提供劳务时再行冲减。预收账款是以买卖双方协议或合同为依据，由购货方预先支付一部分(或全部)货款给供应方而发生的一项负债，这项负债要用以后的商品或劳务来偿付。

其一般包括预收的货款、预收购货定金等。企业在收到这笔钱时，商品或劳务的销售合同尚未履行，因而不能作为收入入账，只能确认为一项负债，即贷记"预收账款"账户。企业按合同规定提供商品或劳务后，再根据合同的履行情况，逐期将未实现收入转成已实现收入，即借记"预收账款"账户，贷记有关收入账户。预收账款的期限一般不超过1年，通常应作为一项流动负债反映在各期末的资产负债表上，若超过1年(预收在1年以上提供商品或劳务)则称为"递延贷项"，单独列示在资产负债表的负债与所有者权益之间。

(1) "预收账款"的双重性。企业在收到预收款项时，先列入"预收账款"的贷方，此时该项目表现为一项负债；等到企业发出商品时，按总的价税款列入"预收账款"的借方，由于预收款会小于实际价税款，在企业发出商品后"预收账款"的余额一般为借方，其本质为应收的性质，等同于"应收账款"。在期末列报时，如果截至期末"预收账款"为借方余额则应列入"应收账款"科目。如为贷方余额则列入"预收账款"科目。如果企业预收账款业务不多时，可用"应收账款"科目来替代列报。

(2) "预收账款"的列报方法。"应收账款"和"预收账款"明细账的借方余额之和计入"应收账款"科目，而明细账的贷方余额之和则计入"预收账款"科目。

(3) 相关关系。在预收款项业务不多的企业可以将预收的款项直接计入"应收账款"的贷方，不单独设置"预收账款"科目。在使用"预收账款"科目时，要注意与"应收账款"科目的关系。预收账款与应收账款的共同点是两者都是企业因销售商品、产品、提供劳务等，应向购物单位或接受劳务单位收取的款项。其不同点是预收账款是收款在先，出货或提供劳务在后，而应收账款是出货或提供劳务在先，收款在后；预收账款是负债性质，应收账款是债权类资产性质。

(4) 注意事项。"预收账款"科目或是与之相关的会计科目在进行设立时，应该从企业的角度出发，严格按照合同的要求及规定向购货人收取相应的款项，通常可以向购货人收取预收账款，同时可以按预收账款进行财务核算，可以把会计账户的设立写入购货合同。

2) 预收账款的账目设置

预收账款业务的会计处理如下。

(1) 收到预收账款时：

借：银行存款

　　贷：预收账款——××客户

(2) 待开出销售发票时：

借：预收账款——××客户

　　贷：主营业务收入

　　　　应交税费——应交增值税(销项税额)

预收账款按照应收账款的管理方式进行控制。针对具体客户设置明细账，进行明细核算。具体而言，核算方式可采用如下几种：①D区域分布结合具体客户模式；②合约结合具体客户模式；③对客户不多的企业，直接采取具体客户模式进行明细核算。

3) 预收账款的主要账务处理

预收账款是负债类科目，是指企业预收对方的账款，而实际的货物还未发出，具体会计分录如下。

(1) 销售未实现时：

借：银行存款/库存现金

　　贷：预收账款

(2) 销售实现时：

借：预收账款

　　贷：主营业务收入

不单独设"预收账款"科目的企业，预收的账款在"应收账款"科目核算，在"应收账款"的贷方登记收到的预收款数额。

借：银行存款/库存现金

　　贷：应收账款

(3) 发出货物并开出发票时：

借：应收账款

　　贷：主营业务收入

企业若为增值税一般纳税人，那么在记账时还应贷记"应交税费——应交增值税(销项税额)"，而对于小规模企业则无须记录此项税费。

4) 预收账款的核算内容

(1) 借方发生额(表示预收账款减少)。其包括与收入同步确认的应收未收款项、已核销坏账客户确认恢复付款能力、从"应收账款"科目转入、从"其他应收款"科目转入、因应收票据到期未付款而转入、贴现商业汇票到期未付款转短期贷款，以及代购货单位垫付的包装费、运杂费、保险费。

(2) 贷方发生额(表示预收账款增加)。其包括预收客户的预付款项、收到的营业款项、预收的商业汇票、以存货清偿应收账款、以股权清偿应收账款、以债权清偿应收账款、固定资产无形资产清偿、已经确认的坏账损失、因债务重组损失的款项、"应收账款"或"其他应付款"科目转入。

(3) 期末余额。"预收账款"科目期末贷方余额，反映企业向购货单位预收的款项，期末借方余额属应收账款性质，反映企业应向购货单位或接受劳务单位收取的款项。

3. 发货、预收账款、应收账款原理掌握——应收账款

1) 应收账款的含义

应收账款是指企业在正常的经营过程中因销售商品、产品、提供劳务等业务，应向购买单位收取的款项，包括应由购买单位或接受劳务单位负担的税金、代购买方垫付的包装费、各种运杂费等。此外，在有销售折扣的情况下，还应考虑商业折扣和现金折扣等因素。应收账款是伴随企业的销售行为发生而形成的一项债权。因此，应收账款的确认与收入的确认密切相关。通常在确认收入的同时，确认应收账款。该账户按不同的购货或接受劳务的单位设置明细账户进行明细核算。应收账款表示企业在销售过程中被购买单位所占用的资金。企业应及时收回应收账款以弥补企业在生产经营过程中的各种耗费，保证企业持续经营；对于被拖欠的应收账款应采取措施，组织催收；对于确实无法收回的应收账款，凡符合坏账条件的，应在取得有关证明并按规定程序报批后，做坏账损失处理。

2) 应收账款的主要账务处理

(1) 发生应收账款时，按应收金额，借记"应收账款"科目；按照实现的营业收入，贷记"主营业务收入"等；按专用发票上注明的增值税，贷记"应交税费——应交增值税(销项税额)"科目。收回应收账款时，借记"银行存款"等科目，贷记"应收账款"科目。

① 发生应收账款时：

借：应收账款

　　贷：主营业务收入

　　　　应交税费——应交增值税(销项税额)

② 收回应收账款时：

借：银行存款

　　贷：应收账款

(2) 企业代购货单位垫付的包装费、运杂费，借记"应收账款"科目，贷记"银行存款"等科目；收回代垫运费时，借记"银行存款"，贷记"应收账款"科目。

① 代垫付包装费、运杂费时：

借：应收账款

　　贷：银行存款

② 收回代垫运费时：

借：银行存款

　　贷：应收账款

(3) 企业收到债务人清偿债务的现金金额小于该项应收账款账面价值的，借记"坏账准备"科目；按重组债权的账面余额，贷记"应收账款"科目；按其差额，借记"营业外支出"科目。

借：坏账准备

　　营业外支出

　　贷：应收账款

收到债务人清偿债务的现金金额大于该项应收账款账面价值的，借记"坏账准备"科目；按重组债权的账面余额，贷记"应收账款"科目；按其差额，贷记"资产减值损失"科目。

借：坏账准备

　　贷：资产减值损失

　　　　应收账款

(4) 企业接受的债务人用于清偿债务的非现金资产，应按该项非现金资产的公允价值，借记"原材料""库存商品""固定资产""无形资产"等科目；按可抵扣的增值税额，借记"应交税费——应交增值税(进项税额)"科目；按重组债权的账面余额，贷记"应收账款"科目；按应支付的相关税费和其他费用金额入账。

借：原材料/库存商品/固定资产/无形资产等科目

　　应交税费——应交增值税(进项税额)

　　贷：应收账款

(5) 将债权转为投资，企业应按应享有股份的公允价值，借记"长期股权投资"科目；按重组债权的账面余额，贷记"应收账款"科目；按应支付的相关税费，贷记"银行存款""应交税费"等科目；按其差额，借记"营业外支出"科目。

① 将债权转为投资时：

借：长期股权投资

　　贷：应收账款

② 支付相关税费时：

借：营业外支出

　　贷：银行存款

　　　　应交税费等科目

(6) 以修改其他债务条件进行清偿的，企业应按修改其他债务条件后的债权的公允价值，借记"应收账款"科目；按重组债权的账面余额，贷记"应收账款"科目；按其差额，借记"营业外支出"科目。

借：应收账款(按修改其他债务条件后债权的公允价值)

　　营业外支出(倒挤差额)

　　贷：应收账款(按重组债权的账面余额)

如果"应收账款"科目期末余额在借方，则反映企业尚未收回的应收账款；如果期末余额在贷方，则反映企业预收的账款。

4. 销售发货的相关知识

销售发货是指将货物发送给客户。销售发货单是销售发货的信息载体。销售发货业务是销售流程业务的核心，通过销售发货向库存、存货、应收等系统传递信息来实现企业物流的运转。销售发货业务流程具体描述如表7-1所示。

表 7-1　销售发货业务流程具体描述

序号	活动名称	角色	活动描述
1	填写发货单	销售专员	(1) 填写"发货单"请参照示范单据填写； (2) 留存一联，另外三联交仓管员进行发货
2	清点产品并发货	仓管员	(1) 根据"发货单"所载内容确定需要发出产品的种类及数量并将货物发出； (2) 告知销售专员货品已发出； (3) 发货单仓管员留存一联，其余一联随货物发给收货方，另一联送交成本会计
3	传递发货单	仓管员	传递发货单给成本会计及销售专员
4	根据发货单登记出库汇总表	成本会计	(1) 接收仓管员送交的发货单财务联； (2) 根据发货单登记出库汇总表； (3) 待月终按全月一次加权平均算出单价后再填写单价及金额，然后结出余额
5	通知客户	销售专员	通知客户已发货
6	更新销售合同执行情况表(此任务属于线下业务)	销售专员	根据发货单，更新"销售合同执行情况表"电子表格，注明每种产品的具体发货数量
7	更新库存台账	仓管员	(1) 根据发货单，登记库存台账； (2) 库存台账将显示每一个生产周期产品入库、出库的具体信息
8	更新物料卡片	仓管员	(1) 根据发货单，更新每一种产品的"物料卡片"信息； (2) "物料卡片"可以显示每一种产品在动态物流中的实际库存。因此，每次产品入库、出库都应即时更新

1) 销售发货

销售发货各种单据的填写具体如下。

(1) 销售出库单的填写。

仓管员根据"发货单"如实填写"销售出库单"一式三联(见图7-2至图7-4)；销售专员与仓管员一起核对单货，确认无误后在"销售出库单"上签名，做到货、单相符；仓储部经理凭手续齐全的"发货单(仓库联)"和"销售出库单"的仓储部存根联登记仓库库存台账。第二联交销售部门，第三交财务部门。

新道 教学专用

销售出库单

销售订单号：　　　　客户名称：　　　　出库类型：

出库单编号：　　　　出库日期：　　　　仓　　位：

序号	产品名称	产品编号	规格型号	出库数量	备注
1					
2					
3					
4					
5					
合计					

第一联：仓储部存根

仓管员：　　　　仓储部经理：　　　　销售专员：

图7-2　销售出库单第一联

新道 教学专用

销售出库单

销售订单号：　　　　客户名称：　　　　出库类型：

出库单编号：　　　　出库日期：　　　　仓　　位：

序号	产品名称	产品编号	规格型号	出库数量	备 注
1					
2					
3					
4					
5					
合计					

第二联：销售部

仓管员：　　　　仓储部经理：　　　　销售专员：

图7-3　销售出库单第二联

新道 教学专用

销售出库单

销售订单号：　　　　客户名称：　　　　出库类型：

出库单编号：　　　　出库日期：　　　　仓　　位：

序号	产品名称	产品编号	规格型号	出库数量	备 注
1					
2					
3					
4					
5					
合计					

第三联：财务部

仓管员：　　　　仓储部经理：　　　　销售专员：

图7-4　销售出库单第三联

(2) 发货单的填写。

发货单一式四联，分别为营销部、仓储部、财务部、客户留存，如图7-5至图7-8所示。

发 货 单

单 据 编 号：   日　期：   交货日期：
销售订单号：   客户名称：   仓　库：
业 务 员：   运输方式：   联 系 人：

产品名称	产品型号	计量单位	发货数量	备 注
合　计				

营销部经理：   仓管员：   客户确认：

第一联：营销部留存

图7-5　发货单第一联

发 货 单

单 据 编 号：   日　期：   交货日期：
销售订单号：   客户名称：   仓　库：
业 务 员：   运输方式：   联 系 人：

产品名称	产品型号	计量单位	发货数量	备 注
合　计				

营销部经理：   仓管员：   客户确认：

第二联：仓库部留存

图7-6　发货单第二联

发 货 单

单 据 编 号：   日　期：   交货日期：
销售订单号：   客户名称：   仓　库：
业 务 员：   运输方式：   联 系 人：

产品名称	产品型号	计量单位	发货数量	备 注
合　计				

营销部经理：   仓管员：   客户确认：

第三联：财务部留存

图7-7　发货单第三联

发 货 单

单 据 编 号：　　　　　日　　期：　　　　　交货日期：
销售订单号：　　　　　客户名称：　　　　　仓　　库：
业　务　员：　　　　　运输方式：　　　　　联系人：

产品名称	产品型号	计量单位	发货数量	备　注
合　计				

营销部经理：　　　　　仓管员：　　　　　客户确认：

第四联：客户留存

图7-8　发货单第四联

填写发货单的具体要求如下。

- 单据编号：此部分可自行编制，作为发货单的唯一识别。
- 销售订单号：涉及发货的销售订单号。
- 业务员：进行发货的销售业务员。
- 日期：发货时点，实训中以系统时间为准。
- 客户名称：购货方的企业全称。
- 运输方式：按照销售合同所规定的运输方式。
- 交货日期：按照销售合同所规定的交货日期。
- 仓库：货物出库的仓库名称。
- 联系人：客户方收货的联系人姓名。
- 产品名称：发货的产品名称。
- 产品型号：发货的产品型号。
- 发货数量：销售合同所规定的发货数量。
- 营销部经理/仓管员/客户确认：销售发货内部审批过程记录、外部确认的记录。

企业把自己或他人的产品发给指定的人或公司并作为提货、出门、运输、验收等过程的票据，是企业体现销售额的重要依据。由于不同企业的管理要求和规范各有差异，发货单的样式不一，它是企业自制的一种单据。

2) 电汇

电汇是汇款人将一定款项交存汇款银行，汇款银行通过电报或电传给收款人的开户银行(汇入行)，指示汇入行向收款人支付一定金额的一种汇款方式。电汇是汇兑结算方式的一种。汇兑是汇款单位委托银行将款项汇往异地收款单位的一种结算方式。汇兑结算方式除了适用于单位之间的款项划拨外，也可用于单位对异地的个人支付有关款项，如退休工资、医药费、各种劳务费、稿酬等，还适用于个人对异地单位所支付的有关款项。电汇业务流程具体描述如表7-2所示。

表7-2 电汇业务流程具体描述

序号	活动名称	角色	活动描述
1	向客户催收货款	销售专员	销售专员根据销售订单的收款时间向客户催收货款,并且将企业的账号提供给客户代表
2	去银行办理汇款业务	客户代表	去银行办理汇款业务:在实训中将汇入与汇出方银行账号信息提供给银行柜员即可,不用填写汇款申请书和电汇凭证
3	办理企业间转账业务	银行柜员	在银行系统中录入汇款信息,办理转账业务
4	通知收款方	客户代表	通知收款方查收汇款
5	通知出纳客户已付款	销售专员	客户汇款后及时通知出纳查账
6	前往银行取票据	出纳	前往银行取票据
7	打印回单	银行柜员	打印电汇凭证(回单)
8	将票据送交应收会计	出纳	将票据送交应收会计记账
9	编制记账凭证	应收会计	根据出纳交来的单据编制记账凭证
10	审核记账凭证	财务经理	审核应收会计编制的记账凭证
11	登记银行存款日记账	出纳	(1) 登记银行存款日记账; (2) 在记账凭证上签字或盖章
12	登记明细账	应收会计	根据审核的记账凭证登记科目明细账

电汇凭证由办理电汇业务的人员填写。电汇凭证一式三联,如图7-9至图7-11所示。

- 第一联:借方凭证。汇出行办理转账付款的原始凭据。付款人须在此联加盖银行预留印鉴(财务章和法人章)。
- 第二联:回单。汇出行盖章后给汇款人的回单。汇款人单位财务凭此回单入账。
- 第三联:汇款依据。汇出行给收款行汇出汇款的原始凭据。

图7-9 电汇凭证第一联

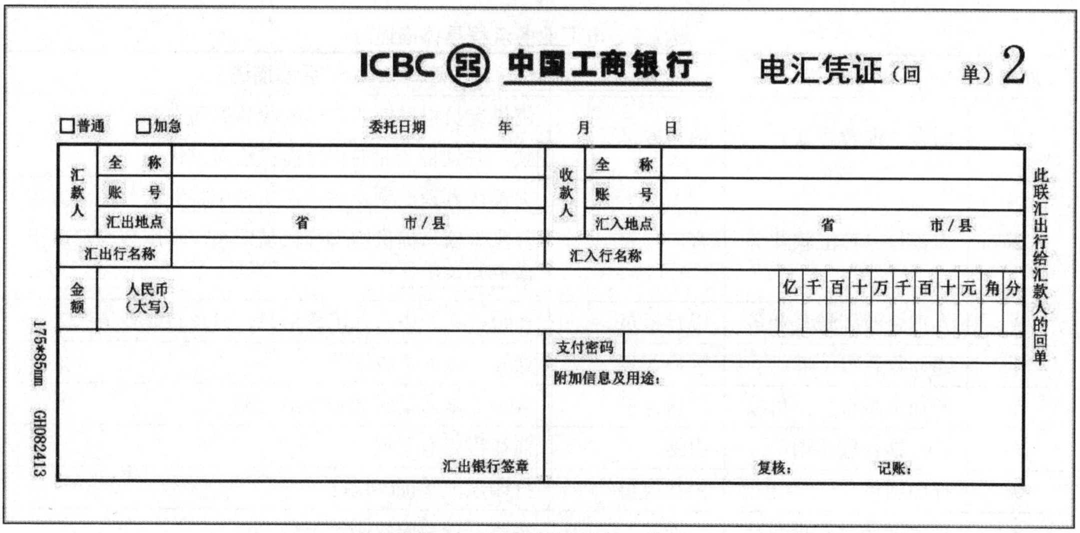
ICBC 中国工商银行 电汇凭证（回 单）2

□普通 □加急 委托日期 年 月 日

汇款人	全 称		收款人	全 称	
	账 号			账 号	
	汇出地点	省 市/县		汇入地点	省 市/县
汇出行名称			汇入行名称		
金额	人民币（大写）		亿 千 百 十 万 千 百 十 元 角 分		
			支付密码		
			附加信息及用途：		
汇出银行签章			复核： 记账：		

此联汇出行给汇款人的回单

175*85mm GH082413

图7-10 电汇凭证第二联

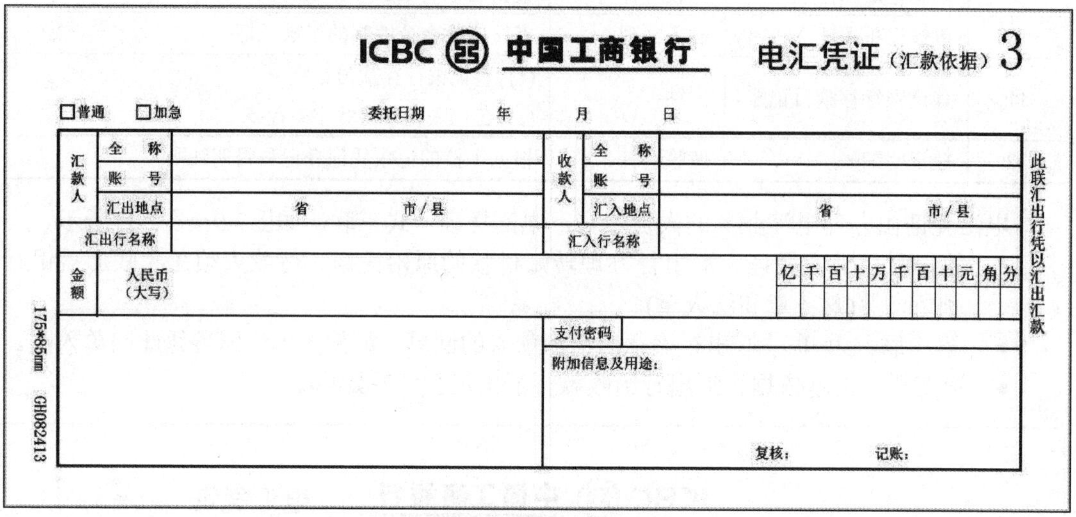
ICBC 中国工商银行 电汇凭证（汇款依据）3

□普通 □加急 委托日期 年 月 日

汇款人	全 称		收款人	全 称	
	账 号			账 号	
	汇出地点	省 市/县		汇入地点	省 市/县
汇出行名称			汇入行名称		
金额	人民币（大写）		亿 千 百 十 万 千 百 十 元 角 分		
			支付密码		
			附加信息及用途：		
			复核： 记账：		

此联汇出行凭以汇出汇款

175*85mm GH082413

图7-11 电汇凭证第三联

汇兑结算方式除了适用于单位之间的款项划拨外，也可用于单位对异地的个人支付有关款项，如退休工资、医药费、各种劳务费、稿酬等，还适用于个人对异地单位所支付的有关款项。

电汇与转账的区别如表7-3所示。

表 7-3 电汇与转账的区别

类型	电汇	转账
使用地区	异地	同城
手续费	与电汇金额相关； 与不同银行相关	无
办理流程	1. 出纳填制电汇凭证； 2. 将电汇凭证、汇款金额、手续费交给银行，取得电汇回执	出纳开具支票给收款人

3) 支票收款

支票的收款方式，是指根据产品销售订单或其他合同，从买方手里收到转账支票并存入银行。支票收款业务流程具体描述如表7-4所示。

表 7-4 支票收款业务流程具体描述

序号	活动名称	角色	活动描述
1	向客户催收货款	销售专员	销售专员根据销售订单详细情况催促客户回款
2	签发支票付货款	客户代表	核对销售专员提供的金额与系统提供的订单的金额是否一致，据此金额签发转账支票支付货款
3	收到客户支票交给出纳	销售专员	(1) 接收客户交来的转账支票； (2) 将支票交给出纳
4	前往银行送存支票	出纳	(1) 填写中国工商银行进账单； (2) 将支票及进账单送到银行办理转账业务
5	办理企业间转账	银行柜台	(1) 审核支票及进账单； (2) 在VBSE系统中录入存款信息； (3) 进账单加盖业务章后交供应商一联
6	将进账单交给应收会计	出纳	将进账单交给应收会计
7	编制记账凭证	应收会计	填写记账凭证交与财务部经理审核
8	审核记账凭证	财务经理	审核记账凭证
9	登记银行存款日记账	出纳	(1) 登记银行存款日记账； (2) 在记账凭证上签字或盖章； (3) 将记账凭证交应收会计
10	登记明细账	应收会计	(1) 登记明细账； (2) 保存出纳送交的记账凭证

银行进账单一式三联，分别是回单、贷方凭证、收款通知，如图7-12至图7-14所示。

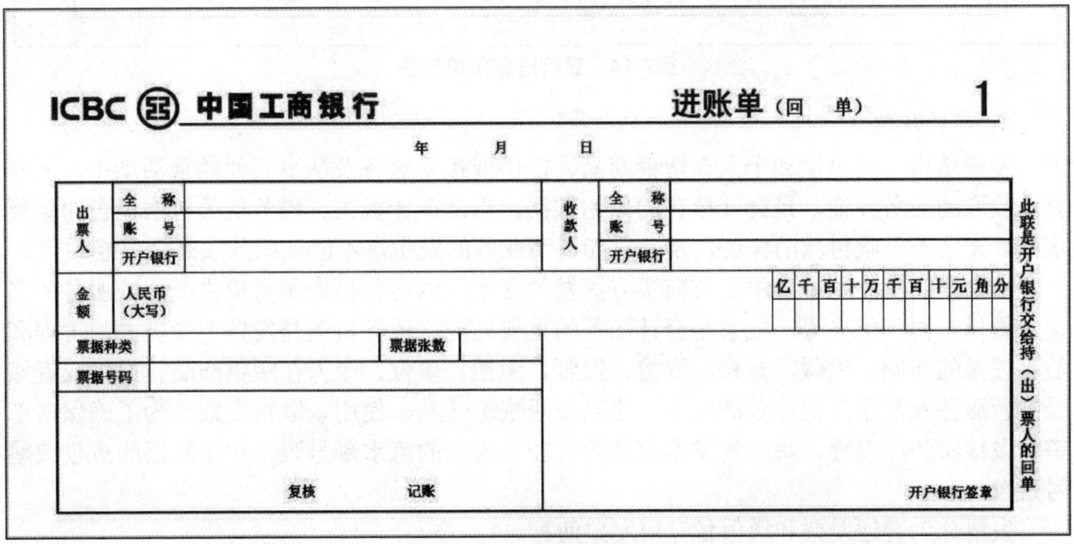

图7-12 银行进账单第一联

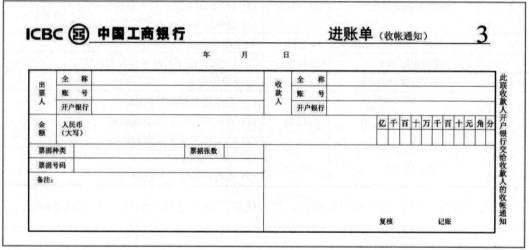

图7-13　银行进账单第二联

图7-14　银行进账单第三联

4) 开具发票

发票是指一切单位和个人在贩销商品、提供或接受服务及从事其他经营活动中，所开具和收取的业务凭证，是会计核算的原始依据，也是审计机关、税务机关执法检查的重要依据。发票不是收付款的凭证，发票只能证明业务的发生，不能证明款项是否已经收付。

发票是经济活动中，由卖方向买方签发的文本，内容包括向买者提供产品或服务的名称、数量、协议价格等。发票是会计账务的重要凭证。税务机关是发票主管机关，管理和监督发票的印制、领贩、开具、取得、保管、缴销。单位、个人在贩销商品、提供或者接受经营服务及从事其他经营活动中，应当按照规定开具、使用、取得发票。为了确保内部审计及核实的严谨性，每一张发票都必须有独一无二的流水账号码，防止发票的重复或跳号现象。

发票分为普通发票和增值税专用发票两种。

普通发票主要由增值税小规模纳税人使用，增值税一般纳税人在不能开具专用发票的情况下也可使用普通发票。普通发票由行业发票和专用发票组成。前者适用于某个行业和经营业务，如商业零售统一发票、商业批发统一发票、工业企业产品销售统一发票等；后者仅适用于某一经营项目，如广告费用结算发票、商品房销售发票等。普通发票的基本联次为两联：第一联为记账联，销售方作为记账原始凭证；第二联为发票联，买方作为记账原始凭证。

增值税专用发票是我国实施新税制的产物，是国家税务部门根据增值税征收管理需要而设定的，专用于纳税人销售或者提供增值税应税项目的一种发票。增值税专用发票的基本联次通常包括记账联、发票联及抵扣联，抵扣联可作为买方抵扣税款的凭证。

增值税专用发票既具有普通发票所具有的内涵，同时还具有比普通发票更特殊的作用：它不仅是记载商品销售额和增值税税额的财务收支凭证，而且是销货方纳税义务和买方进项税额的合法证明，是买方据以抵扣税款的法定凭证，对增值税的计算起着关键性作用。其中，抵扣联是买方用于抵扣税款的凭证。

增值税普通发票样例，如图7-15和图7-16所示。

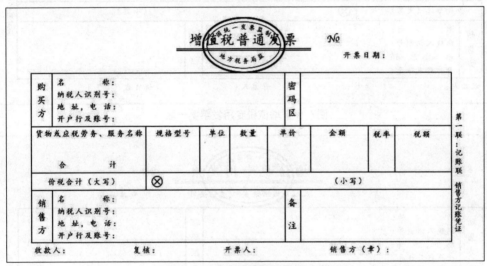

图7-15　增值税普通发票第一联

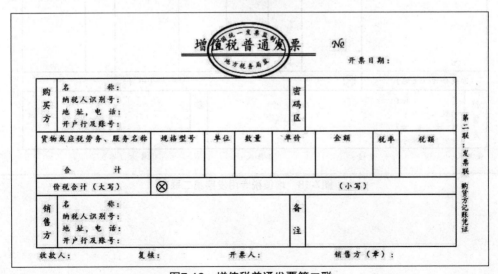

图7-16　增值税普通发票第二联

增值税专用发票样例，如图7-17至图7-19所示。

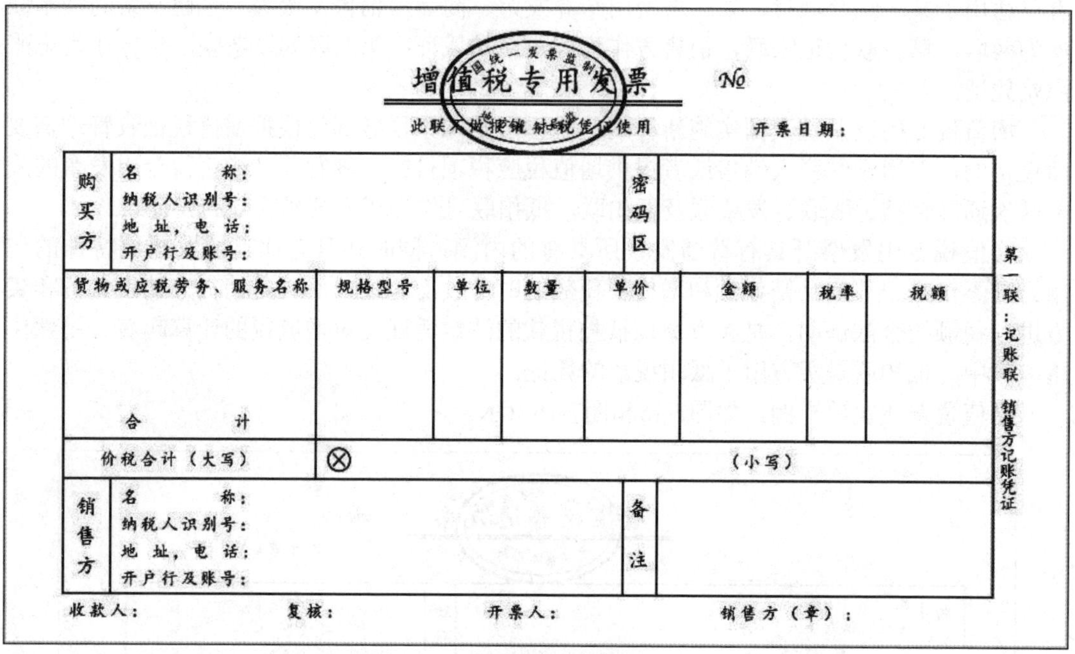

图7-17 增值税专用发票第一联

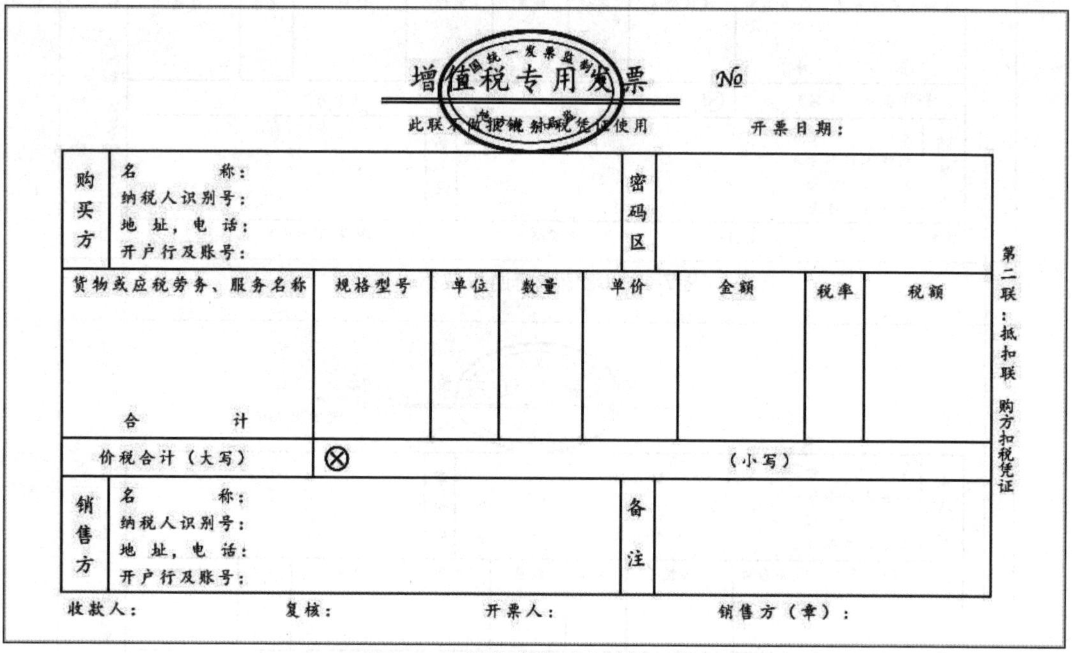

图7-18 增值税专用发票第二联

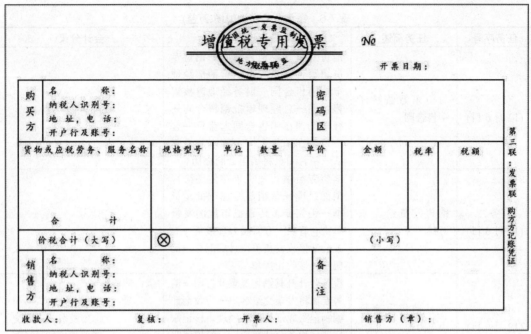

图7-19 增值税专用发票第三联

开具发票业务流程具体描述，如表7-5所示。

表7-5 开具发票业务流程具体描述

序号	活动名称	角色	活动描述
1	找税务会计开具发票	销售专员	携带发货单，找税务会计开具发票
2	开具销售发票	税务会计	根据发货单上的金额，开具销售发票，发票各联均需盖章。发票开具完毕后将相关发货单还给销售专员
3	将发票交至客户	销售专员	(1) 领取发票，并核对开票信息； (2) 在发票领用簿上签收； (3) 将发票送交客户
4	编制记账凭证	应收会计	(1) 根据收到的增值税专用发票，编制记账凭证； (2) 将编制完毕的记账凭证及所附发票交给财务部经理审核，然后交给各职能会计登记明细账
5	审核记账凭证	财务经理	审核记账凭证
6	登记明细账	税务会计	根据经审核的记账凭证登记科目明细账
7	登记明细账	应收会计	根据经审核的记账凭证登记科目明细账

7.1.2 销售业务流程

1. 销售业务实训任务描述

1) 销售给山东万益客户(见表7-6)

表7-6 销售业务实训(山东万益)

任务序号	任务简述	任务流程	会计分录
任务一 (12月6日)	与山东万益签订销售合同	销售专员起草销售合同→销售专员填写合同会签单→营销部经理审核销售合同→财务经理审核销售合同→总经理审批销售合同→行政助理在销售合同上盖章→客户代表在销售合同上签字盖章确认→销售专员将销售合同存档	
任务二 (12月6日)	销售发货给山东万益	销售专员填写发货单并传递给营销部经理→营销部经理审批发货单→销售专员传递已审批的发货单给仓管员→仓管员办理发货→成本会计接收发货单待月底汇总→销售专员接收出库单	
任务三 (12月6日)	开具销售发票给山东万益	税务会计开具销售发票并打印→销售专员将发票交给客户→应收会计编制记账凭证→财务经理审核记账凭证→税务会计登记应交增值税明细账→应收会计登记明细账	借：应收账款 　贷：主营业务收入 　　　应交税费——应交增值税(销项税额)
任务四 (12月12日)	收山东万益以电汇方式支付的货款	销售专员向客户催收货款→客户代表去银行办理汇款业务→银行柜员办理转账业务→银行柜员在电汇凭证第二联(回单联)上盖章(业务专用章)并将其交给客户→出纳去银行取票据→应收会计编制记账凭证→财务经理审核记账凭证→出纳登记银行存款日记账→应收会计登记明细账	借：银行存款 　贷：应收账款

2) 销售给福建银海客户(见表7-7)

表7-7 销售业务实训(福建银海)

任务序号	任务简述	任务流程	会计分录
任务一 (12月12日)	与福建银海签订销售合同	销售专员起草销售合同→销售专员填写合同会签单→营销部经理审核销售合同→财务经理审核销售合同→总经理审批销售合同→行政助理在销售合同上盖章→客户代表在销售合同上签字盖章确认→销售专员将销售合同存档	
任务二 (12月12日)	销售发货给福建银海	销售专员填写发货单→营销部经理审批发货单→销售专员传递已审批的发货单给仓管员→仓管员办理发货→成本会计接收发货单待月底汇总→销售专员接收出库单	

续表

任务序号	任务简述	任务流程	会计分录
任务三 (12月12日)	开具销售发票给福建银海	销售专员找税务会计开具发票→税务会计开具销售发票并打印→销售专员将增值税专用发票(发票联及抵扣联)交给客户→应收会计编制记账凭证→财务经理审核记账凭证→税务会计登记应交增值税明细账→应收会计登记明细账	借：应收账款 　贷：主营业务收入 　　　应交税费——应交增值税(销项税额)
任务四 (12月12日)	收福建银海以支票方式支付的货款	销售专员向客户催收货款→客户代表去银行办理转账业务→银行柜员办理转账业务→银行柜员在银行进账单上盖章→出纳去银行取票据→应收会计编制记账凭证→财务经理审核记账凭证→出纳登记银行存款日记账→应收会计登记明细账	借：银行存款 　贷：应收账款

3) 销售给昆明经贸客户(见表7-8)

表 7-8 销售业务实训(昆明经贸)

任务序号	任务简述	任务流程	会计分录
任务一 (12月12日)	与昆明经贸签订销售合同	销售专员起草销售合同→销售专员填写合同会签单→营销部经理审核销售合同→财务经理审核销售合同→总经理审批销售合同→行政助理在销售合同上盖章→客户代表在销售合同上签字盖章确认→销售专员将销售合同存档	
任务二 (12月28日)	销售发货给昆明经贸	销售专员填写发货单→营销部经理审批发货单→销售专员传递已审批的发货单给仓管员→仓管员办理发货→成本会计接收发货单待月底汇总→销售专员接收出库单	
任务三 (12月28日)	开具发票给昆明经贸	销售专员找税务会计开具发票→税务会计开具销售发票并打印→销售专员传递发票给客户→应收会计编制记账凭证→财务经理审核记账凭证→税务会计登记应交增值税明细账→应收会计登记明细账	借：应收账款 　贷：主营业务收入 　　　应交税费——应交增值税(销项税额)

4) 销售给天津万润客户(见表7-9)

表7-9 销售业务实训(天津万润)

任务序号	任务简述	任务流程	会计分录
任务一 (12月12日)	与天津万润签订销售合同	销售专员起草销售合同→销售专员填写合同会签单→营销部经理审核销售合同→财务经理审核销售合同→总经理审批销售合同→行政助理在销售合同上盖章→客户代表在销售合同上签字盖章确认→销售专员将销售合同存档	
任务二 (12月28日)	销售发货给天津万润	销售专员填写发货单→营销部经理审批发货单→销售专员传递已审批的发货单给仓管员→仓管员办理发货→成本会计接收发货单待月底汇总→销售专员接收出库单	
任务三 (12月28日)	收天津万润以电汇方式支付50%货款	销售专员向客户催收货款→客户代表去银行办理汇款业务→银行柜员办理转账业务→银行柜员在电汇凭证上盖章并将电汇凭证回单联给客户→银行柜员打印电子银行转账凭证回单交给制造企业→出纳去银行取票据→应收会计编制记账凭证→财务经理审核记账凭证→出纳登记银行存款日记账→应收会计登记明细账	借：银行存款 　贷：应收账款
任务四 (12月28日)	开具销售发票给天津万润	销售专员找税务会计开具发票→税务会计开具销售发票并打印→销售专员传递发票给客户→应收会计编制记账凭证→财务经理审核记账凭证→税务会计登记应交增值税明细账→应收会计登记明细账	借：应收账款 　贷：主营业务收入 　　应交税费——应交增值税(销项税额)

2. 销售业务实训具体业务流程步骤

1) 销售给山东万益客户

(1) 与山东万益签订销售合同。

销售专员根据销售订单起草销售合同，并填写合同会签单，依次经营销部经理、财务经理和制造企业总经理审批，行政助理完成盖章，客户代表签字并确认后，由销售专员完成合同存档。业务流程具体描述如表7-10所示。

表7-10 业务流程具体描述

序号	活动名称	角色	活动描述
1	起草销售合同	销售专员	根据销售明细起草销售合同。 注意：交货地点为制造企业注册地址，从组织信息中查询
2	填写合同会签单	销售专员	根据销售合同填写合同会签单

续表

序号	活动名称	角色	活动描述
3	审核销售合同	营销部经理	审核销售合同，在合同会签单上签字；包括审核销售商品价格、收付款时间及方式、交货时间及方式，以及违约条款等
4	审核销售合同	财务经理	审核销售合同，在合同会签单上签字；包括审核销售商品价格、收付款时间及方式、交货时间及方式，以及违约条款等
5	审批销售合同	制造企业总经理	审批销售合同，在合同会签单上签字；包括审核销售商品价格、收付款时间及方式、交货时间及方式，以及违约条款等
6	销售合同盖章	行政助理	行政助理进行销售合同甲方盖章。注意：(1)查看合同会签单是否全部审核通过；(2)在合同上签字(盖章)
7	客户签字盖章确认	客户代表	客户代表进行销售合同乙方盖章。注意：(1)查看合同是否合理；(2)客户代表签字确认
8	销售合同存档	销售专员	销售专员进行线下实训任务：销售合同存档，并把复印件交给财务经理。注意：在线上实训上直接单击【完成】按钮即可

业务流程如图7-20所示。

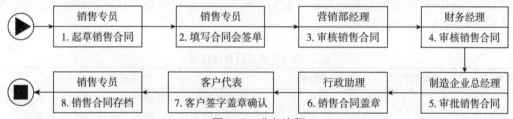

图7-20 业务流程

(2) 销售发货给山东万益。

销售专员填写发货单后，将其传递给营销部经理进行审批。经过审批后，销售专员将已审批的发货单传递给仓管员进行发货操作。发货完成后，成本会计将接收发货单并待月底汇总，最后销售专员接收出库单并通知客户已发货。业务流程具体描述如表7-11所示。

表 7-11 业务流程具体描述

序号	活动名称	角色	活动描述
1	填写发货单并传递给营销部经理	销售专员	填写发货单，营销联自己留存，仓储联给仓管员办理出库，财务联给财务用于记账，客户联给客户
2	审批发货单	营销部经理	营销部经理根据合同审批发货单
3	传递已审批的发货单给仓管员	销售专员	传递已审批的发货单给仓管员
4	办理发货	仓管员	(1) 接收发货单，根据发货单填写销售出库单；(2) 在发货单及销售出库单上签字并发货，并将发货单客户联随同货物一同寄给客户；(3) 传递出库单财务联及发货单财务联给成本会计；(4) 传递出库单销售联、发货单营销联给销售专员；(5) 更新库存台账

续表

序号	活动名称	角色	活动描述
5	接收发货单待月底汇总	成本会计	接收发货单待月底汇总
6	接收出库单	销售专员	接收出库单并通知客户

业务流程如图7-21所示。

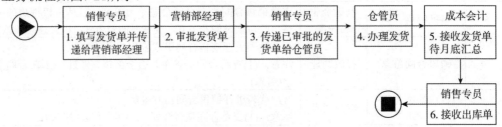

图7-21 业务流程

(3) 开具销售发票给山东万益。

税务会计开具并打印销售发票后，销售专员将发票交给客户。接着，应收会计编制记账凭证，经财务经理审核后进行登记。最后，税务会计和应收会计登记相应的明细账。业务流程具体描述如表7-12所示。

表 7-12 业务流程具体描述

序号	活动名称	角色	活动描述
1	开具销售发票并打印	税务会计	(1) 根据销售合同及销售订单开具发票，本企业为增值税一般纳税人，销售货物适用税率为13%； (2) 将发票交给销售专员
2	将发票交给客户	销售专员	将增值税专用发票抵扣联和发票联交给客户；将发票记账联传递给应收会计
3	编制记账凭证	应收会计	根据发票记账联编制记账凭证
4	审核记账凭证	财务经理	根据发票审核记账凭证
5	登记应交增值税明细账	税务会计	根据记账凭证登记应交增值税明细账
6	登记明细账	应收会计	根据记账凭证登记三栏式明细账

业务流程如图7-22所示。

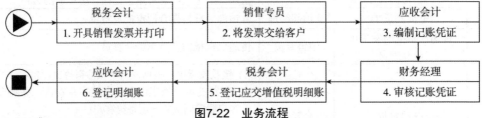

图7-22 业务流程

(4) 收山东万益以电汇方式支付的货款。

销售专员向客户催收货款后，客户代表前往银行办理汇款业务，银行柜员办理转账业务并在电汇凭证第二联上盖章后交给客户。随后，出纳到银行取得票据，应收会计编制记账凭证，经审核后进行登记。最后，出纳将银行存款日记账登记，应收会计进行明细账登记。业务流程具体描述如表7-13所示。

表7-13 业务流程具体描述

序号	活动名称	角色	活动描述
1	向客户催收货款	销售专员	销售专员根据合同内容向客户催收货款
2	去银行办理汇款业务	客户代表	(1) 客户代表根据合同填制电汇凭证； (2) 在电汇凭证第一联(借方凭证联)上盖章(预留印鉴)； (3) 去银行办理付款业务； (4) 通知制造企业销售专员已办理付款事宜
3	办理转账付款业务	银行柜员	(1) 银行柜员根据客户代表填制的电汇凭证办理企业间转账； (2) 银行柜员打印电子银行转账凭证回单(电汇通知书)并通知制造企业取票据
4	在电汇凭证第二联上盖章并将其交给客户	银行柜员	银行柜员在电汇凭证第二联(回单)上盖章(业务专用章)并将其交给客户
5	去银行取票据	出纳	(1) 去银行取回票据； (2) 将电汇通知书传递给应收会计
6	编制记账凭证	应收会计	(1) 应收会计根据销售合同及电汇通知书等原始凭证编制记账凭证； (2) 应收会计将凭证提交财务经理审核
7	审核记账凭证	财务经理	财务经理根据销售合同及银行出具电汇凭证审核记账凭证
8	登记银行存款日记账	出纳	出纳根据原始凭证审核记账凭证，同时登记银行存款日记账，并在记账凭证上打钩过账
9	登记明细账	应收会计	应收会计根据审核后的记账凭证登记三栏式明细账，并在记账凭证上打钩过账及盖章

业务流程如图7-23所示。

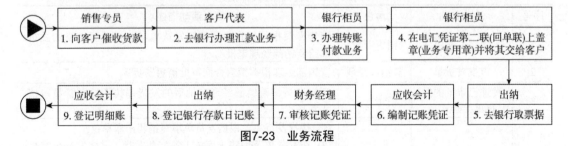

图7-23 业务流程

2) 销售给福建银海客户

(1) 与福建银海签订销售合同(12月12日)。

销售专员起草销售合同并填写合同会签单，随后经营销部经理和财务经理审核销售合同。接着，销售合同经总经理审批，并由行政助理在销售合同上盖章。最后，客户代表签字并盖章确认后，销售专员将合同存档完成整个流程。业务流程具体描述如表7-14所示。

表 7-14 业务流程具体描述

序号	活动名称	角色	活动描述
1	起草销售合同	销售专员	根据销售明细起草销售合同。 注意：交货地点为制造企业注册地址，从组织信息中查询
2	填写合同会签单	销售专员	根据销售合同填写合同会签单
3	审核销售合同	营销部经理	审核销售合同，同意并在合同会签单上签字确认
4	审核销售合同	财务经理	审核销售合同，同意并在合同会签单上签字确认
5	审批销售合同	制造企业总经理	审批销售合同，同意并在合同会签单上签字确认
6	销售合同盖章	行政助理	代表企业进行销售合同盖章
7	客户签字盖章确认	客户代表	客户代表签字盖章确
8	销售合同存档	销售专员	合同存档，同时给财务经理复印件

业务流程如图7-24所示。

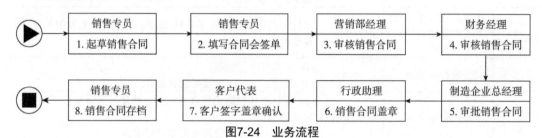

图7-24 业务流程

(2) 销售发货给福建银海(12月12日)。

销售专员填写发货单后，经营销部经理审核，已审核的发货单传递给仓管员进行发货操作。发货完成后，成本会计将接收发货单并待月底汇总，最后销售专员接收出库单并告知客户已发货。业务流程具体描述如表7-15所示。

表 7-15 业务流程具体描述

序号	活动名称	角色	活动描述
1	填写发货单	销售专员	销售专员根据销售合同填写发货单，并将填写完整的发货单给营销部经理审批
2	审批发货单	营销部经理	营销部经理根据销售合同审批销售发货单
3	传递已审批的发货单给仓管员	销售专员	销售专员将营销部经理审批后的发货单传递给仓管员审核并发货
4	办理发货	仓管员	(1) 接收发货单，根据发货单填写销售出库单； (2) 在发货单及销售出库单上签字并发货，并将发货单客户联随同货物一同寄给客户； (3) 传递出库单财务联及发货单财务联给成本会计； (4) 传递出库单销售联及发货单营销联给销售专员； (5) 更新库存台账
5	接收发货单待月底汇总	成本会计	接收发货单财务联及出库单财务联待月底汇总
6	接收出库单	销售专员	接收出库单并通知客户

业务流程如图7-25所示。

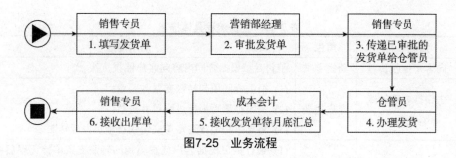

图7-25　业务流程

(3) 开具销售发票给福建银海(12月12日)。

销售专员向税务会计申请开具发票后，税务会计开具并打印销售发票。销售专员将发票交付给客户后，应收会计填写相应的记账凭证，经财务经理审核后进行登记。税务会计登记应交增值税明细账，应收会计登记相应的明细账。业务流程具体描述如表7-16所示。

表 7-16　业务流程具体描述

序号	活动名称	角色	活动描述
1	找税务会计开具发票	销售专员	销售专员根据销售合同找税务会计开具增值税专用发票
2	开具销售发票并打印	税务会计	(1) 根据销售合同通过开票系统开具增值税专用发票并打印； (2) 将发票记账联传递给应收会计，发票联及抵扣联交给销售专员
3	将发票交给客户	销售专员	将增值税专用发票发票联及抵扣联交给客户
4	编制记账凭证	应收会计	根据开具的增值税发票及销售合同等原始凭证编制记账凭证
5	审核记账凭证	财务经理	根据开具的增值税发票及销售合同审核记账凭证
6	登记应交增值税明细账	税务会计	税务会计根据审核后的记账凭证登记应交增值税明细账
7	登记明细账	应收会计	应收会计根据审核后的记账凭证登记三栏式、多栏式明细账

业务流程如图7-26所示。

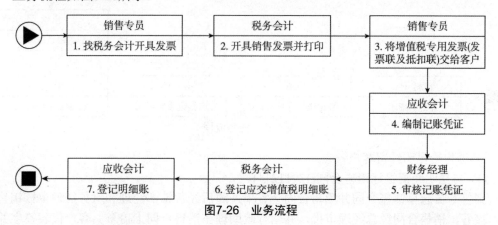

图7-26　业务流程

(4) 收福建银海以支票方式支付的货款(12月12日)。

销售专员催收货款后，客户代表前往银行办理转账业务，银行柜员办理转账并在银行进账单上盖章。出纳随后前往银行取得票据，应收会计编制记账凭证，并经财务经理审核。出纳登记银行存款日记账，同时应收会计登记相应的明细账。业务流程具体描述如表7-17所示。

表 7-17　业务流程具体描述

序号	活动名称	角色	活动描述
1	向客户催收货款	销售专员	销售专员根据合同内容向客户催收货款
2	去银行办理转账业务	客户代表	(1) 根据合同填制转账支票并盖章； (2) 去银行填写银行进账单并盖章； (3) 将支票与银行进账单交给银行柜员办理转账
3	办理转账业务	银行柜员	(1) 银行柜员根据客户代表填制的转账支票审核无误后办理转款业务； (2) 银行柜员打印业务回单(收款单)
4	在银行进账单上盖章	银行柜员	银行柜员办理转账业务后在银行进账单上加盖银行印章
5	去银行取票据	出纳	去银行取票据并将银行业务回单给应收会计
6	编制记账凭证	应收会计	(1) 应收会计根据销售合同及银行进账单编制记账凭证； (2) 将凭证传递给财务经理审核
7	审核记账凭证	财务经理	财务经理根据销售合同及银行进账单审核记账凭证
8	登记银行存款日记账	出纳	出纳根据银行进账单审核记账凭证并签字，根据审核后的记账凭证登记银行存款日记账，并在记账凭证上打钩过账
9	登记明细账	应收会计	应收会计根据审核后的记账凭证登记三栏式明细账，并在记账凭证上打钩过账及盖章

业务流程如图7-27所示。

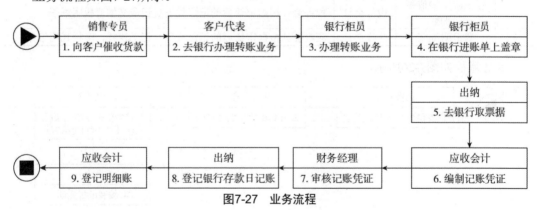

图7-27　业务流程

3) 销售给昆明经贸客户

(1) 与昆明经贸签订销售合同(12月12日)。

销售专员起草销售合同并填写合同会签单，随后经营销部经理和财务经理审核销售合同。接着，销售合同经总经理审批，并由行政助理在销售合同上盖章。客户代表签字并盖章确认后，销售专员将合同存档完成整个流程。业务流程具体描述如表7-18所示。

表 7-18 业务流程具体描述

序号	活动名称	角色	活动描述
1	起草销售合同	销售专员	根据销售明细起草销售合同。 注意：交货地点为制造企业注册地址，从组织信息中查询
2	填写合同会签单	销售专员	根据销售合同填写合同会签单
3	审核销售合同	营销部经理	审核销售合同，同意并在合同会签单上签字
4	审核销售合同	财务经理	审核销售合同，同意并在合同会签单上签字
5	审批销售合同	制造企业总经理	审批销售合同，同意并在合同会签单上签字
6	销售合同盖章	行政助理	制造企业行政助理在销售合同甲方处盖章
7	客户签字盖章确认	客户代表	客户代表签字盖章确认
8	销售合同存档	销售专员	合同存档，同时给财务经理复印件

业务流程如图7-28所示。

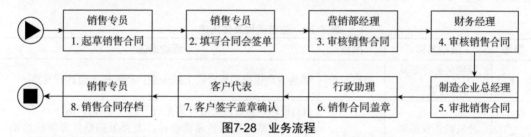

图7-28 业务流程

(2) 销售发货给昆明经贸(12月28日)。

销售专员填写发货单并经营销部经理审核，已审批的发货单传递给仓管员进行发货操作。发货完成后，成本会计接收发货单并待月底汇总，销售专员接收出库单并线下更新销售合同执行情况表。业务流程具体描述如表7-19所示。

表 7-19 业务流程具体描述

序号	活动名称	角色	活动描述
1	填写发货单	销售专员	根据销售合同填写发货单
2	审批发货单	营销部经理	根据销售合同审批发货单
3	传递已审批的发货单给仓管员	销售专员	传递已审批的发货单给仓管员
4	办理发货	仓管员	(1) 接收发货单，根据发货单填写销售出库单； (2) 在发货单及销售出库单上签字并发货，并将发货单客户联随同货物一同寄给客户； (3) 传递出库单记账联及发货单财务联给成本会计； (4) 传递出库单销售联及发货单营销联给销售专员； (5) 更新库存台账
5	接收发货单待月底汇总	成本会计	接收发货单待月底汇总
6	接收出库单	销售专员	接收出库单并通知客户，并线下更新销售合同执行情况表

业务流程如图7-29所示。

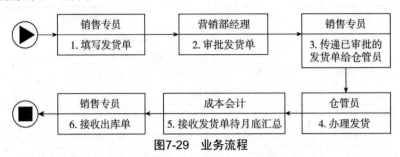

图7-29　业务流程

(3) 开具发票给昆明经贸(12月28日)。

销售专员找税务会计开具销售发票，交付给客户后应收会计填制记账凭证并经财务经理审核。税务会计登记应交增值税明细账，应收会计登记相应的明细账。业务流程具体描述如表7-20所示。

表 7-20　业务流程具体描述

序号	活动名称	角色	活动描述
1	找税务会计开具发票	销售专员	销售专员根据销售合同上的金额，找到税务会计开发票
2	开具销售发票并打印	税务会计	(1) 根据销售合同通过开票系统开具发票并打印； (2) 将发票记账联传递给会计，发票抵扣联、发票联给销售专员； (3) 本企业是增值税一般纳税人，销售货物适用13%税率
3	传递发票给客户	销售专员	将增值税专用发票发票联及抵扣联给客户
4	编制记账凭证	应收会计	根据增值税专用发票和销售合同编制记账凭证
5	审核记账凭证	财务经理	根据增值税专用发票和销售合同审核记账凭证
6	登记应交增值税明细账	税务会计	根据记账凭证登记应交增值税明细，并在凭证上打钩过账
7	登记明细账	应收会计	根据记账凭证登记明细账，并在记账凭证上打钩过账及盖章

业务流程如图7-30所示。

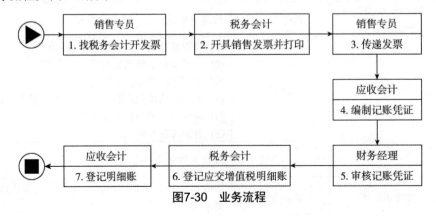

图7-30　业务流程

4) 销售给天津万润客户

(1) 与天津万润签订销售合同(12月12日)。

销售专员起草销售合同并填写合同会签单,经营销部经理、财务经理和总经理审核后,行政助理在合同上盖章。客户在合同上签字盖章确认后,销售专员完成合同存档工作。业务流程具体描述如表7-21所示。

表 7-21 业务流程具体描述

序号	活动名称	角色	活动描述
1	起草销售合同	销售专员	根据销售明细起草销售合同。 注意:交货地点为制造企业注册地址,从组织信息中查询
2	填写合同会签单	销售专员	根据销售合同填写合同会签单
3	审核销售合同	营销部经理	审核销售合同,同意并在合同会签单上签字
4	审核销售合同	财务经理	审核销售合同,同意并在合同会签单上签字
5	审批销售合同	制造企业总经理	审批销售合同,同意并在合同会签单上签字
6	甲方销售合同盖章	行政助理	行政助理代表制造企业在销售合同上代表甲方盖章
7	客户签字盖章确认	客户代表	客户代表在销售合同上代表乙方签字盖章确认
8	销售合同存档	销售专员	合同存档,同时给财务经理复印件

业务流程如图7-31所示。

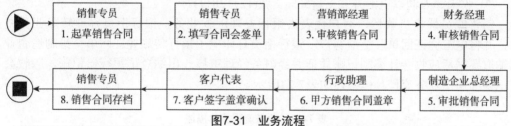

图7-31 业务流程

(2) 销售发货给天津万润(12月28日)。

销售专员填写发货单并经营销部经理审批,已审批的发货单传递给仓管员进行发货操作。发货完成后,成本会计接收发货单并待月底汇总,销售专员接收出库单并线下更新销售合同执行情况表。业务流程具体描述如表7-22所示。

表 7-22 业务流程具体描述

序号	活动名称	角色	活动描述
1	填写发货单	销售专员	根据销售合同填写发货单
2	审批发货单	营销部经理	根据销售合同审批发货单
3	传递已审批的发货单给仓管员	销售专员	传递已审批的发货单给仓管员

续表

序号	活动名称	角色	活动描述
4	办理发货	仓管员	(1) 接收发货单，根据发货单填写销售出库单； (2) 在发货单及销售出库单上签字并发货，并将发货单客户联随同货物一同寄给客户； (3) 传递出库单记账联及发货单财务联给成本会计； (4) 传递出库单销售联及发货单营销联给销售专员； (5) 更新库存台账
5	接收发货单待月底汇总	成本会计	接收发货单待月底汇总
6	接收出库单	销售专员	接收出库单并通知客户，并线下更新销售合同执行情况表

业务流程如图7-32所示。

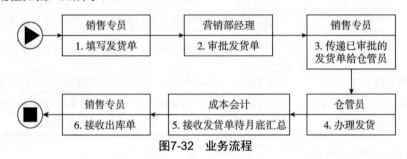

图7-32 业务流程

(3) 收天津万润以电汇方式支付50%货款（12月28日）。

销售专员催收货款后，客户代表去银行办理汇款业务，银行柜员办理转账业务并盖章，并将电汇凭证回单联交给客户。银行柜员打印电子银行转账凭证回单交给制造企业，出纳取票据后应收会计编制记账凭证并经财务经理审核。出纳登记银行日记账，应收会计登记明细账。业务流程具体描述如表7-23所示。

表 7-23 业务流程具体描述

序号	活动名称	角色	活动描述
1	向客户催收货款	销售专员	销售专员根据销售合同金额，向客户催收货款
2	去银行办理汇款业务	客户代表	(1) 根据合同填制电汇凭证； (2) 去银行办理付款业务； (3) 通知企业销售专员已付款
3	办理转账业务	银行柜员	(1) 使用转账业务——付款业务办理企业间转账； (2) 通知企业出纳领取票据； (3) 打印转账凭证回单
4	在电汇凭证上盖章并将回单联交给客户	银行柜员	在电汇凭证上盖章并将电汇凭证回单联交给客户
5	打印电子银行转账凭证回单交给制造企业	银行柜员	打印电子银行转账凭证回单交给制造企业

续表

序号	活动名称	角色	活动描述
6	去银行取票据	出纳	(1) 去银行取回票据; (2) 将电汇通知书传递给应收会计
7	编制记账凭证	应收会计	根据电汇凭证和销售合同编制记账凭证
8	审核记账凭证	财务经理	根据电汇凭证和销售合同审核记账凭证
9	登记银行存款日记账	出纳	(1) 凭证出纳签字; (2) 根据记账凭证登记银行存款日记账,并在记账凭证上打钩过账
10	登记明细账	应收会计	根据记账凭证登记明细账,并在记账凭证上打钩过账及盖章

业务流程如图7-33所示。

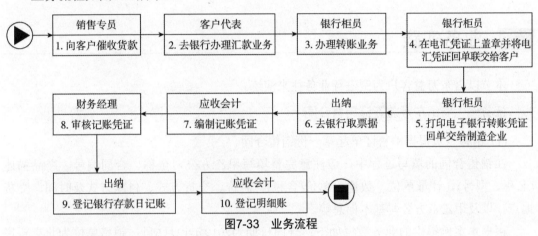

图7-33 业务流程

(4) 开具销售发票给天津万润(12月28日)。

销售专员找税务会计开具发票,税务会计开具并打印销售发票,销售专员将发票交给客户。应收会计编制记账凭证,经财务经理审核后进行登记。最后,税务会计和应收会计登记相应的明细账。业务流程具体描述如表7-24所示。

表7-24 业务流程具体描述

序号	活动名称	角色	活动描述
1	找税务会计开具发票	销售专员	销售专员根据销售合同找税务会计开具专用发票
2	开具销售发票	税务会计	需要完成事项:(1)根据销售合同通过开票系统开具增值税专用发票并打印;(2)将发票记账联传给应收会计,发票联及抵扣联给销售专员
3	传递发票给客户	销售专员	将增值税专用发票发票联及抵扣联给客户
4	编制记账凭证	应收会计	根据开具的增值税发票及销售合同等原始凭证编制记账凭证
5	审核记账凭证	财务经理	根据开具的增值税发票及销售合同审核记账凭证
6	登记应交增值税明细	税务会计	税务会计根据审核后的记账凭证登记应交增值税明细账
7	登记明细账	应收会计	应收会计根据审核后的记账凭证登记三栏式、多栏式明细账

业务流程如图7-34所示。

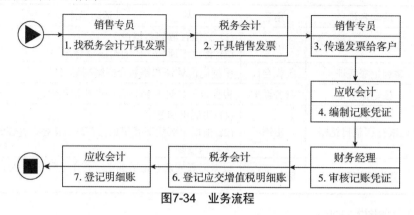

图7-34 业务流程

7.2 业务实践

本节以山东万益客户为例进行业务往来演练。

任务一 与山东万益签订销售合同

(1) 销售专员根据销售订单起草一份销售合同。

在销售合同的填写过程中，应注意完整填写甲乙方公司全称、合同编号、产品描述(名称、型号)、计量单位、数量、单价(含税)、总价、交货方式、付款方式及时间、交货地点，以及甲乙双方公司基本信息等。

根据本案例提供的业务数据如下：合同日期为2019年12月6日；销售单位为北京新锐电器有限公司(制造企业)，购买单位为山东万益；付款条件是自合同签订之日起30日内；合同编号为HT-XS-001；销售订单号为HT-XS-001；交货日是2019年12月6日；开票情况是2019年12月6日发货时开出销售发票；付款情况是2019年12月12日收到货款-电汇。销售订单如图7-35所示，销售合同如图7-36和图7-37所示。

货物名称	编码	单位	数量	无税单价	无税金额	税额	金额
轻巧型电热水壶	HW-0001	件	2.000.00	85.00	170 000.00	22.100.00	192.100.00
经典型电热水壶	HW-0002	件	1.000.00	120.00	120 000.00	15 600.00	135 600.00
豪华型电热水壶	HW-0003	件	300.00	255.00	76 500.00	9 945.00	86 445.00
经典型电饭煲	P2001	件	1.000.00	155.00	155 000.00	20 150.00	175 150.00
智能型电饭煲	P2002	件	400.00	265.00	106 000.00	13.780.00	119 780.00
精磨型豆浆机	P3001	件	300.00	325.00	97 500.00	12.675.00	110 175.00
时尚型豆浆机	P3002	件	1.000.00	220.00	220 000.00	28 600.00	248 600.00
合计					945 000.00	122.850.00	1.067 850.00

图7-35 业务数据——销售订单(山东万益)

销售合同

合同编号：

甲方：　　　　　　　　　　　　　　　　　　　（以下简称"甲方"）

乙方：　　　　　　　　　　　　　　　　　　　（以下简称"乙方"）

　　甲、乙双方在平等互利、诚实信用的基础上，依据《中华人民共和国民法典》及其他相关法律法规的规定，经过友好协商，签订本合同。

第一条 产品名称、型号、数量、金额

序号	产品描述（名称、型号）	计量单位	数量	单价（含税）	总价
1					
2					
3					
4					
5					
6					
7					
8					
9					
10					
11					
12					
13					
14					
15					
16					
17					
18					
19					
20					
合计	大写人民币：			¥	

第二条 质量标准

　　乙方为甲方提供产品应以保证质量为前提。乙方为甲方提供产品必须符合国家关于此类产品的质量约定，否则由乙方承担全部由此引起的责任。

第三条 交货付款方式

1、交货时间。合同生效后，乙方在：＿＿＿＿＿＿＿＿＿＿＿＿＿＿＿＿＿＿＿

交给甲方。

2、付款方式及时间。

　　1）付款方式：＿＿＿＿＿＿＿＿＿＿＿＿＿＿＿＿＿＿＿

　　2）付款时间：＿＿＿＿＿＿＿＿＿＿＿＿＿＿＿＿＿＿＿

同时乙方应向甲方提供全额的增值税专用发票。

3、交货地点：＿＿＿＿＿＿＿＿＿＿＿＿＿＿＿＿＿＿＿

甲方承担运输费用。

图7-36　销售合同1-1(山东万益)

4、产品在运输过程中出现（产品损坏、产品丢失、包装破损、延期到达等）问题时，由乙方负责处理、协调、解决。

第四条　验收方法

　　甲方在收到乙方交付货物当日内安排验收，如发现货物品种，型号，规格，质量、数量等不合规定，有权立即要求乙方予以更换。乙方应在接到甲方通知后3个工作日内更换产品，并承担相应的费用。逾期未交付则乙方违约，同时乙方承担由此给甲方造成的损失。

第五条　甲方权利义务

1、对乙方交付产品进行验收的权利和义务。

2、乙方交付产品不符合合同约定时，有拒绝收货的权利。

3、当乙方的产品存在瑕疵，给甲方造成损失时，有权要求乙方给予赔偿。

4、乙方所提供的产品符合合同要求的情况下，甲方有按照合同规定付款的义务。

第六条　乙方权利义务

1、乙方保证所交付的产品为合法正版产品。否则甲方有权退货，并保留追究乙方责任的权利。

2、乙方保证按时交付甲方所购产品。

第七条　违约责任

　　合同生效后，任何一方不得无正当理由解除合同，无正当理由解除合同的，需要向对方支付合同总金额20%的违约金，上述违约金不足弥补损失时，对超出违约金外的经济损失违约方仍有义务赔偿。

第八条　争议处理

　　双方在履行合同时如发生争议，首先应友好协商解决，如协商不成，双方均可向对方所在地法院提起诉讼。

第九条　其他

1、本合同一式两份，双方各执一份，具有同等法律效力。

2、合同经双方签字盖章后方生效。

3、合同未尽事宜，双方应本着友好协商的精神，根据本合同书签订的原则，从实际需要出发，达成补充协议。

　　　　　（以下无正文）

甲方(签章)：＿＿＿＿＿＿＿　　　　乙方(签章)：＿＿＿＿＿＿＿

法定代表人：＿＿＿＿＿＿＿　　　　法定代表人：＿＿＿＿＿＿＿

日　　期：＿＿＿＿＿＿＿　　　　日　　期：＿＿＿＿＿＿＿

图7-37　销售合同1-2(山东万益)

(2) 销售专员依据销售合同填写合同会签单(见图7-38)。

注意：需要填写单据编号、会签日期、送签部门、签约人、合同名称、对方单位、合同主要内容、合同金额(大写)，其他信息如承办人、电话、E-mail可选择性填写。

填写内容检查无误后，依次单击【保存】【完成】按钮。

(3) 营销部经理审核销售合同，在业务部门审批意见处写“同意”并签署姓名及日期，如图7-38①处。

注意审核销售商品价格、收付款时间及方式、交货时间及方式，以及违约条款等内容。

(4) 财务经理审核销售合同，在财务部审批意见处写“同意”并签署姓名及日期，如图7-38②处。

注意审核销售商品价格、收付款时间及方式、交货时间及方式，以及违约条款等内容。

(5) 公司总经理审批销售合同，在总经理审批意见处写“同意”并签署姓名及日期，如图7-38③处所示。

注意审核销售商品价格、收付款时间及方式、交货时间及方式，以及违约条款等内容。

合同会签单

单据编号：　　　　　　　　　　会签日期：　　年　　月　　日

送签部门		签约人：	承办人：	电　话： E-mail:
合同名称			对方单位	
合同主要内容			合同金额（大写）	
业务部门审批意见	① 同意+营销部经理签字　　日期：签字的日期			
财务部审批意见	② 同意+财务经理签字　　日期：签字的日期			
总经理审批意见	③ 同意+总经理签字　　日期：签字的日期			
争议解决				
归档情况				

图7-38　合同会签单填写演示(山东万益)

(6) 行政助理查看合同会签单是否全部审核通过，检查无误后在销售合同甲方处盖公司合同专用章。

注意检查销售合同是否完整填写乙方信息，如法定代表人姓名、日期，并盖合同专用章，如图7-39①所示。

(7) 行政助理联系客户代表，客户代表须签字盖章确认。

客户代表在盖章时，注意检查合同是否完整填写甲方信息，如法定代表人姓名、日期，并盖合同专用章，如图7-39②所示。

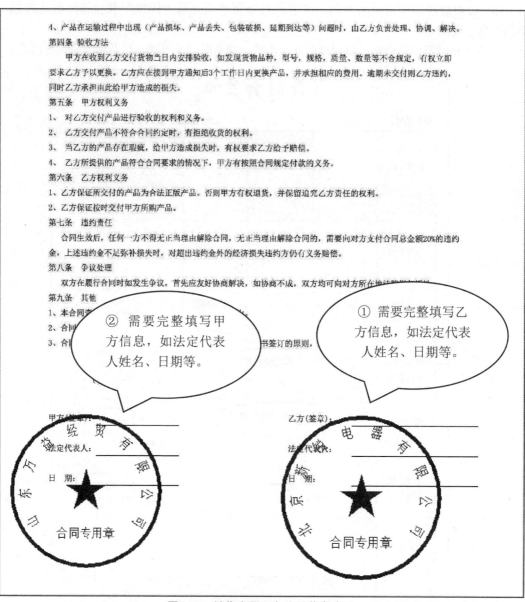

图7-39　销售合同双方公司盖章演示

(8) 销售专员将生效的销售合同存档，并把销售合同复印件交给财务经理。

这一部分的操作属于线下实训任务，页面显示为空白，默认已线下完成，这里直接依次单击【保存】【完成】按钮结束本步骤任务,如图7-40所示。

图7-40 销售合同存档演示

任务二 销售发货给山东万益客户

(1) 销售专员填写发货单并传递发货单给营销部经理审批。

销售专员根据前面已审批的"销售合同"来填写"发货单"。发货单一式四联,第一联营销联给营销部留存;第二联仓储联给仓管员办理出库;第三联财务联给财务部用于记账;第四联客户联给客户。

视频:填写发货单

注意:需填完整单据编号、日期、交货日期、销售订单号、客户名称、仓库、业务员(陈晓珊)、运输方式(铁路)、联系人(林文)及产品信息(产品名称、产品型号、计量单位、发货数量等),并找责任人签字(营销部经理、仓管员、客户确认)。发货单一式四联内容都需要填写完整,如图7-41至图7-44所示。

发 货 单

单据编号:	日 期:	交货日期:
销售订单号:	客户名称:	仓 库:
业 务 员:	运输方式:	联 系 人:

产品名称	产品型号	计量单位	发货数量	备 注
合 计				

营销部经理: 　　　　仓库员: 　　　　客户确认:

第一联:营销部留存

图7-41 发货单第一联填写演示

发 货 单

单据编号：　　　　日　期：　　　　交货日期：
销售订单号：　　　客户名称：　　　仓　库：
业 务 员：　　　　运输方式：　　　联系人：

产品名称	产品型号	计量单位	发货数量	备　注
合　计				

营销部经理：　　　　仓库员：　　　　客户确认：

第二联：仓储部留存

图7-42　发货单第二联填写演示

发 货 单

单据编号：　　　　日　期：　　　　交货日期：
销售订单号：　　　客户名称：　　　仓　库：
业 务 员：　　　　运输方式：　　　联系人：

产品名称	产品型号	计量单位	发货数量	备　注
合　计				

营销部经理：　　　　仓库员：　　　　客户确认：

第三联：财务部留存

图7-43　发货单第三联填写演示

发 货 单

单据编号：　　　　日　期：　　　　交货日期：
销售订单号：　　　客户名称：　　　仓　库：
业 务 员：　　　　运输方式：　　　联系人：

产品名称	产品型号	计量单位	发货数量	备　注
合　计				

营销部经理：　　　　仓库员：　　　　客户确认：

第四联：客户留存

图7-44　发货单第四联填写演示

(2) 营销部经理根据合同审批发货单。

注意： 根据销售合同内容，重点检查发货单表头内容(单据编号、日期、交货日期、销售订单号、客户名称等)、表体内容(产品名称、发货数量)等内容，检查无误后在发货单"营销部经理"处签名盖章。发货单一式四联，此处只演示第一联审批，其他第二、三、四联均需签名盖章审批，如图7-45所示。

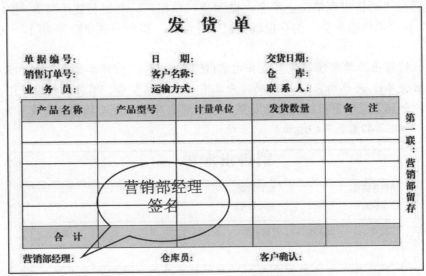

图7-45　发货单审批演示(一式四联都要签字)

(3) 销售专员将已审批的发货单给仓管员。这一部分的操作属于线下实训任务，页面显示为空白，默认已线下完成，直接依次单击【保存】【完成】按钮结束本步骤任务，如图7-46所示。

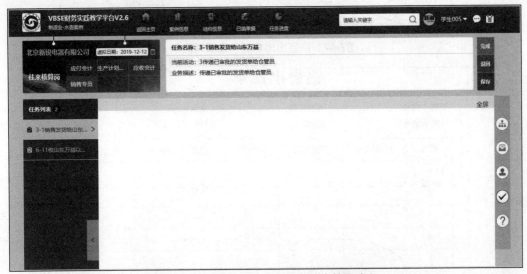

图7-46　传递已审批的发货单给仓管员演示

(4) 仓管员办理发货。

仓管员接收发货单，根据发货单填写销售出库单；仓管员在发货单及销售出库单上签字并发货，并将发货单客户联随同货物一同寄给客户；仓管员更新库存台账；仓管员将出库单财务联和发货单财务联传递给成本会计；仓管员将出库单销售联和发货单营销联传递给销售专员。

① 仓管员接收发货单，根据发货单填写销售出库单；销售出库单一式三联。

仓管员根据发货单如实填写销售出库单的一式三联，销售员与仓管员一起核对单货，确认无误后在“销售出库单”上签名，做到货、单相符，仓管员凭手续齐全的“发货单(仓储联)”和“销售出库单”的存根联登记库存台账，其余一联交财务部门，一联交销售部门。

注意： 销售出库单需填写完整表头内容(销售合同号、出库单编号、客户名称、出库日期、发出仓库)、表体内容(产品编码、产品名称、规格型号、单位、数量等)，最后由仓管员签名，仓储部经理审核，销售专员确认。销售出库单一式三联均需要填写完整内容和签名盖章，如图7-47至图7-49所示。

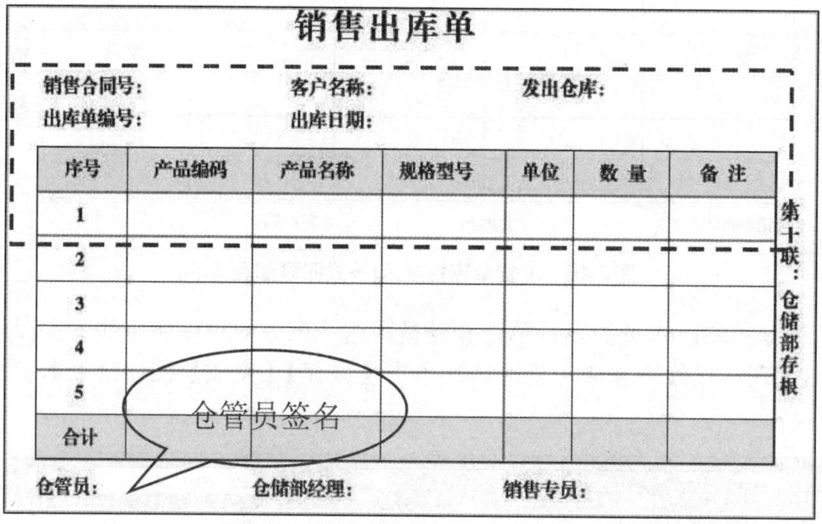

销售出库单

销售合同号：　　客户名称：　　发出仓库：

出库单编号：　　出库日期：

序号	产品编码	产品名称	规格型号	单位	数 量	备 注
1						
2						
3						
4						
5						
合计						

仓管员：　　仓储部经理：　　销售专员：

第一联：仓储部存根

图7-47　销售出库单第一联填写演示

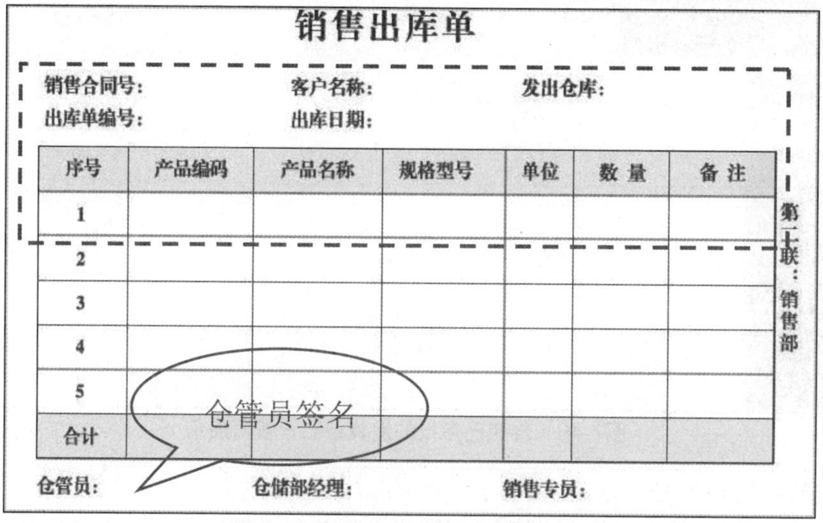

销售出库单

销售合同号：　　客户名称：　　发出仓库：

出库单编号：　　出库日期：

序号	产品编码	产品名称	规格型号	单位	数 量	备 注
1						
2						
3						
4						
5						
合计						

仓管员：　　仓储部经理：　　销售专员：

第二联：销售部

图7-48　销售出库单第二联填写演示

图7-49 销售出库单第三联填写演示

② 仓管员在发货单及销售出库单上签字并发货,并将发货单客户联随同货物一同寄给客户。

注意: 发货单一式四联,四联均需仓管员签字。此处只演示第一联签字,其他第二、三、四联均需仓管员签字盖章确认,如图7-50所示。

发 货 单

产品名称	产品型号	计量单位	发货数量	备 注
		仓管员签名		
合 计				

单 据 编 号:　　　　日 期:　　　　交货日期:
销售订单号:　　　　客户名称:　　　　仓 库:
业 务 员:　　　　运输方式:　　　　联 系 人:

第一联:营销部留存

营销部经理:　　　　仓库员:　　　　客户确认:

图7-50 发货单仓管员签字演示(一式四联都要签字)

③ 仓管员更新库存台账。仓管员需根据发货单和销售出库单来更新库存台账登记。根据销售出库单共有7个产品出库,分别有轻巧型电热水壶、经典型电热水壶、豪华型电热水壶、经典型电饭煲、智能型电饭煲、精磨型豆浆机、时尚型豆浆机等,因此需要更新7个产品的库存台账明细,此处只演示第一个产品的库存台账登记,如图7-51所示,实训者自行补充完整余下6个产品的库存台账。

| 14050101—轻巧型电··▼ | 库 存 台 账 | | 分页：__1__ 总页：__1__ | | | | |

库 存 台 账

14050101—轻巧型电··▼

分页：__1__ 总页：__1__

物料名称：轻巧型电热水壶　　　　规格：轻巧型　　　　　　最高存量：

物料编号：HW-0001　　　　　　　存放仓库：仓库　　　　　最低存量：　　计量单位：件

2019　年		凭证号数	摘　要	入　库		出　库		结　存	
月	日			数量	单价	数量	单价	数量	单价
12	01		期初结存					6,650.00	
12	06		销售发货（山东万益）			2,000.00		4,650.00	

图7-51　第一个产品库存台账建账演示

（5）成本会计接收发货单待月底进行汇总。

这一部分的操作属于线下实训任务，页面显示为空白，默认已线下完成，直接依次单击【保存】【完成】按钮结束本步骤任务，如图7-52所示。

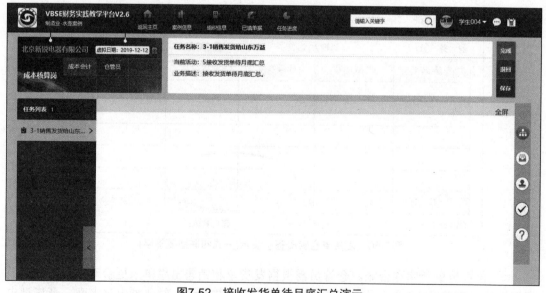

图7-52　接收发货单待月底汇总演示

（6）销售专员接收出库单并通知客户。这一部分的操作属于线下实训任务，页面显示为空白，默认已线下完成，直接依次单击【保存】【完成】按钮结束本步骤任务，如图7-53所示。

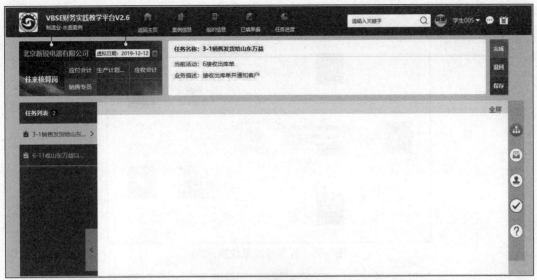

图7-53 接收出库单演示

任务三 开具销售发票给山东万益

(1) 税务会计开具销售发票并打印。

税务会计根据销售合同及销售订单开具相应的增值税专用发票,本企业为增值税一般纳税人,销售货物适用税率为13%;开具好发票后将发票交给销售专员。增值税专用发票是一式三联,第一联记账联是销售方记账凭证、第二联抵扣联给到购买方作扣税凭证、第三联发票联给到购买方作记账凭证。因此,销售专员将开具好的增值税专用发票抵扣联和发票联送交客户;将发票记账联交给应收会计。

注意:该开票模拟系统需要单击【打印】【另存】按钮另存发票在电脑桌面即成功开具发票,然后单击【退出】按钮即可。开具发票过程如图7-54至图7-59所示。

图7-54 开票模式系统演示(1)

图7-55 开票模式系统演示(2)

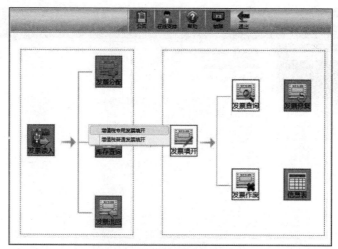

图7-56　开票模拟系统演示(3)

图7-57　开票模拟系统演示(4)

图7-58　开票模拟系统演示(5)

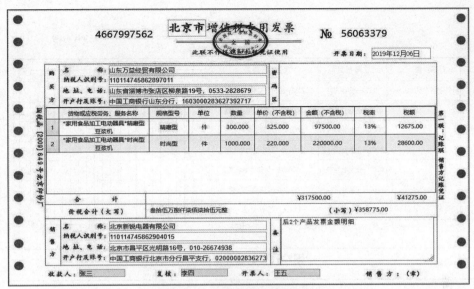

图7-59 开票模拟系统演示(6)

(2) 销售专员将增值税专用发票抵扣联和发票联送交客户；将发票记账联传递给应收会计。这一部分的操作属于线下实训任务，页面显示为空白，默认已线下完成，直接依次单击【保存】【完成】按钮结束本步骤任务，如图7-60所示。

图7-60 线下业务——将发票送交客户界面

(3) 应收会计根据销售合同中的销售明细编制记账凭证，根据经济业务往来确认当月销售收入。因此，借记：应收账款——山东万益，贷记：主营业务收入，贷记：应交税费——应交增值税(销项税额)。

注意： ①凭证序号需按照"案例信息"里的记账凭证编号中任务编号所对应的凭证号数来填写，如任务编号3-2对应凭证号数012号；②附单据数量按照系统所给出的业务单据数量来填写，如只有销售合同即1张单据；③应收会计编制完记账凭证后，在"制单"处盖章签字，如图7-61和图7-62所示。

(4) 财务经理审核记账凭证。

注意： 由于本系统未涉及公司各个财务岗位，未设置会计主管岗位，因此由财务经理统一在会计主管处和复核处签字盖章，如图7-63和图7-64所示。

记 账 凭 证

2019 年 12 月 06 日　　　　记字第 012 号

摘 要	总账科目	明细账科目	借方金额 亿	千	百	十	万	千	百	十	元	角	分	贷方金额 亿	千	百	十	万	千	百	十	元	角	分	✓
开具销售发票给山东…	1122—应收账款	112202—山东万益经贸有限公司			1	0	6	7	8	5	0	0	0												☐
	6001—主营业务收入	600101—轻巧型电热水壶															1	7	0	0	0	0	0	0	☐
	6001—主营业务收入	600102—经典型电热水壶															1	2	0	0	0	0	0	0	☐
	6001—主营业务收入	600103—豪华型电热水壶																7	6	5	0	0	0	0	☐
	6001—主营业务收入	600104—经典型电饭煲															1	5	5	0	0	0	0	0	☐
	6001—主营业务收入	600105—智能型电饭煲															1	0	6	0	0	0	0	0	☐
合　　计																									☐

附单据 1 张

会计主管：　　　记账：　　　出纳：　　　复核：　　　制单：学生 0 0 5

图7-61　记账凭证编制演示(1)

记 账 凭 证

2019 年 12 月 06 日　　　　记字第 012 号

摘 要	总账科目	明细账科目	借方金额 亿	千	百	十	万	千	百	十	元	角	分	贷方金额 亿	千	百	十	万	千	百	十	元	角	分	✓
	6001—主营业务收入	600106—精磨型豆浆机																9	7	5	0	0	0	0	☐
	6001—主营业务收入	600107—时尚型豆浆机																2	2	0	0	0	0	0	☐
	2221—应交税费	22210103—销项税额															1	2	2	8	5	0	0	0	☐
																									☐
																									☐
																									☐
合　　计				¥	1	0	6	7	8	5	0	0	0		¥	1	0	6	7	8	5	0	0	0	☐

附单据 1 张

会计主管：　　　记账：　　　出纳：　　　复核：　　　制单：学生 0 0 5

图7-62　记账凭证编制演示(2)

记 账 凭 证

2019 年 12 月 06 日　　　　记字第 012 号

摘 要	总账科目	明细账科目	借方金额 亿	千	百	十	万	千	百	十	元	角	分	贷方金额 亿	千	百	十	万	千	百	十	元	角	分	✓
开具销售发票给山东…	1122—应收账款	112202—山东万益经贸有限公司			1	0	6	7	8	5	0	0	0												☐
	6001—主营业务收入	600101—轻巧型电热水壶															1	7	0	0	0	0	0	0	☐
	6001—主营业务收入	600102—经典型电热水壶															1	2	0	0	0	0	0	0	☐
	6001—主营业务收入	600103—豪华型电热水壶																7	6	5	0	0	0	0	☐
	6001—主营业务收入	600104—经典型电饭煲															1	5	5	0	0	0	0	0	☐
	6001—主营业务收入	600105—智能型电饭煲															1	0	6	0	0	0	0	0	☐
合　　计																									☐

附单据 1 张

会计主管：学生 0 0 3　　记账：　　出纳：　　复核：学生 0 0 3　　制单：学生 0 0 5

图7-63　记账凭证审核演示(1)

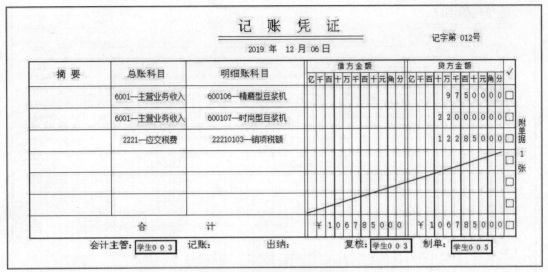

图7-64 记账凭证审核演示(2)

(5) 税务会计登记应交增值税明细账。

①税务会计根据记账凭证登记"应交税费——应交增值税"明细账，如实填写当期的应交税费——应交增值税(销项税额)贷方金额122 850.00，如图7-65和图7-66所示；②登记明细账后，在记账凭证勾选应交税费——应交增值税(销项税额)科目最右列打钩过账；③税务会计在记账凭证"记账"处盖章签字，如图7-67和图7-68所示。

		凭证			借		方	
2019 年			摘 要	合 计	进项税额	已交税金	减免税款	出口抵减内销应纳税额
月	日	种类 号数		千百十万千百十元角分	千百十万千百十元角分	千百十万千百十元角分	千百十万千百十元角分	千百十万千百十元角分
12	01		期初余额	1 6 8 4 0 6 6 9 2	1 3 6 1 4 6 7 3 3			
12	06		提前收到九江塑电…	2 0 4 5 4 6 6 9 2	3 6 1 4 0 0 0 0			
12	06		开具销售发票给山…	2 0 4 5 4 6 6 9 2				

222101—应交增值税 **应交税费-应交**

图7-65 应交税费——应交增值税明细账登记演示(左页)

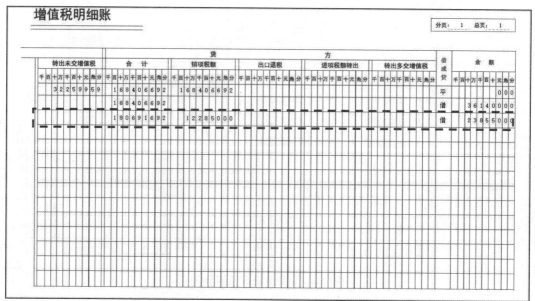

图7-66　应交税费——应交增值税明细账登记演示(右页)

记 账 凭 证

记字第 012号

2019 年 12 月 06 日

摘要	总账科目	明细账科目	借方金额 亿千百十万千百十元角分	贷方金额 亿千百十万千百十元角分	√
开具销售发票给山东…	1122—应收账款	112202—山东万益经贸有限公司	1 0 6 7 8 5 0 0 0		□
	6001—主营业务收入	600101—轻巧型电热水壶		1 7 0 0 0 0 0 0	□
	6001—主营业务收入	600102—经典型电热水壶		1 2 0 0 0 0 0 0	□
	6001—主营业务收入	600103—豪华型电热水壶		7 6 5 0 0 0 0	□
	6001—主营业务收入	600104—经典型电饭煲		1 5 5 0 0 0 0 0	□
	6001—主营业务收入	600105—智能型电饭煲		1 0 6 0 0 0 0 0	□
合　　　计					□

附单据1张

会计主管：学生003　记账：学生006　出纳：　　复核：学生003　制单：学生005

图7-67　记账凭证打钩和登记演示(1)

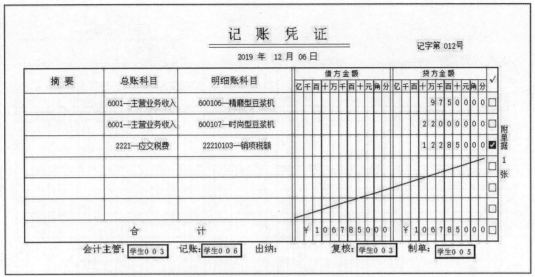

图7-68 记账凭证打钩和登记演示(2)

(6) 应收会计登记明细账。

①应收会计根据记账凭证登记"应收账款"三栏式明细账(见图7-69)和"主营业务收入"多栏式明细账(见图7-70和图7-71)所示;②登记明细账后,在记账凭证勾选应收账款和主营业务收入科目最右列打钩过账;③应收会计在记账凭证"记账"处签字盖章,如图7-72和图7-73所示。

图7-69 三栏式明细账登记演示

6001—主营业务收入 ▼

一、 总科目 主营业务收入

2019年		凭证号数	摘 要	借方	贷方	借或贷	余额	轻巧型电热水壶	经典型电热水壶	豪华型电热水壶
月	日			亿千百十万千百十元角分	亿千百十万千百十元角分		亿千百十万千百十元角分	亿千百十万千百十元角分	亿千百十万千百十元角分	亿千百十万千百十元角分
12	06		开具销售发票给山…		9 4 5 0 0 0 0 0	贷	9 4 5 0 0 0 0 0	1 7 0 0 0 0 0 0	1 2 0 0 0 0 0 0	7 6 5 0 0 0 0 0

图7-70 多栏式明细账登记演示(左页)

明 细 账

分页: 1   总页: 1

(贷) 方 项 目							
经典型电饭煲	智能型电饭煲	精厨型豆浆机	时尚型豆浆机				
亿千百十万千百十元角分	亿千百十万千百十元角分	亿千百十万千百十元角分	亿千百十万千百十元角分	亿千百十万千百十元角分	亿千百十万千百十元角分	亿千百十万千百十元角分	亿千百十万千百十元角分
1 5 5 0 0 0 0 0	1 0 6 0 0 0 0 0	9 7 5 0 0 0 0	2 2 0 0 0 0 0 0				

图7-71 多栏式明细账登记演示(右页)

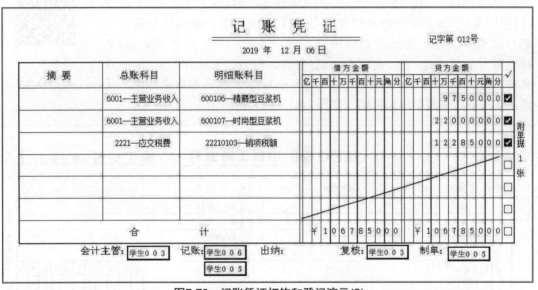

记账凭证

记字第 012号

2019 年 12 月 06 日

摘 要	总账科目	明细账科目	借方金额										贷方金额										✓	
			亿	千	百	十	万	千	百	十	元	角	分	亿	千	百	十	万	千	百	十	元	角	分
开具销售发票给山东…	1122—应收账款	112202—山东万益经贸有限公司			1	0	6	7	8	5	0	0	0												☑
	6001—主营业务收入	600101—轻巧型电热水壶															1	7	0	0	0	0	0	0	☑
	6001—主营业务收入	600102—经典型电热水壶															1	2	0	0	0	0	0	0	☑
	6001—主营业务收入	600103—豪华型电热水壶																7	6	5	0	0	0	0	☑
	6001—主营业务收入	600104—经典型电饭煲															1	5	5	0	0	0	0	0	☑
	6001—主营业务收入	600105—智能型电饭煲															1	0	6	0	0	0	0	0	☑
合 计																									☐

附单据 1 张

会计主管：学生003 记账：学生006 出纳： 复核：学生003 制单：学生005

记账：学生005

图7-72 记账凭证打钩和登记演示(1)

记账凭证

记字第 012号

2019 年 12 月 06 日

摘 要	总账科目	明细账科目	借方金额										贷方金额										✓	
			亿	千	百	十	万	千	百	十	元	角	分	亿	千	百	十	万	千	百	十	元	角	分
	6001—主营业务收入	600106—精磨型豆浆机																9	7	5	0	0	0	0	☑
	6001—主营业务收入	600107—时尚型豆浆机															2	2	0	0	0	0	0	0	☑
	2221—应交税费	22210103—销项税额															1	2	2	8	5	0	0	0	☑
																									☐
																									☐
																									☐
合 计			￥		1	0	6	7	8	5	0	0	0	￥		1	0	6	7	8	5	0	0	0	☐

附单据 1 张

会计主管：学生003 记账：学生006 出纳： 复核：学生003 制单：学生005

记账：学生005

图7-73 记账凭证打钩和登记演示(2)

任务四 收山东万益以电汇方式支付的货款

(1) 销售专员向客户催收货款。

这一部分的操作属于线下实训任务，页面显示为空白，默认已线下完成，直接依次单击【保存】【完成】按钮结束本步骤任务，如图7-74所示。

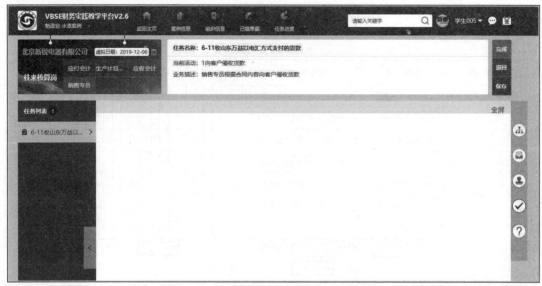

图7-74　线下业务——向客户催收货款界面

(2) 客户代表去银行办理汇款业务，主要包括4个步骤：①客户代表根据合同填制电汇凭证；②在电汇凭证第一联(借方凭证联)上盖章(预留印鉴)；③去银行办理付款业务；④通知制造企业销售专员已办理付款事宜。电汇凭证的必填项目包括：委托日期、汇款人信息(全称、账号、汇出地点)、收款人信息(全称、账号、汇入地点)、汇出行名称、汇入行名称、金额(人民币大写及小写)、汇款人签章等。电汇凭证一式三联，都需要填写完整，如图7-75至图7-77所示。

视频：
填写电汇凭证

图7-75　电汇凭证第一联演示

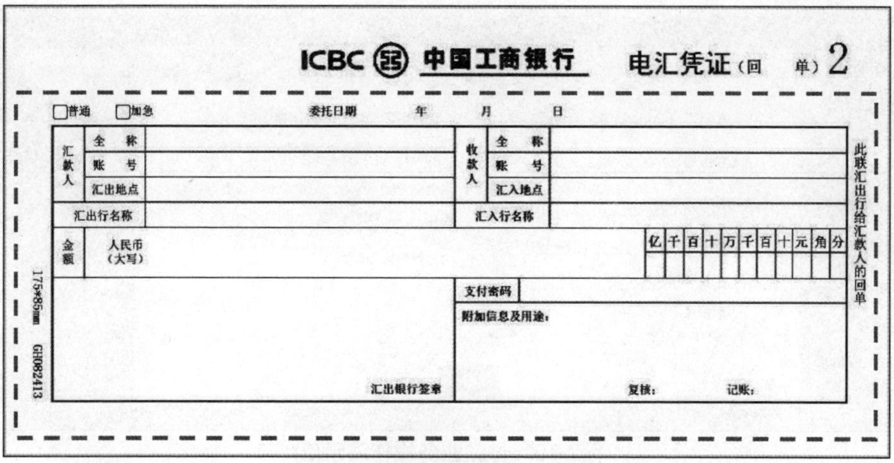

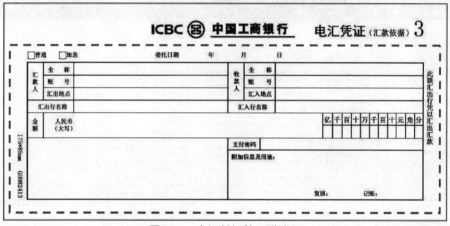

ICBC 中国工商银行 电汇凭证（回 单）2

□普通 □加急 委托日期 年 月 日

汇款人	全 称		收款人	全 称	
	账 号			账 号	
	汇出地点			汇入地点	
汇出行名称			汇入行名称		
金额	人民币（大写）				亿 千 百 十 万 千 百 十 元 角 分
			支付密码		
			附加信息及用途：		
		汇出银行签章		复核：	记账：

此联汇出行给汇款人的回单

175*85mm GH082413

图7-76 电汇凭证第二联演示

ICBC 中国工商银行 电汇凭证（汇款依据）3

□普通 □加急 委托日期 年 月 日

汇款人	全 称		收款人	全 称	
	账 号			账 号	
	汇出地点			汇入地点	
汇出行名称			汇入行名称		
金额	人民币（大写）				亿 千 百 十 万 千 百 十 元 角 分
			支付密码		
			附加信息及用途：		
				复核：	记账：

此联汇出行凭以汇出汇款

175*85mm GH082413

图7-77 电汇凭证第三联演示

(3) 银行柜员办理转账付款业务。

①银行柜员根据客户代表填制的电汇凭证办理企业间转账；②银行柜员打印电子银行转账凭证回单(电汇通知书)并通知制造企业取票据。付款业务操作过程，如图7-78至图7-81。

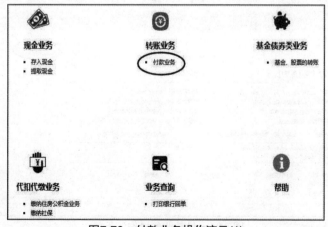

图7-78 付款业务操作演示(1)

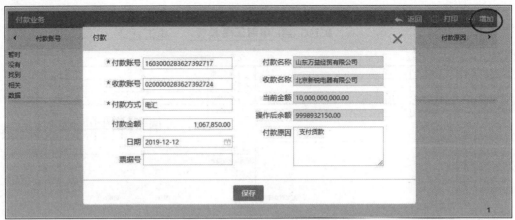

图7-79 付款业务操作演示(2)

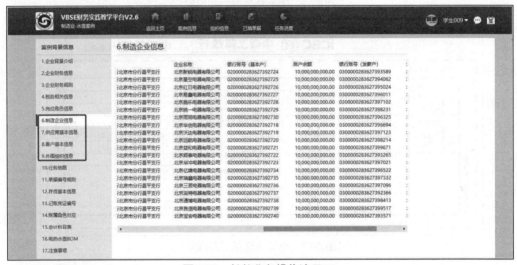

图7-80 付款业务操作演示(3)

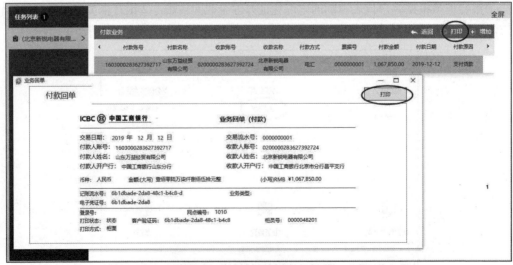

图7-81 付款业务操作演示(4)

(4) 银行柜员在电汇凭证第二联(回单)上加盖银行的业务专用章，如图7-82所示，并将其交给客户，此处的客户指的是山东万益。

图7-82 电汇凭证第二联(回单)盖章演示

(5) 出纳去银行取回票据，将电汇通知书传递给应收会计。这一部分的操作属于线下实训任务，页面显示为空白，默认已线下完成，直接依次单击【保存】【完成】按钮结束本步骤任务，如图7-83所示。

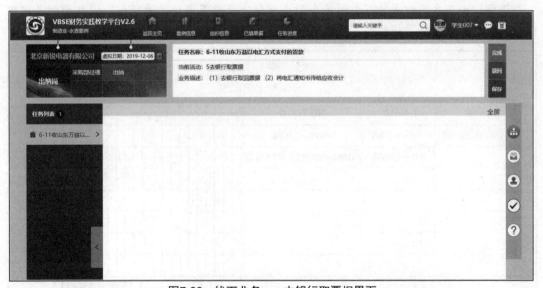

图7-83 线下业务——去银行取票据界面

(6) 应收会计编制记账凭证。

①应收会计根据销售合同及电汇通知书等原始凭证编制记账凭证；②应收会计将凭证传递给财务经理审核。根据经济业务确认已收到货款，冲销应收账款往来科目。因此，借记：银行存款，贷记：应收账款——山东万益。

注意：①凭证序号需按照"案例信息"里的记账凭证编号中任务编号所对应的凭证号数来填写，如任务编号6-11对应凭证号数034号；②附单据数量按照系统所给出的业务单据数量来填写，即电汇凭证和销售合同两份业务数据共2张单据；③应收会计编制完记账凭证后，在制单处签字盖章，如图7-84所示。

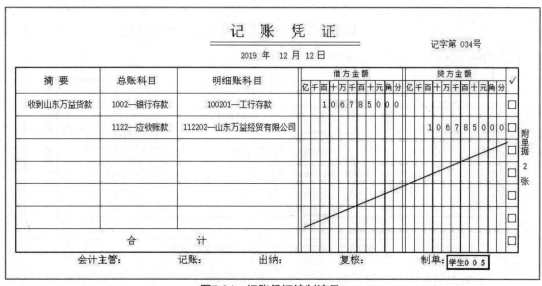

图7-84 记账凭证编制演示

(7) 财务经理根据销售合同及银行出具的电汇凭证审核记账凭证，如图7-85所示。

注意：由于本系统未涉及公司各个财务岗位，未设置会计主管岗位，因此由财务经理统一在会计主管处和复核处签字盖章。

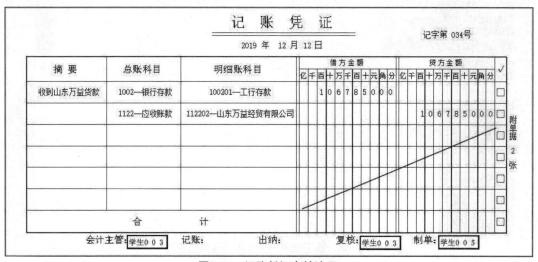

图7-85 记账凭证审核演示

(8) 出纳根据原始凭证审核记账凭证，同时登记银行存款日记账，并在记账凭证上打钩过账和签字盖章，如图7-86和图7-87所示。

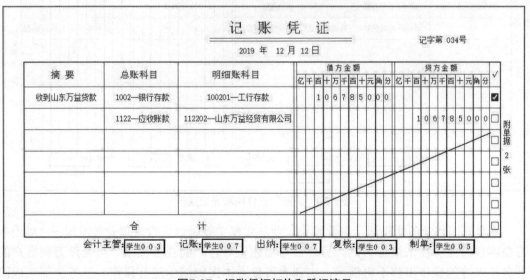

银行存款日记账

100201—工行存款 ▼

第 1 页

2019年		记账凭证号数	摘 要	借 方	✓	贷 方	✓	余 额
月	日			千百十万千百十元角分		千百十万千百十元角分		千百十万千百十元角分
12	01		期初余额		☐		☐	6 6 5 6 0 5 9 7 0 0
12	28		支付九江塑电12月6日合同货款		☐	3 1 4 1 4 0 0 0 0	☐	6 3 4 1 9 1 9 7 0 0
12	12		收山东万益以电汇方式支付的货款	1 0 6 7 8 5 0 0 0	☐		☐	6 4 4 8 7 0 4 7 0 0

图7-86 银行存款日记账登记演示

记 账 凭 证

2019 年 12 月 12 日

记字第 034号

摘 要	总账科目	明细账科目	借方金额		贷方金额		✓
			亿千百十万千百十元角分		亿千百十万千百十元角分		
收到山东万益货款	1002—银行存款	100201—工行存款	1 0 6 7 8 5 0 0 0				✓
	1122—应收账款	112202—山东万益经贸有限公司			1 0 6 7 8 5 0 0 0		☐
							☐
							☐
							☐
	合 计						☐

附单据 2 张

会计主管:学生003 记账:学生007 出纳:学生007 复核:学生003 制单:学生005

图7-87 记账凭证打钩和登记演示

(9) 应收会计根据审核后的记账凭证登记三栏式明细账(见图7-88),并在记账凭证上打钩过账及签字盖章(见图7-89)。

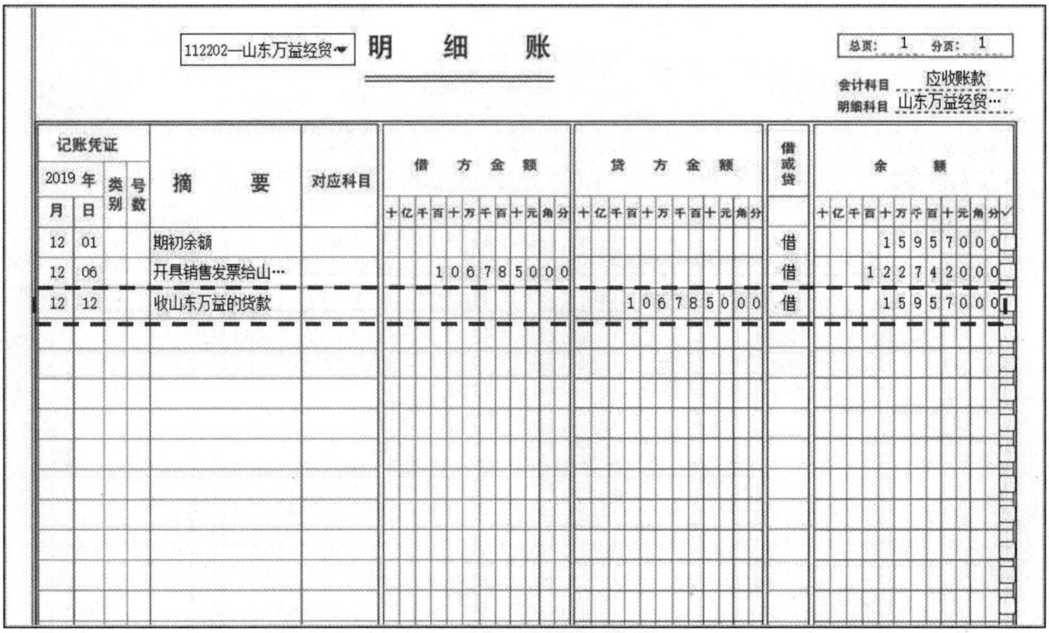

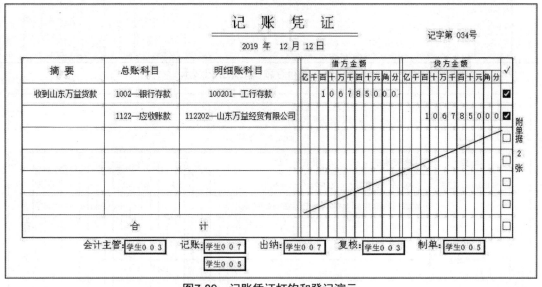

图7-88　三栏式明细账登记演示

图7-89　记账凭证打钩和登记演示

　　本案例销售业务实操演示到此结束。业务实操主要是以应收款项业务流程——以山东万益客户的业务往来演练为例。另外，与福建银海客户的业务往来、与天津万润客户的业务往来等的操作步骤不再演示，实训者可参考本案例演示进行操作。任务全部完成演示图，如图7-90所示。

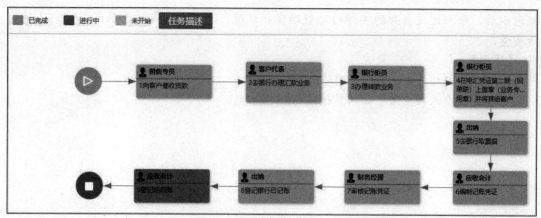

图7-90 任务全部完成演示图

📌 思政案例

践行ESG理念，推动可持续发展

ESG(environmental，social and governance)指数是用来衡量公司的可持续发展能力的指标。区别于传统财务指标绩效评价的单一性，ESG把公司的环境、社会和治理责任综合起来，旨在帮助投资者了解公司对社会和环境的影响，以及公司内部治理的效能。

2004年，联合国环境规划署首次提出ESG投资概念，提倡投资者关注环境、社会、治理问题。两年后，高盛集团发布ESG研究报告，将"环境、社会、治理"概念整合到一起，标志ESG概念正式形成。

ESG评价旨在发掘关注环境、有社会责任心的企业。相较传统的以追求财务绩效为目标的投资决策，ESG更提倡一种在长期中能够带来持续回报的经营方式，主要考察环境因素、社会责任和公司治理三项非财务指标。

在环境方面，主要考虑企业对环境的影响，如企业在生产过程中如何管理和控制各类污染物的排放，以及对废物的处理方式等；在社会责任方面，主要考虑企业对社会造成的各种影响，如员工管理、福利与薪酬、员工安全、与上下游供应商及服务商的关系、产品安全性等；在公司治理方面，主要考虑公司组织架构、股东和管理层的利益关系、是否存在腐败与财务欺诈、信息披露透明度及商业道德等。

虽然我国ESG起步较晚，但一直奉行的"可持续发展""绿色低碳"等核心理念与ESG内核高度契合。"双碳"目标的提出，为ESG理念在中国的推广落地提供了前所未有的发展机遇，ESG也成为推动企业高质量与可持续发展的重要抓手之一。践行ESG发展理念，提升ESG治理水平俨然已从部分企业的可选项变成必答题。从企业角度看，ESG为实现"双碳"目标可以提供有力支持。ESG是企业实现可持续发展和"碳中和"目标的有效综合衡量指标，为企业发展提供了评价标准和方向指引。"双碳"目标的提出，使得节能减排成为企业承担环境与社会责任的落脚点。将ESG的发展理念融入企业规划，构建ESG组织管理体系，可以帮助企业高质量发展，贯彻可持续发展理念，以更专业、规范化的管理流程，践行低碳减排的行动目标。

ESG不仅对企业有重要意义，也可以为个人带来帮助。对于个人来说，通过关注和支持具有较高的ESG评分的企业，个人可以为促进可持续发展做出贡献，在理解ESG的概念以后，个人通过自身的实际行动帮助保护环境，改善社会环境，从而提升自己的生活质量。

【思考】

1. 查找ESG相关文献资料，阐述ESG发展理念。
2. 请谈谈个人在生活中如何贯彻践行ESG理念。

第 8 章

纳税申报业务

↗ 学习目标

↗ **学习目标**

❑ 明确增值税、附加税、企业所得税和个人所得税的概念和计算方法。
❑ 了解制造企业申报增值税、附加税、企业所得税和个人所得税的业务流程。
❑ 了解纳税申报表的填制规则。
❑ 熟悉国家税务总局电子税务局系统的税种申报和缴纳操作。
❑ 掌握纳税申报业务记账凭证编制和明细账簿登记。

↗ **思政目标**

❑ 形成依法纳税理念,树立遵纪守法意识。
❑ 培育自我学习与独立思考能力,形成精益求精的精神。
❑ 树立绿色发展和税收风险管控意识,践行社会主义核心价值观。

8.1 业务概述

8.1.1 纳税申报业务介绍

纳税申报是指纳税人按照税法规定,就应纳税款的计算、缴纳等有关事项定期或按次向税务机关提出的书面报告,是纳税人必须履行的一项法定手续,也是税务机关办理税款征收业务、核实应征税款、开具完税凭证的主要依据。

制造业企业需要申报的税种包括以下几项。

1. 增值税

增值税是对我国境内销售货物或提供劳务及进口货物的单位和个人,就其取得的货物或应税劳务销售额计算税款,实行税款抵扣制的一种流转税。发票类型包括增值税普通发票和增值税专用发票。

其税率为:

● 一般纳税人适用的税率有13%、9%、6%、0%;
● 小规模纳税人适用3%征收率,但自2023年1月1日至2027年12月31日,减按1%征收率征收增值税。

计算公式为

$$进项税额＝买价(不含税)×扣除率$$
$$销项税额＝销售额(不含税)×税率$$
$$当期应纳税额＝当期销项税额－当期进项税额(可抵扣)$$

2. 附加税

附加税是按照增值税、消费税税额的一定比例征收的税，以增值税、消费税的存在和征收为前提和依据，通常包括城市维护建设税、教育费附加、地方教育附加等。

(1) 城市维护建设税。城市维护建设税是对从事工商经营，缴纳增值税、消费税的单位和个人征收的一种税，是为了补充城市维护建设资金的不足，调动地方政府进行城市维护和建设的积极性。

其税率为：

- 纳税人所在地为市区的，税率为7%；
- 纳税人所在地为县城、镇的，税率为5%；
- 纳税人所在地不在市区、县城或镇的，税率为1%。

计算公式为

$$城市维护建设税＝(增值税＋消费税)×适用税率$$

(2) 教育费附加和地方教育附加。教育费附加是对缴纳增值税、消费税的单位和个人征收的，以其实际缴纳的税额为计算依据征收的一种附加税，是发展地方性教育事业，扩大地方教育经费的资金来源。

其税率为：

- 教育费附加征收比率为3%；
- 地方教育附加征收比率为2%。

计算公式为

$$应纳教育费附加＝实际缴纳的(增值税＋消费税)×征收比率$$
$$应纳地方教育附加＝实际缴纳的(增值税＋消费税)×征收比率$$

3. 企业所得税

企业所得税是指对中华人民共和国境内的企业(居民企业及非居民企业)和其他取得收入的组织以其生产经营所得为课税对象所征收的一种所得税。

其税率为：

- 我国企业所得税采用25%的比例税率[1]；
- 非居民企业取得《中华人民共和国企业所得税法》第三条第三款规定的所得，适用税率为20%征收企业所得税；
- 符合条件的小型微利企业，减按20%的税率征收企业所得税；
- 国家需要重点扶持的高新技术企业，减按15%的税率征收企业所得税。

计算公式为

$$应纳税所得额＝收入总额－不征税收入－免税收入－各项扣除金额$$
$$－允许弥补的以前年度亏损应纳所得税额$$
$$＝应纳税所得额×税率－减免税额－抵免税额$$

---

1 资料来源：《中华人民共和国企业所得税法》(2007年3月16日第十届全国人民代表大会第五次会议通过)。

4. 个人所得税

个人所得税是以自然人取得的各类应税所得为征税对象而征收的一种税。案例企业的工资薪金月度所得，执行"累计预扣预缴制"，适用"七级超额累进预扣率"，如表8-1所示。

表8-1 "综合所得"个人所得税预扣率表

级数	全年应纳税所得额	税率/%	速算扣除数/元
1	不超过36 000元的	3	0
2	超过36 000元至144 000元的部分	10	2 520
3	超过144 000元至300 000元的部分	20	16 920
4	超过300 000元至420 000元的部分	25	31 920
5	超过420 000元至660 000元的部分	30	52 920
6	超过660 000元至960 000元的部分	35	85 920
7	超过960 000元的部分	45	18 1920

计算公式为

应纳税所得额＝月收入额－5 000元(月收入额起征点)－专项扣除(三险一金)

－专项附加扣除－依法确定的其他扣除应纳税额

＝月应纳税所得额×适用税率－速算扣除数

8.1.2 纳税申报业务流程

1. 纳税申报业务实训任务描述

月初，对上月的增值税、附加税和个人所得税进行月度申报与税款缴纳，编制记账凭证，登记银行存款日记账和明细账。

月末的主要操作流程具体如下。

(1) 对本月购进货物、劳务和服务的增值税专用发票抵扣联进行认证，认证通过后，可以作为进项税额，在申报时抵扣销售货物时缴纳的销项税额。

(2) 在增值税专用发票抵扣联认证通过后，根据本月增值税销项税额和进项税额，计算本月应缴纳的增值税，编制记账凭证，登记明细账。

借：应交税费——应交增值税(转出未交增值税)

贷：应交税费——未交增值税

(3) 以本月应缴纳增值税额为计税依据，计提本月应缴纳的附加税，编制记账凭证，登记明细账。

借：税金及附加

贷：应交税费——应交城建税

——应交教育费附加

——应交地方教育附加

(4) 根据本季度企业所得税费用表，计提并结转本季度企业所得税费用，编制记账凭证，登记明细账。

① 计提企业所得税：

借：所得税费用

　　贷：应交税费——应交所得税

② 结转企业所得税：

借：本年利润

　　贷：所得税费用

2. 纳税申报业务实训具体业务流程步骤

(1) 月初申报并缴纳上月增值税税款。

月初，登录国家税务总局电子税务局系统，根据上月的增值税发票使用明细表、认证结果通知书，在线填写和提交上月度"增值税纳税申报表"进行申报，申报成功之后即可扣缴上月度增值税款，并编制记账凭证，登记银行存款日记账和明细账。业务流程具体描述如表8-2所示。

表 8-2　业务流程具体描述

序号	活动名称	角色	活动描述
1	增值税纳税申报	税务会计	(1) 根据上月的增值税发票使用明细表、认证结果通知书，在线填写和提交上月度增值税纳税申报表； (2) 提交税务局专管员审核增值税纳税申报表
2	审核纳税申报表	税务局专管员	(1) 审核增值税纳税申报表是否正确； (2) 如审核无误，则审核通过；如审核有误，则驳回至制造企业
3	增值税扣款	税务会计	(1) 查看税务局专管员对增值税纳税申报表的审核情况； (2) 确认已审核无误，进行扣款操作，缴纳增值税
4	打印缴税回单	银行柜员	(1) 通过业务查询节点，打印税款缴纳凭证； (2) 通知制造企业出纳取单据
5	去银行拿回单	出纳	(1) 去银行取回电子缴费付款凭证； (2) 把缴费付款凭证给税务会计
6	编制记账凭证	税务会计	(1) 根据电子缴费付款凭证编制记账凭证； (2) 在记账凭证上签字或盖章
7	审核记账凭证	财务经理	(1) 根据电子缴费付款凭证审核记账凭证； (2) 在记账凭证上签字或盖章
8	登记银行存款日记账	出纳	(1) 根据记账凭证登记银行存款日记账，并在记账凭证上打钩过账； (2) 记账后在记账凭证上签字或盖章
9	登记明细账	税务会计	(1) 根据记账凭证登记三栏式明细账，并在记账凭证上打钩过账； (2) 记账后在记账凭证上签字或盖章

业务流程如图8-1所示。

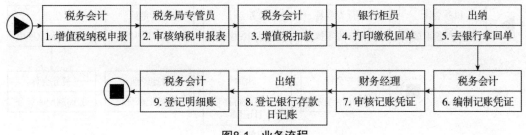

图8-1 业务流程

(2) 月初申报并缴纳上月附加税税款。

增值税申报缴纳完成后，登录国家税务总局电子税务局系统，根据已申报的增值税税额核对系统自动计算的上月城建税(税率7%)、教育费附加(税率3%)和地方教育附加(税率2%)的计税基础金额及税额是否正确，在线提交上月度"附加税(费)申报表"进行申报，申报成功之后即可扣缴上月度附加税款，并编制记账凭证，登记银行存款日记账和明细账。业务流程具体描述如表8-3所示。

表 8-3 业务流程具体描述

序号	活动名称	角色	活动描述
1	附加税申报	税务会计	(1) 核对附加税(费)申报表中的城建税、教育费附加和地方教育附加的计税基础是否为上月增值税应交税额； (2) 填写附加税(费)申报表； (3) 提交税务局专管员审核附加税(费)申报表
2	附加税审核	税务局专管员	(1) 审核附加税(费)申报表是否正确； (2) 如核对无误，则审核通过；如核对有误，则驳回至制造企业
3	附加税缴纳	税务会计	(1) 查看税务局专管员对附加税(费)申报表的审核情况； (2) 确认已审核无误，进行扣款操作，缴纳城建税、教育费附加和地方教育附加
4	打印回单	银行柜员	(1) 通过业务查询节点，打印纳税缴款凭证； (2) 通知制造企业出纳取单据
5	去银行拿回单	出纳	(1) 去银行取回电子缴费付款凭证； (2) 把电子缴费付款凭证给税务会计
6	编制记账凭证	税务会计	(1) 检查纳税缴款凭证； (2) 根据纳税缴款凭证编制记账凭证； (3) 在记账凭证上签字或盖章
7	审核记账凭证	财务经理	(1) 根据电子缴费付款凭证审核记账凭证； (2) 在记账凭证上签字或盖章
8	登记银行存款日记账	出纳	(1) 根据记账凭证登记银行存款日记账，并在记账凭证上打钩过账； (2) 记账后在记账凭证上签字或盖章
9	登记明细账	税务会计	(1) 根据记账凭证登记三栏式明细账，并在记账凭证上打钩过账； (2) 记账后在记账凭证上签字或盖章

业务流程如图8-2所示。

图8-2 业务流程

(3) 月初申报并缴纳上月个人所得税税款。

月初，根据企业人员信息表在自然人税收管理系统扣缴客户端报送企业员工信息，报送成功后，根据上月员工工资薪金表进行个人所得税的申报和缴纳，并编制记账凭证，登记银行存款日记账和明细账。业务流程具体描述如表8-4所示。

表 8-4　业务流程具体描述

序号	活动名称	角色	活动描述
1	上报人员信息	税务会计	(1) 根据企业人员信息表在自然人税收管理系统扣缴客户端导入个税人员信息表； (2) 提交税务局专管员审核个税人员信息表
2	审核人员信息	税务局专管员	(1) 审核个税人员信息表是否正确； (2) 如核对无误，则审核通过；如核对有误，则驳回至制造企业
3	个税申报缴纳	税务会计	(1) 查看税务局专管员对个税人员信息表的审核情况； (2) 确认已审核无误，根据工资薪金表核对上月需预缴个税； (3) 进行综合所得预扣预缴申报，按标示的步骤填写、计算，申报并扣款
4	打印个税缴款凭证	银行柜员	(1) 通过业务查询节点，打印纳税缴款凭证； (2) 通知制造企业出纳取单据
5	去银行取回纳税缴款凭证	出纳	(1) 去银行取回缴纳税款的回单； (2) 将缴纳税款回单传递给税务会计
6	编制记账凭证	税务会计	(1) 检查纳税缴款凭证； (2) 根据纳税缴款凭证编制记账凭证； (3) 在记账凭证上签字或盖章
7	审核记账凭证	财务经理	(1) 根据纳税缴款凭证审核记账凭证； (2) 在记账凭证上签字或盖章
8	登记银行存款日记账	出纳	(1) 根据记账凭证登记银行存款日记账，并在记账凭证上打钩过账； (2) 记账后在记账凭证上签字或盖章
9	登记明细账	税务会计	(1) 根据记账凭证登记三栏式明细账，并在记账凭证上打钩过账； (2) 记账后在记账凭证上签字或盖章

业务流程如图8-3所示。

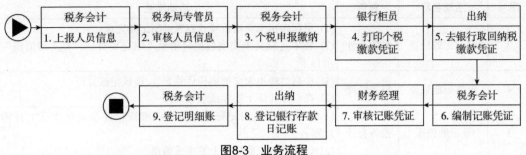

图8-3 业务流程

(4) 本月末增值税抵扣联认证。

月末，收集整理本月购进货物、劳务或服务的增值税专用发票抵扣联，前往国税局进行认证或在国税局网站上进行认证，经税务局专管员认证通过或国税局网站上认证通过后，对已认证的增值税专用发票抵扣联进行装订。业务流程具体描述如表8-5所示。

表 8-5　业务流程具体描述

序号	活动名称	角色	活动描述
1	收集抵扣联	税务会计	收集本月购进货物、劳务或服务的增值税专用发票抵扣联，实训任务中车票的进项税额按9%的税率进行计算抵扣，无须认证
2	上门认证	税务会计	拿本月需要认证的增值税专用发票抵扣联去国税局认证，实训任务中车票计算抵扣，无须认证
3	认证	税务局专管员	(1) 核对增值税专用发票抵扣联，实训任务中车票计算抵扣，无须认证； (2) 确认无误后将认证结果通知书给制造企业
4	装订抵扣联	税务会计	装订抵扣联及认证结果通知书，实训任务中车票计算抵扣，无须认证

业务流程如图8-4所示。

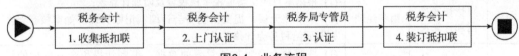

图8-4 业务流程

(5) 计算结转应交未交增值税。

月末，在完成增值税抵扣联认证后，结合本月"应交税费"科目明细专项，计算并结转本月应交未交增值税，填写"转出未交增值税计算表"，并编制记账凭证，登记明细账。业务流程具体描述如表8-6所示。

表 8-6　业务流程具体描述

序号	活动名称	角色	活动描述
1	计算本月应交未交增值税	税务会计	根据本月"应交税费"科目下明细专项，计算本月应交未交增值税数额，并填列"转出未交增值税计算表"，交由财务经理审核
2	审核本月应交未交增值税计算表	财务经理	根据本月"应交税费"科目下明细专项，审核本月"转出未交增值税计算表"

续表

序号	活动名称	角色	活动描述
3	编制记账凭证	税务会计	(1) 根据转出未交增值税计算表编制记账凭证； (2) 将本月应交未交增值税转出至"应交税费——未交增值税"项目下
4	审核记账凭证	财务经理	(1) 根据"转出未交增值税计算表"，审核记账凭证； (2) 在记账凭证上签字或盖章
5	登记明细账	税务会计	(1) 根据经审核的记账凭证登记明细账，并在记账凭证上打钩过账； (2) 记账后在记账凭证上签字或盖章

业务流程如图8-5所示。

税务会计	财务经理	税务会计	财务经理	税务会计
1.计算本月应交未交增值税	2.审核本月应交未交增值税计算表	3.编制记账凭证	4.审核记账凭证	5.登记明细账

图8-5 业务流程

(6) 计提税金及附加。

月末，根据已经计算出的本月应交未交增值税额，按7%、3%和2%的税率分别计提本月城建税、教育费附加和地方教育附加，并编制记账凭证和登记明细账。业务流程具体描述如表8-7所示。

表8-7 业务流程具体描述

序号	活动名称	角色	活动描述
1	计算税金及附加	税务会计	(1) 制造企业注册地都是大型城市，教育费附加都按照大型城市标准计提，地方教育附加计提比率统一取2%，计算填列税金及附加计算表； (2) 根据本月应交增值税计算填列税金及附加计算表
2	审核税金及附加计算表	财务经理	(1) 根据本月应交增值税审核税金及附加计算表； (2) 如审核无误，提交给税务会计编制记账凭证；如审核有误，则驳回给税务会计修改
3	编制记账凭证	税务会计	(1) 按照税金及附加计算表的数据，编制计提税金及附加的记账凭证； (2) 在记账凭证上签字或盖章
4	审核记账凭证	财务经理	(1) 根据税金及附加计算表审核记账凭证； (2) 在记账凭证上签字或盖章
5	登记明细账	税务会计	(1) 根据经审核的记账凭证登记明细账，并在记账凭证上打钩过账； (2) 记账后在记账凭证上签字或盖章

业务流程如图8-6所示。

税务会计	财务经理	税务会计	财务经理	税务会计
1.计算税金及附加	2.审核税金及附加计算表	3.编制记账凭证	4.审核记账凭证	5.登记明细账

图8-6 业务流程

(7) 计提企业所得税费用。

月末，根据利润表中的利润总额编制本季度"所得税费用计提表"，按25%的税率计提本季度所得税费用，并编制记账凭证，登记明细账。业务流程具体描述如表8-8所示。

表8-8 业务流程具体描述

序号	活动名称	角色	活动描述
1	计提所得税费用	税务会计	根据上两个月的利润表中的利润总额，以及本年利润科目上记录的本月利润总额，编制第四季度所得税费用计提表
2	编制记账凭证	税务会计	(1) 根据编制完成的第四季度所得税费用计提表，以及本年利润科目上记录的本年利润总额，编制记账凭证； (2) 在记账凭证上签字或盖章
3	审核记账凭证	财务经理	(1) 根据编制完成的第四季度所得税费用计提表，以及本年利润科目上记录的本年利润总额，审核记账凭证； (2) 在记账凭证上签字或盖章
4	登记明细账	税务会计	(1) 根据经审核的记账凭证登记明细账，并在记账凭证上打钩过账； (2) 记账后在记账凭证上签字或盖章

业务流程如图8-7所示。

图8-7 业务流程

(8) 结转所得税费用。

月末，计提本季度所得税费用后，将该笔所得税费用结转至本年利润科目，编制记账凭证并登记明细账。业务流程具体描述如表8-9所示。

表8-9 业务流程具体描述

序号	活动名称	角色	活动描述
1	编制记账凭证	税务会计	(1) 根据已编制的所得税费用计提表，编制记账凭证，将计提完毕的所得税费用结转至本年利润科目； (2) 提交财务经理审核记账凭证
2	审核记账凭证	财务经理	(1) 根据所得税费用计提表，审核税务会计编制的记账凭证； (2) 在记账凭证上签字或盖章
3	登记明细账	税务会计	(1) 根据经审核的记账凭证登记明细账，并在记账凭证上打钩过账； (2) 记账后在记账凭证上签字或盖章

业务流程如图8-8所示。

图8-8 业务流程

8.2 业务实践

1. 月初申报并缴纳上月税款

1）月初申报并缴纳上月增值税税款

月初，税务会计登录国家税务总局电子税务局系统，在线填写和提交上月度"增值税纳税申报表"进行申报和扣缴上月度增值税税款，并编制记账凭证，登记银行存款日记账和明细账。

视频：填写增值税
纳税申报表

增值税申报与缴纳税款的操作步骤具体如下。

(1) 税务会计登录国家税务总局电子税务局系统，单击【我要办税】按钮，如图8-9所示。

图8-9 进入国家税务总局电子税务局界面

(2) 申报表种类为"增值税一般纳税人月度申报"，单击【查看】按钮，填写相关纳税申报表，如图8-10所示。

图8-10 填写相关纳税申报表

(3) 按照填表顺序依次填写[002]表一、[004]表三、[003]表二、[005]表四和[001]主表，每个表填完后需要单击【保存】按钮，如图8-11所示。

图8-11 增值税一般纳税人申报界面

(4) 表一为本期销售情况明细表，按照案例制造企业的实际情况填写征税项目对应的销售额。

举例：A企业主营业务是销售电脑，20××年1月发生销售额1000元，则在图表中"13%税率的货物及加工修理修配劳务"处的"销售额"列输入"1000"，若没有其他应税项目，则依次单击【保存】【返回】按钮，如图8-12所示。

增值税纳税申报表附列资料（一）
（本期销售情况明细）

请您确认是否已办理简易征收方式备案，否则申报中相应栏次将无法填写。

项目及栏次		开具增值税专用发票		开具其他发票		未开具发票		纳税检查调整		合计		应税服务、不动产和无形资产扣除项目本期实际扣除金额	扣除后	
		销售额	销项（应纳）税额	销售额	销项（应纳）税额	销售额	销项（应纳）税额	销售额	销项（应纳）税额	销售额	销项（应纳）税额	价税合计		含税（免税）销售额	销项（应纳）税额
		1	2	3	4	5	6	7	8	9=1+3+5+7	10=2+4+6+8	11=9+10	12	13=11-12	14=13÷(100%+税率或征收率)×税率或征收率
全部	13%税率的货物及加工修理修配劳务 1	1000.00	130.00	0.00	0.00	0.00	0.00	0.00	0.00	1000.00	130.00	——		——	
	13%税率的服务、不动产和无形资产 2	0.00	0.00	0.00	0.00	0.00	0.00	0.00	0.00	0.00	0.00	0.00	0.00	0.00	0.00

图8-12 本期销售情况明细表

(5) 表三为服务、不动产和无形资产扣除项目明细表，如图8-13所示。

图8-13　服务、不动产和无形资产扣除项目明细表

（6）表二为本期进项税额明细表，按照案例制造企业的实际情况填写允许抵扣的进项税额。

举例：A企业20××年1月采购原材料100元，税务局认证抵扣税额13元，若没有其他可抵扣项目，依次单击【保存】【返回】按钮，如图8-14所示。

图8-14　本期进项税额明细表

（7）表四为税额抵减情况表，若有抵减项目，则填写，若没有其他可抵扣项目，则依次单击【保存】【返回】按钮，如图8-15所示。

图8-15　税额抵减情况表

(8) 增值税纳税申报表主表，若有抵减项目，则填写，若没有其他可抵扣项目，则依次单击【保存】【返回】按钮，如图8-16所示。

	销项税额	11	130.00	0.00	0.00	0.00
	进项税额	12	13.00	0.00	0.00	0.00
	上期留抵税额	13	0.00	0.00	0.00	——
	进项税额转出	14	0.00	0.00	0.00	0.00
	免、抵、退应退税额	15	0.00	0.00	——	——
	按适用税率计算的纳税检查应补缴税额	16	0.00	0.00	——	——
税款计算	应抵扣税额合计	17=12+13-14-15+16	13.00	——	0.00	——
	实际抵扣税额	18 (如17<11, 则为17, 否则为11)	13.00	0.00	0.00	0.00
	应纳税额	19=11-18	117.00	0.00	0.00	0.00
	期末留抵税额	20=17-18	0.00	0.00	0.00	
	简易计税办法计算的应纳税额	21		0.00	0.00	0.00
	按简易计税办法计算的纳税检查应补缴税额	22		0.00	——	——
	应纳税额减征额	23	0.00	0.00	0.00	0.00
	应纳税额合计	24=19+21+23	117.00	0.00	0.00	0.00

图8-16 增值税纳税申报表主表

(9) 单击【申报】按钮(见图8-17)，如果要修改申报数据，可在税务局未审核前单击【收回】按钮，进行修改后再次单击【申报】按钮，如图8-18所示。

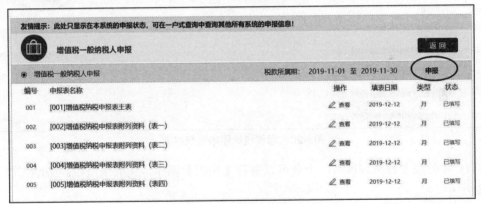

图8-17 增值税申报(1)

图8-18 增值税申报(2)

(10) 税务局专管员审核企业提交的增值税纳税申报表，可以执行【审核】和【驳回】的操作如图8-19所示。【审核】完成后，可以执行【弃审】操作，如图8-20所示。

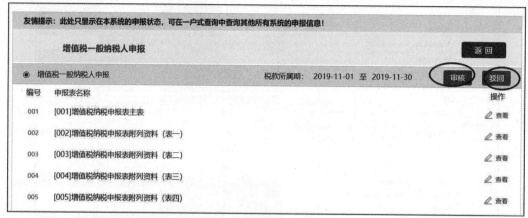

图8-19　税务局专管员审核

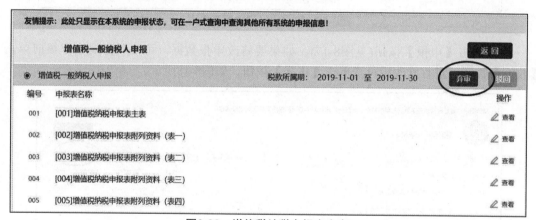

图8-20　增值税纳税申报表弃审

(11) 税务局专管员审核后，企业可以进行【扣款】操作，完成增值税的缴纳工作，如图8-21所示。

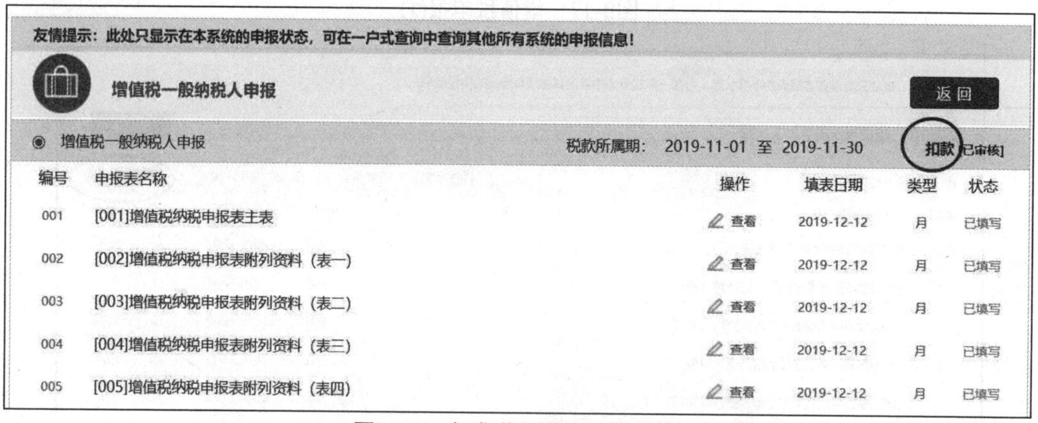

图8-21　完成增值税的缴纳工作

2) 月初申报并缴纳上月附加税税款

月初，税务会计在增值税申报缴纳完成后，登录国家税务总局电子税务局系统，根据已申报的增值税税额核对系统自动计算的上月城建税、教育费附加和地方教育附加的计税基础金额及税额是否正确，在线提交上月度"附加税(费)申报表"进行申报和扣缴上月度附加税税款，并编制记账凭证，登记银行存款日记账和明细账。

视频：填写附加税
纳税申报表

附加税费申报与缴纳操作步骤具体如下。

(1) 税务会计登录国家税务总局电子税务局系统，单击【我要办税】按钮。

(2) 申报表种类为"城建税、教育费附加、地方教育附加税(费)申报"，单击【查看】按钮，填写相关纳税申报表，如图8-22所示。

征收项目	申报表种类	税款所属期起	税款所属期止	申报期限	申报状态	操作
增值税	增值税一般纳税人月度申报	2019-11-01	2019-11-30	2019-12-15	已扣款	查看
城市维护建设税...	城建税、教育费附加、地方教育附加...	2019-11-01	2019-11-30	2019-12-15	未填写	查看
企业所得税	居民企业所得税月(季)度申报	2019-11-01	2019-11-30	2019-12-15	未填写	查看

图8-22 填写相关纳税申报表

(3) 上月的附加税费已经通过系统自动计算(见图8-23)，单击【保存】按钮后返回到主界面。

税(费)种	计税(费)依据					税率(征收率)	本期应纳税(费)额	本期减免税(费)额		本期增值税小规模纳税人减征额	试点建设培育产教融合型企业		本期已缴税(费)额	本期应补(退)税(费)额
	增值税		消费税	营业税	合计									
	一般增值税	免抵税额						减免性质代码	减免额	减征额	减免性质	本期抵免金额		
	1	2	3	4	5=1+2+3+4	6	7=6x5	8	9	10	11	12	13	14=7-9-10-12-13
城建税	117.00	0.00	0.00	0.00	117.00	0.07	8.19		0.00	0.00		0.00	0.00	8.19
增值税教育费附...	117.00	0.00	0.00	0.00	117.00	0.03	3.51		0.00			0.00	0.00	3.51
增值税地方教育...	117.00	0.00	0.00	0.00	117.00	0.02	2.34		0.00			0.00	0.00	2.34
合计	----					----	14.04		0.00	0.00		0.00	0.00	14.04

图8-23 系统自动计算上月的附加税费

(4) 单击【申报】按钮，如图8-24所示。

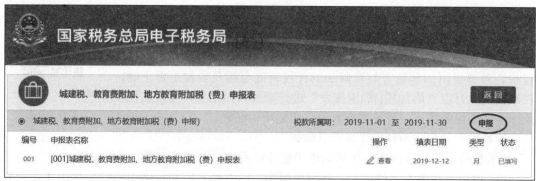

图8-24 附加税申报

(5) 税务局专管员审核企业提交的纳税申报表，可以执行【审核】和【驳回】的操作，如图8-25所示。

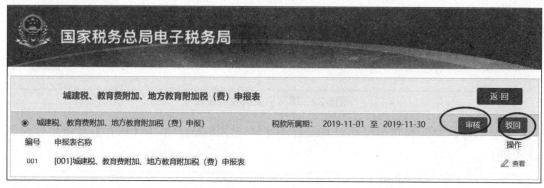

图8-25 税务局专管员审核

(6) 税务局专管员审核后，企业可以进行【扣款】操作，完成附加税的缴纳工作，如图8-26所示。

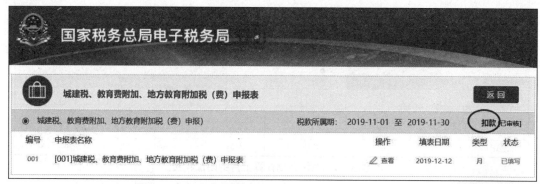

图8-26 完成附加税的缴纳工作

3) 月初申报并缴纳上月个人所得税税款

月初，根据"企业人员信息表"在自然人税收管理系统扣缴客户端报送企业员工信息，根据上月员工工资薪金表进行个人所得税的申报和缴纳，并编制记账凭证，登记银行存款日记账和明细账。

个税申报与缴纳操作步骤具体如下。

视频：
申报缴纳个税

(1) 税务会计登录自然人税收管理系统扣缴客户端，单击【人员信息采集】按钮，如图8-27所示。

图8-27　自然人税收管理系统扣缴客户端操作界面

(2) 导入根据案例企业员工信息填好的个税人员信息表，如图8-28所示。

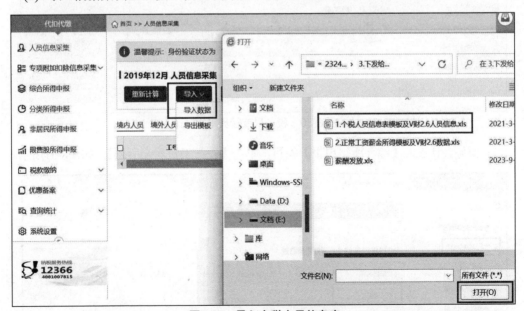

图8-28　导入个税人员信息表

(3) 勾选已导入的个税人员信息，单击【报送】按钮，如图8-29所示。

图8-29　报送个税人员信息

(4) 税务局专管员选择组织为案例企业，审核由企业报送的人员信息，如图8-30所示。

图8-30　税务局专管员审核

(5) 税务会计进入【综合所得申报】栏目，单击【正常工资薪金所得】，如图8-31所示。

图8-31　进入【综合所得申报】栏目

(6) 税务会计导入根据上月员工工资薪金填写好的"正常工资薪金所得表",如图8-32所示。

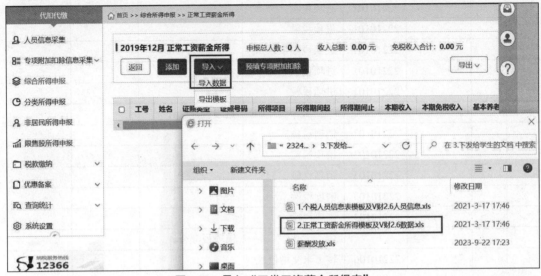

图8-32 导入"正常工资薪金所得表"

(7) 税务会计单击【发送申报】按钮,即对上月个税申报成功,如图8-33所示。

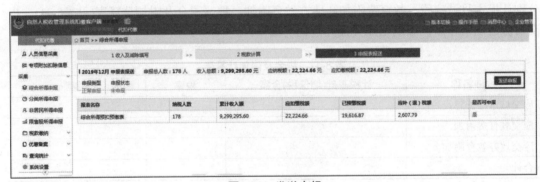

图8-33 发送申报

2. 计提本月税金

1) 本月末增值税抵扣联认证

此业务为线下业务,各岗位可在线下模拟操作。

增值税抵扣联认证方式一:税务会计登录增值税认证发票勾选平台,输入增值税发票代码和发票号码,勾选本月需抵扣的发票进行认证即可。

增值税抵扣联认证方式二:税务会计收集增值税进项发票抵扣联,到国税局提交税务局专管员,由税务局专管员完成增值税进项税额抵扣。

2) 计算结转应交未交增值税

月末,税务会计根据本月应交税费科目下的明细项目,计算本月应交未交增值税数额,填列在转出未交增值税计算表(见表8-10)中,提交财务经理审核后,编制记账凭证并登记明细账。

表 8-10　转出未交增值税计算表

月	日	凭证号数	科目编码	科目名称	摘要	本期借方	本期贷方
			22210101	进项税额			
			22210101	进项税额			
			22210101	进项税额			
			22210101	进项税额			
			22210101	进项税额			
					进项税额合计		
			22210103	销项税额			
			22210103	销项税额			
			22210103	销项税额			
			22210103	销项税额			
			22210103	销项税额			
					销项税额合计		
			22210106	转出未交增值税			

3) 计提税金及附加

月末，税务会计根据已经计算出的本月应交未交增值税税额，按7%、3%和2%的税率分别计提本月城建税、教育费附加和地方教育附加，填写税金及附加计算表(见表8-11)，提交财务经理审核后，编制记账凭证并登记明细账。

表 8-11　税金及附加计算表

税种名称	计税基础(增值税)金额	税率	税额
应交城市维护建设税			
应交教育费附加			
应交地方教育附加			
合计			

4) 计提企业所得税费用

月末，税务会计根据利润表中的利润总额，按25%的税率计提所得税费用，编制所得税费用计提表(见表8-12)。

表 8-12　所得税费用计提表

项目	金额(税率)
利润总额	
所得税税率	25%
所得税费用	
净利润	

5) 结转所得税费用

月末，税务会计在计提本季度的所得税费用后，根据已编制的所得税费用计提表，编制记账凭证，将已计提的所得税费用结转至本年利润科目，并登记明细账。

↗ 思政案例

"减税降费"为中小企业注入新活力

中小企业是国民经济和社会发展的主力军，在促进增长、保障就业、活跃市场、改善民生等方面发挥着重要作用。为进一步支持小微企业和个体工商户发展，2023年8月，财政部、税务总局联合发布了《关于进一步支持小微企业和个体工商户发展有关税费政策的公告》。

"减税降费"，为政府收入做减法

税收是国家实施宏观调控的重要工具。用税费的"减法"换取企业效益的"加法"和市场活力的"乘法"，既是供给侧结构性改革的题中之义，也是推动中国经济高质量发展的重要途径。近年来，我国持续推进"减税降费"政策，让利于民，政策密集且具有针对性，各地税务部门多措并举，确保税费减免政策落地，红利直达各个中小企业。无论是加大企业稳岗扩岗的财税、金融支持力度，还是对小规模纳税人的阶段性免征增值税，我国减税降费的政策力度大、发力准，助企纾困，为企业发展"输血补气"，仅2022年全国新增减税降费和退税缓税缓费就超过4万亿元。

"减税降费"，换来企业效益的加法

多种税收优惠政策延续和出台，有效减轻了企业的负担，提升了企业盈利水平，激发企业增强创新能力的动力，也促进了居民尤其是大学毕业生、新市民等的创业就业，明显增强了民营经济的活力与信心。减税降费赋能经营主体，让各类经营主体能够"轻装上阵"，享受来自减税降费政策的精度、力度和速度。2023年上半年，月销售额10万元以下的小规模纳税人免征增值税政策新增减税2148亿元，继续实施阶段性降低失业保险费率政策新增降费787亿元，制造业及与之相关的批发零售业累计新增减税降费及退税缓费3818亿元，中小微企业受益新增减税降费及退税缓费5766亿元。真金白银减税降费，极大增强了经营主体的发展信心，为经营主体瞄准赛道提供支撑，成为拉动经营主体加速发展的附加引擎。

"减税降费"，激发市场活力的乘法

在经济发展的周期中，减税降费的相关政策将会发挥短期和中长期双重目标和功能的作用。短期来看，减税降费是积极财政政策的重要政策措施，发挥着逆周期调节的作用，特别是在激发市场主体活力、减轻市场主体负担、稳定市场预期方面发挥举足轻重的作用；中长期来看，减税降费会增强税制中性的环境，能够更好地发挥市场在资源配置中的主导作用，形成一套与高质量发展匹配的税费体系，在转换增长动力、培育新动能、调动新活力方面持续发力。

推进和落实减税降费的相关政策，是我国实施宏观经济调控政策的有效手段，利于从多个方面促进并激发市场主体的活力，对中国经济高质量发展具有正向积极作用。

【思考】

请谈谈你对减税降费政策的理解。

第 9 章

职工薪酬业务

↗ **学习目标**

☐ 明确职工薪酬、社会保险费、住房公积金的概念和计算方法。

☐ 了解制造企业缴纳社会保险费、住房公积金，以及计提和发放职工薪酬的业务流程。

☐ 熟悉社会保险费和住房公积金的网银系统划转操作。

☐ 掌握职工薪酬业务记账凭证编制和明细账簿登记。

↗ **思政目标**

☐ 了解我国按劳分配为主体、多种分配方式并存的分配制度，要深知这一制度是社会主义基本经济制度的重要组成部分。

☐ 认识我国的社会保障制度，树立维护合法权益的意识，增强制度自信。

☐ 培养深入社会实践、关注现实问题的优良作风，树立积极且正确的职业观和价值观。

9.1 业务概述

9.1.1 职工薪酬业务介绍

1. 职工薪酬

职工薪酬是指企业为了获得职工提供的服务或解除劳动关系而给予的各种形式的报酬或补偿。企业提供给职工配偶、子女、受赡养人、已故员工遗属及其他受益人等的福利，也属于职工薪酬。职工薪酬主要包括短期薪酬、离职后福利、辞退福利和其他长期职工福利。短期薪酬是指企业在职工提供相关服务的年度报告期间结束后12个月内需要全部予以支付的职工薪酬。短期薪酬具体包括：职工工资、奖金、津贴和补贴、职工福利费、社会保险费、住房公积金、工会经费和职工教育经费。(本书仅涉及短期薪酬里的货币薪酬)

2. 社会保险费

社会保险费是社会保险的保险人(国家)为了承担法定的社会保险责任，而向被保险人

(雇主和雇员)收取的费用。

- 企业承担的社会保险：养老保险、医疗保险、失业保险、工伤保险、生育保险。
- 个人承担的社会保险：养老保险、医疗保险、失业保险。

3. 住房公积金

住房公积金由两部分组成，一部分由职工所在单位缴存，另一部分由职工个人缴存。职工个人缴存部分由单位代扣后，连同单位缴存部分一并缴存到住房公积金个人账户内。

4. 职工薪酬的计算

案例企业的五险一金计提与扣缴比例，如表9-1所示。

表 9-1 货币性短期薪酬——五险一金计提与扣缴比例

项目	单位缴纳比例	个人缴纳比例
养老保险	20%	8%
医疗保险	10%	2%+3元
失业保险	1%	0.2%
工伤保险	0.5%	个人不缴税
生育保险	0.8%	个人不缴税
住房公积金	12%	12%
合计	44.3%	22.2%+3元

9.1.2 职工薪酬业务流程

1. 职工薪酬业务实训任务描述

(1) 月初主要流程如下。

① 通过网银转账发放上月职工薪酬，编制记账凭证，登记银行存款日记账和明细账。

借：应付职工薪酬——工资

贷：银行存款——工行存款

应交税费——应交个人所得税

其他应付款——社会保险费(个人)

——住房公积金(个人)

② 根据上月应付职工薪酬明细表缴纳上月社会保险金，编制记账凭证，登记银行存款日记账和明细账。

借：其他应付款——社会保险费(个人)

应付职工薪酬——社会保险费(单位)

贷：银行存款——工行存款

③ 根据上月应付职工薪酬明细表缴纳上月住房公积金，编制记账凭证，登记银行存款日记账和明细账。

借：其他应付款——住房公积金(个人)

应付职工薪酬——住房公积金(单位)

贷：银行存款——工行存款

(2) 月末，对本月人工费用计算分摊，编制记账凭证，登记明细账。

借：管理费用(管理人员)

销售费用(销售人员)

生产成本

制造费用

贷：应付职工薪酬——工资

——社会保险费(单位)

——住房公积金(单位)

2. 职工薪酬业务实训具体业务流程步骤

(1) 月初发放上月职工薪酬。

月初，根据上月薪资发放表填写付款申请书，提交各部门经理审核无误后，登录企业网银系统上传上月薪资发放表，通过网银转账将上月薪资发放至各员工账户，并编制记账凭证，登记银行存款日记账和明细账。业务流程具体描述如表9-2所示。

表9-2　业务流程具体描述

序号	活动名称	角色	活动描述
1	导出薪酬发放表	人力行政部经理	在系统中导出上月薪资发放表
2	填写付款申请书	人力行政部经理	(1) 根据上月薪酬发放表填写付款申请书； (2) 提交财务经理审核。 注意：支付方式为网银支付，在付款申请书上选择"其他"
3	审核付款申请书	财务经理	(1) 根据上月薪酬发放表审核付款申请书； (2) 在审核无误的付款申请书"财务部门-经理"一栏签字或盖章
4	审核付款申请书	制造企业总经理	(1) 根据上月薪酬发放表审核付款申请书； (2) 在审核无误的付款申请书"总经理"一栏签字或盖章
5	通过网银上传薪资发放表	人力行政部经理	(1) 登录网银系统，上传上月薪资发放表； (2) 将上传的上月薪资发放表与系统中的内容进行匹配(账号、户名、金额必须进行匹配)，匹配无误后保存； (3) 将薪资发放汇总表提交财务部薪资会计
6	通过网银转账	薪资会计	(1) 审批HR上传的薪资发放表； (2) 审核无误后通过网银转账，将上月薪资发放至员工账户
7	代发工资	银行柜员	(1) 打印银行回单； (2) 在打印的纸质银行回单上盖章
8	去银行取回银行业务回单	出纳	(1) 去银行取回业务回单； (2) 将业务回单传递给薪资会计
9	编制记账凭证	薪资会计	(1) 根据薪资发放表及银行业务回单编制记账凭证； (2) 在记账凭证上签字或盖章
10	审核记账凭证	财务经理	(1) 根据薪资发放表及银行业务回单审核记账凭证； (2) 在记账凭证上签字或盖章

续表

序号	活动名称	角色	活动描述
11	登记银行存款日记账	出纳	(1) 在记账凭证上签字； (2) 根据记账凭证登记银行存款日记账，并在记账凭证上打钩过账
12	登记明细账	薪资会计	(1) 根据记账凭证登记三栏式明细账，并在记账凭证上打钩过账； (2) 记账后在记账凭证上签字或盖章
13	登记明细账	税务会计	(1) 根据记账凭证登记三栏式明细账，并在记账凭证上打钩过账； (2) 记账后在记账凭证上签字或盖章

业务流程如图9-1所示。

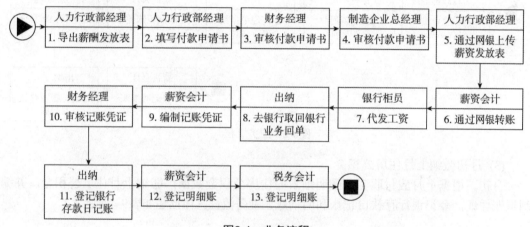

图9-1 业务流程

(2) 月初缴纳上月社会保险金。

月初，根据上月应付职工薪酬明细表的社保数据，缴纳上月社会保险金，并编制记账凭证，登记银行存款日记账和明细账。业务流程具体描述如表9-3所示。

表 9-3 业务流程具体描述

序号	活动名称	角色	活动描述
1	提供企业员工社保数据	人力行政部经理	(1) 根据11月份应付职工薪酬明细表，提供企业及员工应缴纳的社保数据给银行； (2) 通知出纳去银行取票据
2	划转社保打印凭证	银行柜员	(1) 根据企业员工提供的社保数据，确认当前回单所对应的项目，在备注栏上注明"社会保险"； (2) 办理企业社保划款； (3) 打印同城委托付款通知
3	传递单据给薪资会计	出纳	(1) 到银行取同城委托付款通知； (2) 将取回的同城委托付款通知交给薪资会计
4	编制记账凭证	薪资会计	(1) 根据同城委托付款通知编制记账凭证； (2) 在记账凭证上签字或盖章

续表

序号	活动名称	角色	活动描述
5	审核记账凭证	财务经理	(1) 根据同城委托付款通知审核记账凭证； (2) 在记账凭证上签字或盖章
6	登记银行存款日记账	出纳	(1) 在记账凭证上签字或盖章； (2) 根据记账凭证登记银行存款日记账，并在记账凭证上打钩过账
7	登记明细账	薪资会计	(1) 根据记账凭证登记三栏式明细账，并在记账凭证上打钩过账； (2) 记账后在记账凭证上签字或盖章

业务流程如图9-2所示。

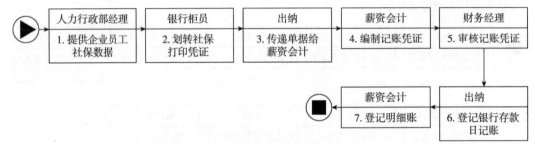

图9-2　业务流程

(3) 月初缴纳上月住房公积金。

月初，根据上月应付职工薪酬明细表的住房公积金数据，缴纳上月住房公积金，并编制记账凭证，登记银行存款日记账和明细账。业务流程具体描述如表9-4所示。

表9-4　业务流程具体描述

序号	活动名称	角色	活动描述
1	提供企业员工住房公积金数据	人力行政部经理	(1) 根据11月份应付职工薪酬明细表，提供企业及员工应缴纳的住房公积金数据给银行； (2) 通知出纳去银行取票据
2	划转住房公积金打印凭证	银行柜员	(1) 根据企业员工提供的住房公积金数据，确认当前回单所对应的项目，在备注栏上注明"住房公积金"； (2) 办理企业住房公积金划款； (3) 打印同城委托付款通知
3	将托收凭证交给薪资会计	出纳	(1) 到银行取同城委托付款通知； (2) 将取回的同城委托付款通知交给薪资会计
4	编制记账凭证	薪资会计	(1) 根据同城委托付款通知编制记账凭证； (2) 在记账凭证上签字或盖章
5	审核记账凭证	财务经理	(1) 根据同城委托付款通知审核记账凭证； (2) 在记账凭证上签字或盖章
6	登记银行存款日记账	出纳	(1) 在记账凭证上签字或盖章； (2) 根据记账凭证登记银行存款日记账，并在记账凭证上打钩过账

续表

序号	活动名称	角色	活动描述
7	登记明细账	薪资会计	(1) 根据记账凭证登记三栏式明细账，并在记账凭证上打钩过账； (2) 记账后在记账凭证上签字或盖章

业务流程如图9-3所示。

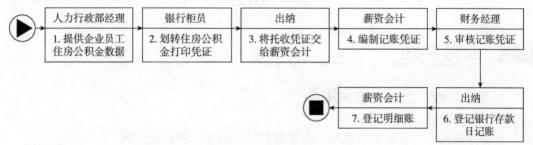

图9-3 业务流程

(4) 本月职工薪酬的分摊核算。

月末，根据单位产品标准工时表、应付职工薪酬科目明细表(12月)、生产订单(本月汇总)等对本月人工费用计算分摊，填写"直接人工成本分配结转表"，并编制记账凭证，登记明细账。业务流程具体描述如表9-5所示。

表 9-5 业务流程具体描述

序号	活动名称	角色	活动描述
1	计算直接人工分配表	成本会计	根据单位产品标准工时表、应付职工薪酬科目明细表(12月)、生产订单(本月汇总)三个表格数据进行人工费用分摊，填写"直接人工成本分配结转表"
2	编制记账凭证	薪资会计	(1) 根据12月份员工薪酬统计表(部门汇总)和直接人工分配表编制记账凭证； (2) 在记账凭证上签字或盖章
3	审核记账凭证	财务经理	(1) 根据12月份员工薪酬统计表(部门汇总)和直接人工分配表审核记账凭证； (2) 在记账凭证上签字或盖章
4	登记明细账	费用会计	(1) 根据记账凭证登记多栏式明细账，并在记账凭证上打钩过账； (2) 记账后在记账凭证上签字或盖章
5	登记明细账	成本会计	(1) 根据记账凭证登记生产成本明细分类账，并在记账凭证上打钩过账； (2) 记账后在记账凭证上签字或盖章
6	登记明细账	薪资会计	(1) 根据记账凭证登记三栏式明细账，并在记账凭证上打钩过账； (2) 记账后在记账凭证上签字或盖章

业务流程如图9-4所示。

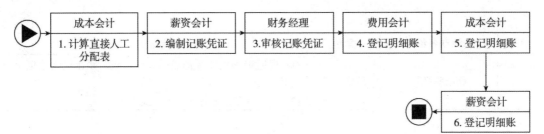

图9-4　业务流程

9.2　业务实践

1. 职工薪酬的发放和分摊核算

1) 月初发放上月职工薪酬

月初，根据上月薪资发放表填写和审核付款申请表，登录企业网银系统，上传上月薪资发放表，通过网银转账将上月薪资发放至各员工账户，并编制记账凭证，登记银行存款日记账和明细账。

企业通过网银系统代发上月薪资操作步骤具体如下。

(1) 月初，人力行政部经理打开网上银行登录界面(见图9-5)，其中用户名、用户登录密码和卡密码为预置数据，单击【登录】按钮，进入网上银行主界面(见图9-6)。

视频：用网银发放
职工薪酬

图9-5　网上银行登录界面

图9-6 网上银行主界面

(2) 执行【代发代扣】→【发工资经办】命令，进入工资代发信息填写界面，如图9-7所示。业务模式默认为"经办"；扣款账号为所属企业的账号和币种；类型为"代发工资"；用途为"工资"；业务参考号为流水号。发放工资的期望日为该任务的日期，时间可自行确定。

图9-7 工资代发信息填写界面

(3) 单击下方【读取】按钮，系统会自动弹出文件导入对话框，单击【点击这里上传文件】按钮(见图9-8)，在系统弹出对话框中，选择"薪酬发放"Excel表格，单击【打开】按钮(见图9-9)，系统提示导入成功。

图9-8　文件导入对话界面

图9-9　文件上传界面

(4) 单击【下一步】按钮，进入指定数据内容界面。选择表中"姓名"列，单击"对应列"的"户名"；选择表中"个人账户"列，单击"对应列"的"账号"；选择表中"金额"列，单击"对应列"的"金额"，如图9-10所示。

图9-10 指定数据内容界面

(5) 单击【完成】按钮，系统返回代发工资主界面。单击【保存】按钮，系统提示"已保存成功"，如图9-11所示。

图9-11 数据保存成功界面

(6) 返回主界面，执行【代发代扣】→【查询】命令，在查询到的代发代扣业务信息界面中，有一个记录显示未处理状态，如图9-12所示。

图9-12 代发代扣业务信息查询界面

(7) 执行【代发代扣】→【审批】命令，勾选未处理的数据，单击【同意(A)】按钮，即发放成功，如图9-13所示。

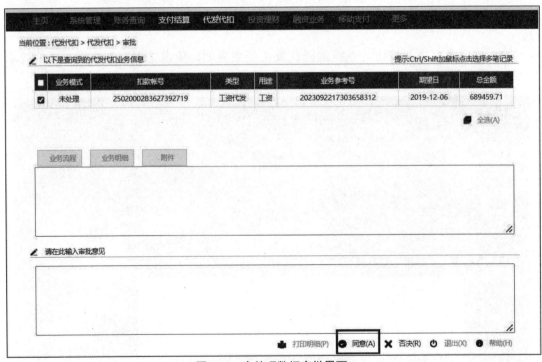

图9-13 未处理数据审批界面

2) 月末分摊核算本月职工薪酬

月末，根据"单位产品标准工时表""应付职工薪酬科目明细表(2019年12月)""生产订单(本月汇总)"等对本月人工费用计算分摊，填写"直接人工成本分配结转表"(见表9-6)，并编制记账凭证，登记明细账。

表 9-6 直接人工成本分配结转表

产品名称	产成品单件工时(分钟)	本期投入生产量	总工时(小时)	人工费用分配率	人工费分配
轻巧型壶体				——	
经典型壶体				——	
豪华型壶体				——	
合计					
轻巧型电热水壶	5.00	30 100.00	2 508.3333		262 432.87
经典型电热水壶	5.00	14 100.00	1 175.00		122 933.67
豪华型电热水壶	5.00	4 050.00	337.50		35 310.76
合计			4 020.8333	104.6244	420 677.30
总计					737 014.50

人工费用分配率: 保留4位小数

人工费分配: 保留2位小数, 豪华型壶体、豪华型电热水壶倒挤计算。

2. 社会保险费和住房公积金的缴纳

1) 月初缴纳上月社会保险费

月初, 根据上月应付职工薪酬明细表的社保数据, 缴纳上月社会保险费, 并编制记账凭证, 登记银行存款日记账和明细账。

缴纳上月社会保险费操作步骤具体如下。

视频: 用网银缴纳
上月社保

(1) 银行柜员根据企业提供的员工社保数据, 登录银行系统主界面, 单击【缴纳社保】按钮, 如图9-14所示。

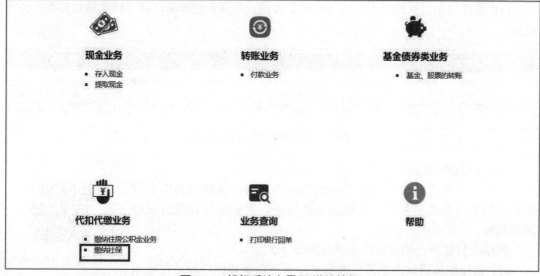

图9-14 银行系统主界面(缴纳社保)

(2) 单击【新增】按钮(见图9-15), 根据"案例信息——制造企业信息"查找付款人账户, 根据"应付职工薪酬科目明细表(2019年11月)"的业务数据计算付款金额, 付款金额为企业代扣代缴的个人承担社保部分和企业承担社保部分，填写完成单击【保存】按钮，如图9-16所示。

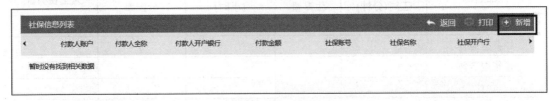

图9-15　社保信息列表

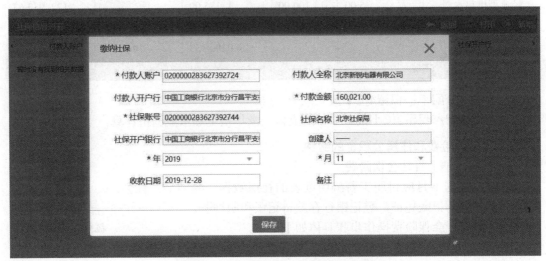

图9-16　缴纳社保相关信息填写界面

(3) 选择一条付款信息，单击【打印】按钮，如图9-17所示。将"付款通知"交给企业出纳。

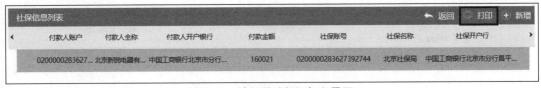

图9-17　社保缴纳凭证打印界面

2) 月初缴纳住房公积金

月初，根据上月"应付职工薪酬明细表"的社保住房公积金数据，缴纳上月住房公积金，并编制记账凭证，登记银行存款日记账和明细账。

缴纳上月住房公积金操作步骤具体如下。

(1) 银行柜员根据企业提供的员工住房公积金数据，登录银行系统主界面，单击【缴纳住房公积金业务】按钮，如图9-18所示。

视频：用网银缴纳
上月住房公积金

图9-18 银行系统主界面(缴纳住房公积金业务)

(2) 单击【新增】按钮(见图9-19)，根据"案例信息——制造企业信息"查找付款人账户，根据"应付职工薪酬科目明细表(2019年11月)"的业务数据计算付款金额，付款金额为企业代扣代缴的个人承担住房公积金部分和企业承担住房公积金部分，填写完成单击【保存】按钮，如图9-20所示。

图9-19 住房公积金列表

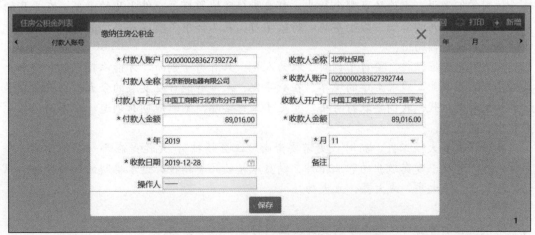

图9-20 缴纳住房公积金相关信息填写界面

(3) 选择一条付款信息，单击【打印】按钮，如图9-21所示。将"付款通知"交给企业出纳。

图9-21　住房公积金缴纳凭证打印界面

↗ 思政案例

匠心追梦，技能报国

从"嫦娥"奔月到"祝融"探火，从"北斗"组网到"奋斗者"深潜，从"中国制造"到"中国创造"，这些国之重器、超级工程，无一离开大国工匠们的执着专注，精益求精。当前，我国已转向高质量发展阶段，在全面建设社会主义现代化国家新征程上，更需要大力弘扬工匠精神，不断铸造匠心匠魂。

我国自古就有尊崇和弘扬工匠精神的优良传统，鲁班造伞、蔡伦造纸、李春建桥、马钧造弩等，都是古代工匠精益求精、追求完美的生动体现。新中国成立以来，一代又一代工匠们不懈努力，创造一个又一个奇迹，"两弹一星"、载人航天工程、高铁技术、大飞机设计与制造等，无不展现了我们对工匠精神的传承和发扬。

迈向社会主义现代化国家新征程，发扬工匠精神，对于中国实现产业转型升级、中国创造走向世界具有重要意义。"心心在一艺，其艺必工；心心在一职，其职必举"，任何一种精神的存在和发扬，都需要适合它生存的生态土壤，工匠精神也不例外。良好的社会生态环境是工匠精神成长的沃土，只有让全社会尊重劳动者、崇尚工匠精神，让尊重劳动、尊重创造成为社会共识，才能使技能人才受到尊重，才能让他们心无旁骛，能在本职岗位上坐得住、做得好，在体现自身劳动价值的同时做到至善至精。对于企业来说，应该立足长远，给予员工发展、发挥的时间和空间，着力培养其成为大国工匠。

工匠精神的内涵是追求卓越，对本职工作的执着、专注与精益求精的态度和付出。对每一位同学们来说，无论从事哪个行业，都要脚踏实地做好每一件平凡的小事，在平凡的岗位上做出不平凡的业绩，力争卓越，持续学习，在工作中不断提高自己的技能水平，才能够在竞争中脱颖而出。

大力弘扬工匠精神，要勇于创新、敢为人先。只有勇于创新，才能以饱满的热情和上进心，专注于事业，追求至臻的境界。在数字化、人工智能日益发展的今天，在创新潮水激荡涌流的新时代，我们要敢打善拼，立足于工作实际，不断地创新创造，在不同岗位上书写出新的故事。

新时代需要大国工匠，新时代更需要崇尚"工匠精神"，无论是在哪一个行业哪一个岗位，我们都要以爱岗敬业的职业精神、精益求精的品质精神、追求卓越的创新精神为驱动，担大任、干大事、成大器、立大功。

【思考】

请谈谈在财务会计工作中如何发挥工匠精神。

第 10 章

资产相关业务

↗ 学习目标

- ☐ 明确长期股权投资、金融资产、投资性房地产、固定资产和无形资产的概念内涵。
- ☐ 了解制造企业进行资产购买、出售、计提折旧或摊销的业务流程。
- ☐ 熟悉资产购买、出售、计提折旧或摊销的单据填写。
- ☐ 掌握资产购买、出售、计提折旧或摊销业务的记账凭证编制和明细账簿登记。

↗ 思政目标

- ☐ 遵守资产业务相关的法律法规，确保账务处理的合规性和透明度。
- ☐ 提升对金融市场的理解、认知和把握，培养健康的金融行为和风险意识。
- ☐ 培养减少资源浪费、实现可持续发展的行为习惯，以实现资源的优化配置和利用效率的提升。

10.1 业务概述

10.1.1 资产业务介绍

1. 长期股权投资

长期股权投资是指投资方对被投资单位实施控制、共同控制或施加重大影响的权益性投资，以及对其合营企业的权益性投资。其具有以下特点：

① 投资期限长，投资风险大；

② 不能随意抽回投资；

③ 按所持股份享有权利和承担义务；

④ 投资的目的除获取投资收益外，还有谋求其他利益。

长期股权投资可分为控制、共同控制、重大影响三种类型。

(1) 控制。控制是指投资方拥有对被投资方的管理权力，通过参与被投资方的相关活动而享有可变回报，并且有能力运用对被投资方的权力影响其回报金额。投资方对被投资方形成控制关系的，投资方一般称为母公司，被投资方一般称为子公司。

(2) 共同控制。共同控制是指各投资方按照相关约定对被投资方所共有的控制，并且该被投资方的相关活动必须经过分享控制权的各投资方一致同意后才能决策。各投资方与被投资方形成共同控制关系的，一般称被投资方为合营企业。实施共同控制的任何一个投资方都不能够单独控制被投资方，对被投资方具有共同控制的任何一个投资方均能够阻止其他投资方单独控制被投资方。

(3) 重大影响。重大影响是指投资方对被投资方的财务和经营政策有参与决策的权利，但并不能够控制或者与其他方一起共同控制这些政策的制定。投资方与被投资方形成重大影响关系的，称被投资方为联营企业。当投资企业直接拥有被投资单位20%或以上至50%的表决权资本时，认为对被投资单位具有重大影响。投资企业直接拥有被投资单位20%以下的表决权资本，符合下列情形之一的，也认为对被投资单位有重大影响：

① 被投资方董事会或类似权力机构中派有代表；

② 参与被投资方的政策制定过程；

③ 向被投资方派出管理人员；

④ 依赖投资企业的技术资料；

⑤ 其他证明投资方对被投资方具有重大影响的情形。

长期股权投资的核算方法分为成本法和权益法。

(1) 成本法，是指投资按成本计价的方法。成本法适用于企业持有的，能够对被投资单位实施控制的长期股权投资。

(2) 权益法，是指投资以初始投资成本计量后，在投资持有期间，根据被投资单位所有者权益变动，投资企业按应享有(或应分担)被投资企业所有者权益的份额调整其账面价值的方法。权益法适用于投资企业对被投资单位具有共同控制和重大影响的长期股权投资，即对联营企业和合营企业的投资，应采用权益法核算。

2. 金融资产

金融资产是指企业持有的现金、其他方的权益工具，以及符合下列条件之一的资产：

① 从其他方收支现金或其他金融资产的合同权利(如银行存款、应收账款、应收票据和贷款等)；

② 在潜在有利条件下，与其他方交换金融资产或金融负债的合同权利(如：企业购入的看涨期权或看跌期权等)；

③ 将来须用或可用企业自身权益工具进行结算的非衍生工具合同，且企业根据该合同将收到可变数量的自身权益工具；

④ 将来须用或可用企业自身权益工具进行结算的衍生工具合同，但以固定数量的自身权益工具交换固定金额的现金或其他金融资产的衍生工具合同除外。

企业应当根据其管理金融资产的业务模式和金融资产的合同现金流量特征，对金融资产进行合理的分类。金融资产一般划分为以下三类，具体如表10-1所示。

表 10-1 金融资产的分类

分类	条件	会计科目
① 以摊余成本计量的金融资产	同时符合以下条件： A. 企业管理该金融资产的业务模式是以收取合同现金流量为目标； B. 该金融资产的合同条款规定，在特定日期产生的现金流量，仅为对本金和以未偿付本金金额为基础的利息的支付	应收账款、债权投资

续表

分类	条件	会计科目
② 以公允价值计量且其变动计入其他综合收益的金融资产	同时符合下列条件： A. 企业管理该金融资产的业务模式既以收取合同现金流量为目标，又以出售该金融资产为目标； B. 该金融资产的合同条款规定，在特定日期产生的现金流量，仅为对本金和以未偿付本金额为基础的利息的支付	其他债权投资
	在初始确认时，企业可以将非交易性权益工具投资指定为以公允价值计量且其变动计入其他综合收益的金融资产，并按规定确认股利收入。该指定一经做出，不得撤销	其他权益工具投资
③ 以公允价值计量且其变动计入当期损益的金融资产	除①和②以外的金融资产。 在初始确认时，如果能够消除或显著减少会计错配，企业可以将金融资产指定为以公允价值计量且其变动计入当期损益的金融资产。该指定一经做出，不得撤销	交易性金融资产

3. 投资性房地产

投资性房地产是指为赚取租金或资本增值，或者两者兼有而持有的房地产。投资性房地产应当能够单独计量和出售。

投资性房地产的确认条件为：

① 与该资产相关的经济利益很可能流入企业；

② 该投资性房地产的成本能够可靠地计量。

投资性房地产的分类如表10-2所示。

表 10-2 投资性房地产的分类

分类	内涵
① 已出租的土地使用权	企业通过出让或转让方式取得的，并以经营租赁方式出租的土地使用权
② 持有并准备增值后转让的土地使用权	企业通过出让或转让方式取得的，并准备增值后转让的土地使用权
③ 已出租的建筑物	企业拥有产权并出租的房屋等建筑物，主要包括自行建造或开发活动完成后用于出租的建筑物以及正在建造或开发过程中将来用于出租的建筑物

4. 固定资产

固定资产是指同时具有下列特征的有形资产：

① 为生产商品、提供劳务、出租或经营管理而持有的；

② 使用寿命超过一个会计年度。

固定资产同时满足下列条件的，才能予以确认：

① 与该固定资产有关的经济利益很可能流入企业；

② 该固定资产的成本能够可靠地计量。

除以下情况外，企业应对所有固定资产计提折旧：

① 已提足折旧仍继续使用的固定资产；

② 按照规定单独计价作为固定资产入账的土地；

③ 更新改造期间停止使用的固定资产；

④ 已划分为持有待售的固定资产。

已达到预定可使用状态但尚未办理竣工决算的固定资产,应当按照估计价值确认为固定资产,并计提折旧;待办理了竣工决算手续后,再按实际成本调整原来的暂估价值,但不需要调整原已计提的折旧额。

固定资产折旧方法如表10-3所示。

表 10-3   固定资产折旧方法

折旧方法	计算公式
年限平均法(又称直线法)	年折旧率=(1−预计净残值率)÷预计使用寿命(年)×100% 月折旧率=年折旧率÷12 月折旧额=固定资产原值×月折旧率 或 年折旧额=(固定资产原值−预计净残值)÷预计使用寿命(年) ＝固定资产原值×(1−预计净残值率)÷预计使用寿命(年) 月折旧额=年折旧额÷12
工作量法	单位工作量折旧额=固定资产原值×(1−预计净残值率)÷预计总工作量 某项固定资产月折旧额=该项固定资产当月工作量×单位工作量折旧额
双倍余额递减法	年折旧率=2÷预计使用寿命(年)×100% 年折旧额=固定资产账面净值×年折旧率 通常在其折旧年限到期前两年内,将固定资产账面净值扣除预计净残值后的余额平均摊销
年数总和法	年折旧率=尚可使用年限÷预计使用年限的年数总和×100% 年折旧额=(固定资产原值−预计净残值)×年折旧率

5. 无形资产

无形资产,是指企业拥有或者控制的没有实物形态的可辨认非货币性资产。其具有以下特征:

① 由企业拥有或者控制并能为其带来未来经济利益的资源;

② 无形资产不具有实物形态;

③ 无形资产属于非货币性资产;

④ 无形资产具有可辨认性。

注意:商誉不属于无形资产,原因在于商誉与企业整体相关,其不具有可辨认性。同时,商誉通常并不在个别报表中确认(特殊情况除外),而是在合并报表中予以确认。

无形资产通常包括专利权、非专利技术、商标权、著作权、特许权和土地使用权等。

在进行无形资产摊销时,应注意以下问题。

(1) 无形资产的应摊销金额,是指其成本扣除预计残值后的金额。已计提减值准备的无形资产,还应扣除已计提的无形资产减值准备累计金额。

(2) 无形资产的残值一般为零,但下列情况除外:

● 有第三方承诺在无形资产使用寿命结束时购买该无形资产;

● 可以根据活跃市场得到预计残值信息,并且该市场在无形资产使用寿命结束时很可能存在。

残值确定以后,在持有无形资产的期间内,至少应于每年年末进行复核。

(3) 摊销期。企业摊销无形资产,且其可供使用(即其达到预定用途)时起至终止确认时止,即当月增加当月开始摊销,当月减少当月停止摊销。

(4) 摊销方法。企业选择的无形资产摊销方法,应当根据与无形资产有关的经济利益的预期消耗方式做出决定,并一致地运用于不同会计期间。无法可靠确定其预期消耗方式的,应当采用直线法进行摊销。

10.1.2 资产业务流程

1. 资产业务实训任务描述

(1) 长期股权投资业务。

① 案例企业根据业务拓展需要,对久远互联网软件公司进行长期股权投资,取得久远互联网软件公司80%的股权,投资企业对被投资单位实施控制。

借:长期股权投资
　　贷:银行存款

② 被投资企业久远互联网软件公司宣告分派本年度红利。

借:应收股利
　　贷:投资收益

③ 收到被投资企业久远互联网软件公司发放的本年度红利。

借:银行存款
　　贷:应收股利

(2) 交易性金融资产业务。

① 案例企业出于资金管理方面的考虑,购入名称为"嘉实优势"的股票型基金,取得交易性金融资产。

借:交易性金融资产——成本(公允价值)
　　投资收益(发生的交易费用)
　　贷:银行存款等(支付总价款)

② 嘉实基金公司宣告分派本年度红利。

借:应收股利
　　贷:投资收益

③ 收到嘉实基金公司发放的本年度红利。

借:银行存款
　　贷:应收股利

④ 案例企业出售"嘉实优势"基金。

借:银行存款
　　贷:交易性金融资产——成本
　　　　投资收益

(3) 其他权益工具投资业务。

① 案例企业支付价款100万元(含已宣告但尚未发放的现金股利10万元)取得一项股权投资,划分为其他权益工具投资。

借：其他权益工具投资——成本

应收股利

　　贷：银行存款

② 案例企业收到现金股利。

借：银行存款

　　贷：应收股利

③ 其他权益工具投资公允价值变动。

借：其他权益工具投资——公允价值变动

　　贷：其他综合收益

(4) 投资性房地产业务。

① 案例企业决定购入一批房产作为未来发展的储备，从华润房地产公司购入一栋写字楼用于对外出租，采用成本模式进行后续计量。

借：投资性房地产

　　贷：银行存款

② 案例企业将写字楼出租给北京融通综合服务有限公司管理使用，收到北京融通综合服务有限公司缴纳的房租。

借：银行存款

　　贷：其他业务收入——房租

　　　　应交税费——应交增值税(销项税额)

(5) 债权投资业务。

① 案例企业购入某石化公司5年期的不可赎回债券，将其划分为债权投资，按年确认投资收益。

借：债权投资——成本

　　　　　　——利息调整

　　贷：银行存款

② 案例企业确认收到投资收益。

借：债权投资——应计利息

　　贷：投资收益

　　　　债权投资——利息调整

(6) 固定资产业务。

① 案例企业销售自己使用过的已抵扣过进项税额的固定资产——两台电脑，对其进行转清理处理。

借：固定资产清理

累计折旧

　　贷：固定资产

② 案例企业收到固定资产出售款项。

借：银行存款

营业外支出

　　贷：应交税费——应交增值税(销项税额)

　　　　固定资产清理

③ 月末，案例企业对各部门的固定资产采用直线法进行折旧，编制固定资产折旧计算表，按照固定资产使用部门，将折旧费用计入相应的成本费用中。

借：管理费用——折旧费
　　销售费用——折旧费
　　制作费用——折旧费
　　　贷：累计折旧

(7) 无形资产摊销业务。

案例企业对ERP软件计提摊销。

借：管理费用(自用)
　　制造费用(生产产品使用)
　　其他业务成本(经营出租)
　　研发支出等(为研发另一项无形资产而使用)
　　　贷：累计摊销

2. 资产业务实训具体业务流程步骤

(1) 长期股权投资的初始计量。

制造企业与被投资企业签订长期股权转让协议，并通过银行转账方式将长期股权投资款转至被投资方账户，编制记账凭证并登记明细账。业务流程具体描述如表10-4所示。

表 10-4　业务流程具体描述

序号	活动名称	角色	活动描述
1	填写合同或协议等文件	财务经理	根据案例信息和董事会决议书填写股权转让协议
2	在合同或协议等文件上签字	制造企业总经理	(1) 审核股权转让协议书；(2) 在股权转让协议上代表公司法定代表人签字
3	在合同或协议等文件上盖章后传递给供应商	行政助理	在股权转让协议上盖章后传递给供应商
4	在合同或协议上盖章	供应商代表	(1) 在股权转让协议上盖章；(2) 交给行政助理将股权转让协议转交给出纳
5	根据协议填写转账支票	出纳	(1) 根据股权转让协议填写转账支票并盖章；(2) 登记支票登记簿
6	支票盖章	财务经理	(1) 根据股权转让协议审核转账支票；(2) 审核无误后在转账支票上盖章
7	到银行柜台转账	出纳	(1) 拿转账支票去银行转账；(2) 填写银行进账单(三联)
8	办理企业间转账业务	银行柜员	根据支票办理企业间转账业务(付款业务)
9	在银行进账单上盖章并将回单联给出纳	银行柜员	(1) 在银行进账单上盖章；(2) 将银行进账单回单联给出纳
10	单据传递给资产会计	出纳	将支票存根及银行进账单回单联传递给资产会计
11	编制记账凭证	资产会计	(1) 根据支票存根及银行进账单回单联编制记账凭证；(2) 在记账凭证上签字或盖章
12	审核记账凭证	总账报表会计	(1) 根据支票存根及银行进账单回单联审核记账凭证；(2) 在记账凭证上签字或盖章

续表

序号	活动名称	角色	活动描述
13	审核记账凭证	财务经理	(1) 根据支票存根及银行进账单回单联审核记账凭证; (2) 在记账凭证上签字或盖章
14	登记银行存款日记账	出纳	(1) 根据记账凭证登记银行存款日记账,并在记账凭证上打钩过账; (2) 记账后在记账凭证上签字或盖章
15	登记明细账	资产会计	(1) 根据记账凭证登记三栏式明细账,并在记账凭证上打钩过账; (2) 记账后在记账凭证上签字或盖章

业务流程如图10-1所示。

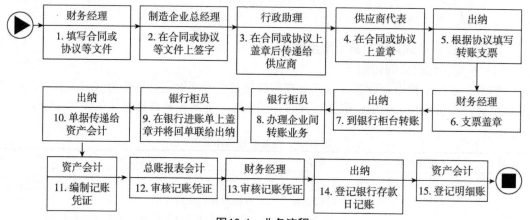

图10-1 业务流程

(2) 长期股权投资的后续计量红利宣告。

制造企业查看久远互联网软件公司的股利发放公告,编制确认应收股利的记账凭证,并登记明细账,业务流程具体描述如表10-5所示。

表10-5 业务流程具体描述

序号	活动名称	角色	活动描述
1	查看红利发放公告	财务经理	查看长期股权投资股利发放公告
2	编制记账凭证	资产会计	(1) 根据长期股权投资股利发放公告编制记账凭证; (2) 在记账凭证上签字或盖章
3	审核记账凭证	总账报表会计	(1) 根据长期股权投资股利发放公告审核记账凭证; (2) 在记账凭证上签字或盖章
4	主管签字	财务经理	(1) 根据长期股权投资股利发放公告审核记账凭证; (2) 在记账凭证上签字或盖章
5	登记明细账	资产会计	(1) 根据记账凭证登记三栏式明细账,并在记账凭证上打钩过账; (2) 记账后在记账凭证上签字或盖章

续表

序号	活动名称	角色	活动描述
6	登记明细账	总账报表会计	(1) 根据记账凭证登记三栏式明细账，并在记账凭证上打钩过账； (2) 记账后在记账凭证上签字或盖章

业务流程如图10-2所示。

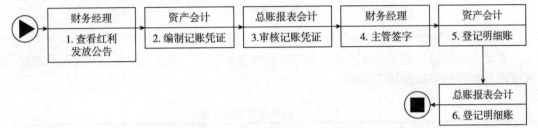

图10-2　业务流程

(3) 长期股权投资的后续计量收到红利。

制造企业收到久远互联网软件公司的长期股权投资股利，编制记账凭证并登记明细账。业务流程具体描述如表10-6所示。

表 10-6　业务流程具体描述

序号	活动名称	角色	活动描述
1	到银行柜台办理基金红利到账业务	出纳	到银行柜台办理长期股权投资红利到账业务
2	办理转账业务	银行柜员	(1) 将长期股权投资红利划入企业账户； (2) 打印银行回单，将回单传递给出纳
3	传递单据至资产会计	出纳	从银行柜员处领取回单，传递至资产会计
4	编制记账凭证	资产会计	(1) 根据长期股权投资股利发放公告编制记账凭证； (2) 在记账凭证上签字或盖章
5	审核记账凭证	财务经理	(1) 根据长期股权投资股利发放公告审核记账凭证； (2) 在记账凭证上签字或盖章
6	登记银行存款日记账	出纳	(1) 根据记账凭证登记银行存款日记账，并在记账凭证上打钩过账； (2) 记账后在记账凭证上签字或盖章
7	登记明细账	资产会计	(1) 根据记账凭证登记三栏式明细账，并在记账凭证上打钩过账； (2) 记账后在记账凭证上签字或盖章

业务流程如图10-3所示。

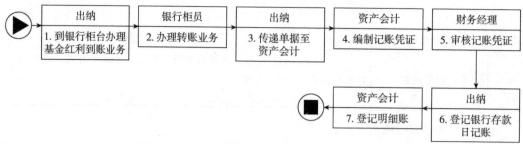

图10-3　业务流程

(4) 交易性金融资产的初始计量。

制造企业到银行购买理财产品，投资交易性金融资产，编制记账凭证并登记明细账。业务流程具体描述如表10-7所示。

表 10-7　业务流程具体描述

序号	活动名称	角色	活动描述
1	安排出纳开始投资金融资产	财务经理	(1) 查看之前与工商银行签订的理财产品服务协议； (2) 安排出纳去银行领取理财产品交易申请表
2	去银行取理财产品交易申请表	出纳	去银行取理财产品交易申请表
3	将理财产品交易申请表交给出纳	银行柜员	将理财产品交易申请表交给出纳
4	填写理财产品交易申请表	出纳	(1) 填写理财产品交易申请表； (2) 在"申请人"处签字盖章
5	审批理财产品交易申请表	制造企业总经理	(1) 审批理财产品交易申请表； (2) 在"客户审批(总经理)"处签字盖章
6	审核理财产品交易申请表	财务经理	(1) 审核理财产品交易申请表； (2) 在"客户审批(财务经理)"处签字盖章
7	到银行柜台办理购买业务	出纳	到银行柜台办理购买业务
8	办理购买理财产品业务	银行柜员	在基金债券业务节点下办理购买理财产品业务
9	打印银行回单	银行柜员	(1) 在业务查询节点下打印购买理财产品交割单； (2) 打印银行回单(付款单)
10	传递单据给资产会计	出纳	将理财产品交割单与银行回单交给资产会计
11	编制记账凭证	资产会计	(1) 根据理财产品交割单与银行回单编制记账凭证； (2) 在记账凭证上签字或盖章
12	审核记账凭证	总账报表会计	(1) 根据理财产品交割单与银行回单审核记账凭证； (2) 在记账凭证上签字或盖章
13	审核记账凭证	财务经理	(1) 根据理财产品交割单与银行回单审核记账凭证； (2) 在记账凭证上签字或盖章
14	登记银行存款日记账	出纳	(1) 根据记账凭证登记银行存款日记账，并在记账凭证上钩过账； (2) 记账后在记账凭证上签字或盖章
15	登记明细账	资产会计	(1) 根据记账凭证登记三栏式明细账，并在记账凭证上打钩过账； (2) 记账后在记账凭证上签字或盖章
16	登记明细账	总账报表会计	(1) 根据记账凭证登记三栏式明细账，并在记账凭证上打钩过账； (2) 记账后在记账凭证上签字或盖章

业务流程如图10-4所示。

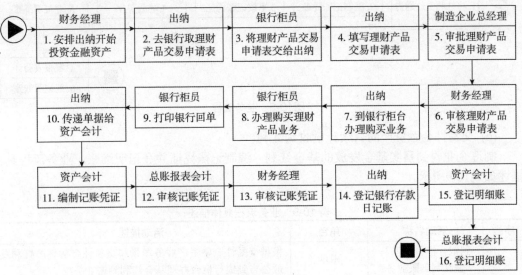

图10-4 业务流程

(5) 交易性金融资产的后续计量红利宣告。

制造企业查看嘉实基金的红利发放公告，编制确认应收股利的记账凭证，并登记明细账。业务流程具体描述如表10-8所示。

表 10-8 业务流程具体描述

序号	活动名称	角色	活动描述
1	将红利发放通告传递给会计	财务经理	将红利发放通告传递给会计
2	编制记账凭证	资产会计	(1) 根据交易性金融资产业务场景和嘉实基金红利公告编制记账凭证； (2) 在记账凭证上签字或盖章
3	审核记账凭证	总账报表会计	(1) 根据交易性金融资产业务场景和嘉实基金红利公告审核记账凭证； (2) 在记账凭证上签字或盖章
4	主管签字	财务经理	(1) 根据交易性金融资产业务场景和嘉实基金红利公告审核记账凭证； (2) 在记账凭证上签字或盖章
5	登记明细账	资产会计	(1) 根据记账凭证登记三栏式明细账，并在记账凭证上打钩过账； (2) 记账后在记账凭证上签字或盖章
6	登记明细账	总账报表会计	(1) 根据记账凭证登记三栏式明细账，并在记账凭证上打钩过账； (2) 记账后在记账凭证上签字或盖章

业务流程如图10-5所示。

```
财务经理          资产会计          总账报表会计        财务经理          资产会计
1.将红利发放通告    2.编制记账凭证      3.审核记账凭证      4.主管签字         5.登记明细账
  传递给会计
```

```
                                                                  总账报表会计
                                                                  6.登记明细账
```

图10-5　业务流程

(6) 交易性金融资产的后续计量收到红利。

制造企业收到嘉实基金发放的基金红利，编制记账凭证并登记明细账。业务流程具体描述如表10-9所示。

表10-9　业务流程具体描述

序号	活动名称	角色	活动描述
1	到银行柜台办理基金红利到账业务	出纳	根据交易性金融资产业务场景和交易性金融资产红利发放公告到银行柜台办理基金红利到账业务
2	划账业务处理	银行柜员	(1) 根据交易性金融资产红利发放公告将基金红利划转至企业账户； (2) 打印银行业务回单并传递给出纳
3	传递单据给资产会计	出纳	将银行业务回单传递给资产会计
4	编制记账凭证	资产会计	(1) 根据交易性金融资产业务场景、交易性金融资产红利发放公告和银行业务回单编制记账凭证； (2) 在记账凭证上签字或盖章
5	审核记账凭证	财务经理	(1) 根据交易性金融资产业务场景、交易性金融资产红利发放公告和银行业务回单审核记账凭证； (2) 在记账凭证上签字或盖章
6	登记银行存款日记账	出纳	(1) 根据记账凭证登记银行存款日记账，并在记账凭证上打钩过账； (2) 记账后在记账凭证上签字或盖章
7	登记明细账	资产会计	(1) 根据记账凭证登记三栏式明细账，并在记账凭证上打钩过账； (2) 记账后在记账凭证上签字或盖章

业务流程如图10-6所示。

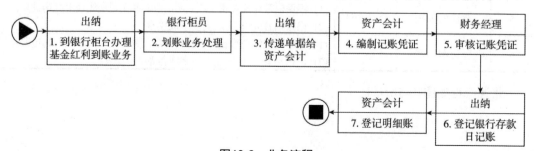

图10-6　业务流程

(7) 交易性金融资产处置。

制造企业填写理财产品交易申请表，出售交易性金融资产，编制记账凭证并登记明细账。业务流程具体描述如表10-10所示。

表 10-10　业务流程具体描述

序号	活动名称	角色	活动描述
1	去银行取回理财产品交易申请表	出纳	前往银行取回理财产品交易申请表
2	将理财产品交易申请表交给企业出纳	银行柜员	将理财产品交易申请表(空表)交给企业出纳
3	填写理财产品交易申请表	出纳	(1) 填写理财产品交易申请表； (2) 在"申请人"处签字盖章
4	审批理财产品交易申请表并签字	制造企业总经理	(1) 审批理财产品交易申请表； (2) 在"客户审批(总经理)"处签字盖章
5	审核理财产品交易申请表并盖章	财务经理	(1) 审核理财产品交易申请表； (2) 在"客户审批(财务经理)"处签字盖章
6	到银行柜台办理基金卖出业务	出纳	将审核后的理财产品交易申请表交由银行柜员办理卖出业务
7	办理卖出理财产品业务并打印银行回单	银行柜员	(1) 使用基金债券类业务—基金、股票的转账办理产品交易手续； (2) 打印卖出理财产品交割单； (3) 打印银行回单(收款单)
8	传递单据给资产会计	出纳	将交易完成的理财产品交易申请表交给资产会计
9	编制记账凭证	资产会计	(1) 根据完成后的理财业务编制记账凭证(注意打印回单)； (2) 在记账凭证上签字或盖章
10	审核记账凭证	总账报表会计	(1) 根据完成后的理财业务审核记账凭证； (2) 在记账凭证上签字或盖章
11	主管签字	财务经理	(1) 根据完成后的理财业务审核记账凭证； (2) 在记账凭证上签字或盖章
12	登记银行存款日记账	出纳	(1) 根据记账凭证登记银行存款日记账，并在记账凭证上打钩过账； (2) 记账后在记账凭证上签字或盖章
13	登记明细账	总账报表会计	(1) 根据记账凭证登记三栏式明细账，并在记账凭证上打钩过账； (2) 记账后在记账凭证上签字或盖章
14	登记明细账	资产会计	(1) 根据记账凭证登记三栏式明细账，并在记账凭证上打钩过账； (2) 记账后在记账凭证上签字或盖章

业务流程如图10-7所示。

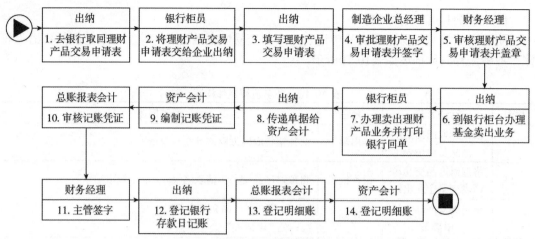

图10-7 业务流程

(8) 其他权益工具投资的初始计量。

制造企业支付价款100万元(含已宣告但尚未发放的现金股利10万元)取得一项股权投资,划分为其他权益工具投资,编制记账凭证并登记明细账。业务流程具体描述如表10-11所示。

表 10-11 业务流程具体描述

序号	活动名称	角色	活动描述
1	填写股权投资协议书	财务经理	根据业务数据填写股权投资协议书
2	在股权投资协议书上签字	制造企业总经理	在股权投资协议书上签字
3	在股权投资协议书上盖章	行政助理	在股权投资协议书上盖章后传递给供应商
4	在股权投资协议书上盖章	供应商代表	在股权投资协议书上签字盖章
5	填写转账支票	出纳	(1) 根据协议填写转账支票并盖章; (2) 登记支票登记簿
6	支票盖章	财务经理	检查原始单据并给支票盖章
7	到银行柜台转账	出纳	(1) 拿转账支票去银行转账; (2) 填写银行进账单(三联)
8	办理企业间转账业务	银行柜员	根据支票办理企业间转账业务(付款业务)
9	在银行进账单上盖章	银行柜员	(1) 在银行进账单上盖章; (2) 将银行进账单回单联交给出纳
10	将单据传递给资产会计	出纳	将支票存根及银行进账单回单联传递给资产会计
11	编制记账凭证	资产会计	(1) 根据支票存根及银行进账单回单联编制记账凭证; (2) 在记账凭证上签字或盖章
12	审核记账凭证	总账报表会计	(1) 根据支票存根及银行进账单回单联审核记账凭证; (2) 在记账凭证上签字或盖章
13	审核记账凭证	财务经理	(1) 根据支票存根及银行进账单回单联审核记账凭证; (2) 在记账凭证上签字或盖章

续表

序号	活动名称	角色	活动描述
14	登记银行存款日记账	出纳	(1) 根据记账凭证登记银行存款日记账,并在记账凭证上打钩过账; (2) 记账后在记账凭证上签字或盖章
15	登记明细账	资产会计	(1) 根据记账凭证登记三栏式明细账,并在记账凭证上打钩过账; (2) 记账后在记账凭证上签字或盖章

业务流程如图10-8所示。

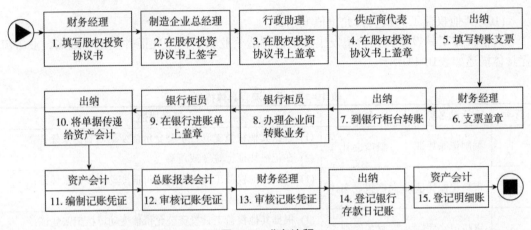

图10-8 业务流程

(9) 其他权益工具投资收到现金股利。

制造企业收到其他权益工具投资现金股利10万元,编制记账凭证并登记明细账。业务流程具体描述如表10-12所示。

表 10-12 业务流程具体描述

序号	活动名称	角色	活动描述
1	到银行办理现金股利到账业务	出纳	到银行办理现金股利到账业务
2	办理转账业务	银行柜员	企业收到现金股利,银行办理转账业务并打印回单给出纳
3	将银行回单交给资产会计	出纳	将银行回单给资产会计
4	编制记账凭证	资产会计	(1) 根据银行回单编制记账凭证; (2) 在记账凭证上签字或盖章
5	审核记账凭证	财务经理	(1) 根据银行回单审核记账凭证; (2) 在记账凭证上签字或盖章
6	登记银行存款日记账	出纳	(1) 根据记账凭证登记银行存款日记账,并在记账凭证上打钩过账; (2) 记账后在记账凭证上签字或盖章
7	登记明细账	资产会计	(1) 根据记账凭证登记三栏式明细账,并在记账凭证上打钩过账; (2) 记账后在记账凭证上签字或盖章

业务流程如图10-9所示。

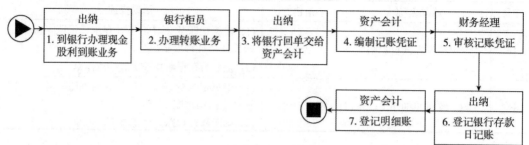

图10-9　业务流程

(10) 其他权益工具投资公允价值变动。

其他权益工具投资公允价值发生变动，制造企业编制记账凭证并登记明细账。业务流程具体描述如表10-13所示。

表 10-13　业务流程具体描述

序号	活动名称	角色	活动描述
1	编制记账凭证	资产会计	(1) 根据其他权益工具投资公允价值变动编制记账凭证； (2) 在记账凭证上签字或盖章
2	审核记账凭证	总账报表会计	(1) 根据其他权益工具投资公允价值变动审核记账凭证； (2) 在记账凭证上签字或盖章
3	审核记账凭证	财务经理	(1) 根据其他权益工具投资公允价值变动审核记账凭证； (2) 在记账凭证上签字或盖章
4	登记明细账	资产会计	(1) 根据记账凭证登记三栏式明细账，并在记账凭证上打钩过账； (2) 记账后在记账凭证上签字或盖章
5	登记明细账	总账报表会计	(1) 根据记账凭证登记三栏式明细账，并在记账凭证上打钩过账； (2) 记账后在记账凭证上签字或盖章

业务流程如图10-10所示。

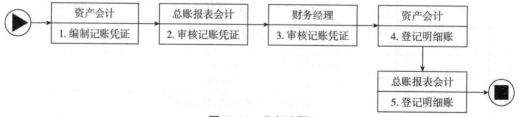

图10-10　业务流程

(11) 投资性房地产的初始计量。

制造企业购入一栋写字楼用于对外出租，与华润房地产公司签订房屋买卖合同并支付投资款项，编制记账凭证并登记明细账。业务流程具体描述如表10-14所示。

表 10-14 业务流程具体描述

序号	活动名称	角色	活动描述
1	填写合同或协议等文件	财务经理	根据投资性房地产的初始计量资料和董事会决议填写房屋买卖合同
2	在合同或协议上签字后传递给行政助理	制造企业总经理	(1) 审核房屋买卖合同; (2) 在房屋买卖合同上签字后传递给行政助理
3	在合同或协议上盖章后传递给供应商	行政助理	在房屋买卖合同上盖章后传递给供应商
4	在合同或协议上盖章	供应商代表	在合同或协议上盖章,并由行政助理将合同或协议转给出纳
5	填写转账支票	出纳	(1) 根据合同或协议填写支票; (2) 填写支票登记簿
6	支票盖章	财务经理	审核并在支票上盖章
7	到银行柜台转账	出纳	(1) 拿转账支票去银行转账; (2) 填写银行进账单(三联)
8	办理转账业务	银行柜员	根据支票办理企业间转账业务(付款业务)
9	在银行进账单上盖章并将银行进账单回单联交给出纳	银行柜员	在银行进账单上盖章,并把银行进账单回单联交给出纳
10	单据传递给资产会计	出纳	将支票存根及银行进账单回单联交给资产会计
11	编制记账凭证	资产会计	(1) 根据支票存根及银行进账单回单联编制记账凭证; (2) 在记账凭证上签字或盖章
12	审核记账凭证	总账报表会计	(1) 根据支票存根及银行进账单回单联审核记账凭证; (2) 在记账凭证上签字或盖章
13	主管签字	财务经理	(1) 根据支票存根及银行进账单回单联审核记账凭证; (2) 在记账凭证上签字或盖章
14	登记银行存款日记账	出纳	(1) 根据记账凭证登记银行存款日记账,并在记账凭证上打钩过账; (2) 记账后在记账凭证上签字或盖章
15	登记明细账	资产会计	(1) 根据记账凭证登记三栏式明细账,并在记账凭证上打钩过账; (2) 记账后在记账凭证上签字或盖章

业务流程如图10-11所示。

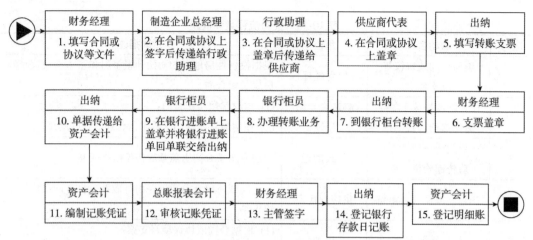

图10-11　业务流程

(12) 投资性房地产的后续计量收房租。

制造企业通知承租方交房租，承租方以支票支付房租，制造企业开具增值税专用发票，编制记账凭证并登记明细账。业务流程具体描述如表10-15所示。

表10-15　业务流程具体描述

序号	活动名称	角色	活动描述
1	通知服务公司收取房租	资产会计	通知北京融通综合服务有限公司收取房租
2	开具支票支付房租	服务公司业务员	开具支票给制造企业
3	开具增值税专用发票给服务公司业务员	税务会计	开具增值税专用发票给服务公司业务员，税率9%，按月开票
4	将服务公司付房租的支票存入银行	出纳	(1) 将支票存入银行； (2) 根据转账支票和房屋租赁合同填写银行进账单
5	办理支票存入业务	银行柜员	使用转账业务—付款业务办理企业间转账业务
6	在进账单上盖章确认	银行柜员	(1) 在银行进账单上盖章； (2) 将银行进账单收账联交给企业出纳
7	将银行回单传递给应收会计	出纳	将银行进账单收账联交给应收会计
8	编制记账凭证	应收会计	(1) 根据银行进账单、增值税普通发票和房屋租赁合同编制记账凭证； (2) 在记账凭证上签字或盖章
9	审核记账凭证	总账报表会计	(1) 根据银行进账单、增值税普通发票和房屋租赁合同审核记账凭证； (2) 在记账凭证上签字或盖章
10	主管签字	财务经理	(1) 根据银行进账单、增值税普通发票和房屋租赁合同审核记账凭证； (2) 在记账凭证上签字或盖章
11	登记银行存款日记账	出纳	(1) 根据记账凭证登记银行存款日记账，并在记账凭证上打钩过账； (2) 记账后在记账凭证上签字或盖章

续表

序号	活动名称	角色	活动描述
12	登记明细账	应收会计	(1) 根据记账凭证登记多栏式明细账，并在记账凭证上打钩过账； (2) 记账后在记账凭证上签字或盖章
13	登记明细账	税务会计	(1) 根据记账凭证登记应交税费——应交增值税明细账，并在记账凭证上打钩过账； (2) 记账后在记账凭证上签字或盖章

业务流程如图10-12所示。

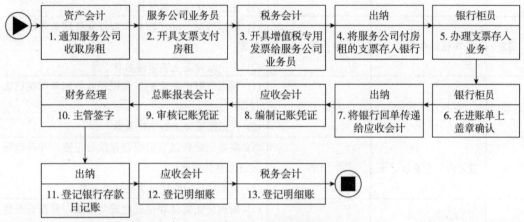

图10-12　业务流程

(13) 债权投资的初始计量。

制造企业购入"12石化债"债券，将其划分为债权投资，填写理财产品交易申请表后到银行办理债券购买，编制记账凭证并登记明细账。业务流程具体描述如表10-16所示。

表10-16　业务流程具体描述

序号	活动名称	角色	活动描述
1	安排出纳开始投资金融业务	财务经理	按照公司管理层的集体决策，安排出纳开始投资金融资产
2	去银行取理财产品交易申请表	出纳	去银行取理财产品交易申请表
3	打印理财产品交易申请表	银行柜员	将理财产品交易申请表交给制造企业出纳
4	填写理财产品交易申请表	出纳	填写理财产品交易申请表
5	审核理财产品交易申请表并盖章	财务经理	(1) 审核理财产品交易申请表； (2) 在"客户审批(财务经理)"处盖章
6	审批理财产品交易申请表并盖章	制造企业总经理	(1) 审批理财产品交易申请表； (2) 在"客户审批(总经理)"处盖章
7	到银行柜台办理购买业务	出纳	到银行柜台办理购买业务

续表

序号	活动名称	角色	活动描述
8	办理购买业务	银行柜员	使用基金债券业务办理企业购买理财产品业务
9	打印银行回单	银行柜员	(1) 银行柜员打印理财产品交割单并传递给出纳; (2) 银行柜员打印银行回单并传递给出纳
10	传递单据给资产会计	出纳	将理财产品交割单和银行回单传递给资产会计
11	编制记账凭证	资产会计	(1) 检查理财产品交割单和银行业务回单; (2) 根据理财产品交割单和银行业务回单编制记账凭证; (3) 在记账凭证上签字或盖章
12	审核记账凭证	总账报表会计	(1) 根据理财产品交割单和银行业务回单审核记账凭证; (2) 在记账凭证上签字或盖章
13	审核记账凭证	财务经理	(1) 根据理财产品交割单和银行业务回单审核记账凭证; (2) 在记账凭证上签字或盖章
14	登记银行存款日记账	出纳	(1) 根据记账凭证登记银行存款日记账,并在记账凭证上打钩过账; (2) 记账后在记账凭证上签字或盖章
15	登记明细账	资产会计	(1) 根据记账凭证登记三栏式明细账,并在记账凭证上打钩过账; (2) 记账后在记账凭证上签字或盖章

业务流程如图10-13所示。

图10-13　业务流程

(14) 债权投资确认收到投资收益。

制造企业支付价款1100万元(含交易费用),购入某石化公司面值为1000万元(数量10 000份、1100元/份)、5年期的不可赎回债券,将其划分为债权投资,按年确认投资收益(此案例只确认1个月的投资收益),编制记账凭证并登记明细账。业务流程具体描述如

表10-17所示。

表 10-17　业务流程具体描述

序号	活动名称	角色	活动描述
1	编制记账凭证	资产会计	(1) 根据案例资料编制记账凭证； (2) 在记账凭证上签字或盖章
2	审核记账凭证	总账报表会计	(1) 根据案例资料审核记账凭证； (2) 在记账凭证上签字或盖章
3	审核记账凭证	财务经理	(1) 根据案例资料审核记账凭证； (2) 在记账凭证上签字或盖章
4	登记明细账	资产会计	(1) 根据记账凭证登记三栏式明细账，并在记账凭证上打钩过账； (2) 记账后在记账凭证上签字或盖章
5	登记明细账	总账报表会计	(1) 根据记账凭证登记三栏式明细账，并在记账凭证上打钩过账； (2) 记账后在记账凭证上签字或盖章

业务流程如图10-14所示。

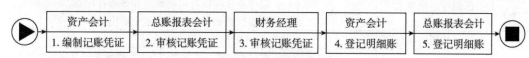

图10-14　业务流程

(15) 固定资产出售转清理。

制造企业销售自己使用过的已抵扣过进项税额的固定资产，编制记账凭证并登记明细账。业务流程具体描述如表10-18所示。

表 10-18　业务流程具体描述

序号	活动名称	角色	活动描述
1	编制记账凭证	资产会计	(1) 根据固定资产出售的业务数据编制记账凭证； (2) 在记账凭证上签字或盖章
2	审核记账凭证	总账报表会计	(1) 根据固定资产出售的业务数据审核记账凭证； (2) 在记账凭证上签字或盖章
3	主管签字	财务经理	(1) 根据固定资产出售的业务数据审核记账凭证； (2) 在记账凭证上签字或盖章
4	登记明细账	资产会计	(1) 根据记账凭证登记三栏式明细账和固定资产明细账，并在记账凭证上打钩过账； (2) 记账后在记账凭证上签字或盖章

业务流程如图10-15所示。

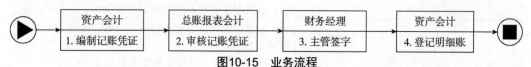

图10-15　业务流程

(16) 固定资产出售收款。

制造企业与服务公司签订固定资产销售合同，收到服务公司的转账支票，去银行办理存款业务，编制记账凭证并登记明细账。业务流程具体描述如表10-19所示。

表 10-19　业务流程具体描述

序号	活动名称	角色	活动描述
1	固定资产出售	行政助理	与服务公司签订固定资产销售合同
2	固定资产交割	服务公司业务员	(1) 与制造企业签订固定资产销售合同并盖章； (2) 根据合同付款； (3) 根据合同内容交割固定资产； (4) 将合同及支票交给制造企业行政助理
3	传递单据给出纳	行政助理	收到转账支票传递给出纳并将固定资产销售合同传递给税务会计
4	去银行存款	出纳	(1) 根据转账支票去银行填写银行进账单； (2) 去银行办理存款业务
5	办理转账业务	银行柜员	(1) 办理企业间转账； (2) 打印转款回执给企业出纳
6	在银行进账单上盖章	银行柜员	(1) 银行柜员在银行进账单上加盖银行印章； (2) 将银行进账单收账联交给企业出纳
7	传递单据给税务会计	出纳	将银行进账单传递给税务会计
8	开具销售发票	税务会计	(1) 根据固定资产销售合同及银行进账单开具销售发票； (2) 将销售发票记账联、合同、银行进账单收账联传递给资产会计
9	编制记账凭证	资产会计	(1) 根据销售专用发票、固定资产销售合同和银行进账单编制记账凭证； (2) 在记账凭证上签字或盖章
10	审核记账凭证	总账报表会计	(1) 根据销售专用发票、固定资产销售合同和银行进账单审核记账凭证； (2) 在记账凭证上签字或盖章
11	主管签字	财务经理	(1) 根据销售专用发票、固定资产销售合同和银行进账单审核记账凭证； (2) 在记账凭证上签字或盖章
12	登记银行存款日记账	出纳	(1) 根据记账凭证登记银行存款日记账，并在记账凭证上打钩过账； (2) 记账后在记账凭证上签字或盖章
13	登记明细账	税务会计	(1) 根据记账凭证登记应交税费——应交增值税明细账，并在记账凭证上打钩过账； (2) 记账后在记账凭证上签字或盖章
14	登记明细账	资产会计	(1) 根据记账凭证登记三栏式明细账，并在记账凭证上打钩过账； (2) 记账后在记账凭证上签字或盖章； (3) 更新固定资产卡片(仅限线下实训时)
15	登记明细账	总账报表会计	(1) 根据记账凭证登记多栏式明细账，并在记账凭证上打钩过账； (2) 记账后在记账凭证上签字或盖章

业务流程如图10-16所示。

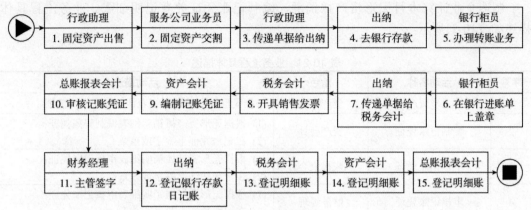

行政助理	服务公司业务员	行政助理	出纳	银行柜员
1. 固定资产出售	2. 固定资产交割	3. 传递单据给出纳	4. 去银行存款	5. 办理转账业务

总账报表会计	资产会计	税务会计	出纳	银行柜员
10. 审核记账凭证	9. 编制记账凭证	8. 开具销售发票	7. 传递单据给税务会计	6. 在银行进账单上盖章

财务经理	出纳	税务会计	资产会计	总账报表会计
11. 主管签字	12. 登记银行存款日记账	13. 登记明细账	14. 登记明细账	15. 登记明细账

图10-16 业务流程

(17) 计提固定资产折旧。

制造企业编制计提固定资产折旧计算表，对固定资产进行折旧，编制记账凭证并登记明细账。业务流程具体描述如表10-20所示。

表10-20 业务流程具体描述

序号	活动名称	角色	活动描述
1	计提折旧并编制记账凭证	资产会计	(1) 编制计提固定资产折旧计算表； (2) 根据固定资产折旧计算表编制凭证
2	审核记账凭证	总账报表会计	(1) 根据计提固定资产折旧计算表审核记账凭证； (2) 在记账凭证上签字或盖章
3	审核记账凭证	财务经理	(1) 根据计提固定资产折旧计算表审核记账凭证； (2) 在记账凭证上签字或盖章
4	登记明细账	成本会计	(1) 根据记账凭证登记多栏式明细账，并在记账凭证上打钩过账； (2) 记账后在记账凭证上签字或盖章
5	登记明细账	资产会计	(1) 根据记账凭证登记固定资产明细账，并在记账凭证上打钩过账； (2) 记账后在记账凭证上签字或盖章
6	登记明细账	费用会计	(1) 根据记账凭证登记多栏式明细账，并在记账凭证上打钩过账； (2) 记账后在记账凭证上签字或盖章

业务流程如图10-17所示。

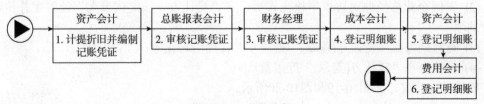

资产会计	总账报表会计	财务经理	成本会计	资产会计
1. 计提折旧并编制记账凭证	2. 审核记账凭证	3. 审核记账凭证	4. 登记明细账	5. 登记明细账

费用会计
6. 登记明细账

图10-17 业务流程

(18) 无形资产摊销。

制造企业计算本月无形资产摊销额,编制记账凭证并登记明细账。业务流程具体描述如表10-21所示。

表 10-21 业务流程具体描述

序号	活动名称	角色	活动描述
1	计算无形资产摊销	资产会计	根据无形资产摊销明细表计算无形资产摊销
2	编制记账凭证	资产会计	(1) 根据无形资产摊销明细表编制记账凭证; (2) 在记账凭证上签字或盖章
3	审核记账凭证	总账报表会计	(1) 根据无形资产摊销明细表审核记账凭证; (2) 在记账凭证上签字或盖章
4	审核记账凭证	财务经理	(1) 根据无形资产摊销明细表审核记账凭证; (2) 在记账凭证上签字或盖章
5	登记明细账	费用会计	(1) 根据记账凭证登记多栏式明细账,并在记账凭证上打钩过账; (2) 记账后在记账凭证上签字或盖章
6	登记明细账	资产会计	(1) 根据记账凭证登记三栏式明细账,并在记账凭证上打钩过账; (2) 记账后在记账凭证上签字或盖章

业务流程如图10-18所示。

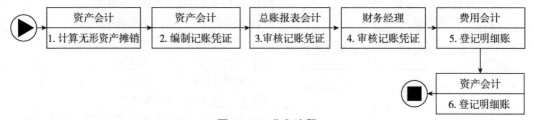

图10-18 业务流程

10.2 业务实践

1. 长期股权投资业务

案例企业对久远互联网软件公司进行长期股权投资,取得久远互联网软件公司80%的股权,投资企业对被投资单位实施控制。

股权转让协议填写步骤如下:

(1) 根据案例资料分别填写转让方、受让方、收购时间、收购方式栏的信息;

(2) 案例企业总经理对协议审核无误后,在"受让方—法定代表人"处签字并传递给行政助理;

(3) 行政助理在"受让方(盖章)"处盖章并传递给转让方;

(4) 转让方在"转让方(盖章)"处盖章。

股权转让协议,如图10-19和图10-20所示。

股权转让协议

转让方（甲方）：_____

受让方（乙方）：_____

甲乙双方根据《中华人民共和国合同法》《中华人民共和国公司法》和其他相关法律、法规，达成如下协议，以资信守：

一、收购时间

甲乙双方决定自 _____ 签订合同之日起开始至乙方付完合同价款止完成收购。

二、收购方式

1. 甲方转让久远互联网软件公司 _____ 股权事宜，双方在平等、自愿、公平的基础上，经过充分的协商签订本股权收购合同书，以资源共享恪守。

2. 根据具备相应资质的评估机构出具的有效评估报告，截止 _____

久远互联网软件公司的净资产为 _____ 万元。 根据上款所述的评估报告，甲方转让

  股权的总价款为人民币 _____ 万元整；

3. 以货币资金收购，收购价款乙方通过转账支票方式于 _____ 向甲方支付合同价款。

图10-19 股权转让协议填写

转让方（盖章）：	久远互联网软件公司	受让方（盖章）：	
法定代表人（签字）：	吴淑玲	法定代表人（签字）：	
日期：	2019/12/6	日期：	

图10-20 股权转让协议签字和盖章

2. 交易性金融资产业务

(1) 案例企业购入名称为"嘉实优势"的股票型基金，取得交易性金融资产。

购买理财产品交易申请表填写步骤如下。

① 资金账户账号/卡号：案例企业银行账号。

② 交易业务——购买/赎回/撤单栏填写：购买。

③ 钞汇标志：现汇。

④ 交易金额：基金购买价款+手续费。

⑤ 制造企业总经理在"客户审批(总经理)"处盖章。

⑥ 财务经理在"客户审批(财务经理)"处盖章。

(2) 制造企业填写理财产品申请表，出售交易性金融资产。

出售理财产品交易申请表填写步骤如下。

① 资金账户账号/卡号：案例企业银行账号。

② 交易业务—购买/赎回/撤单栏填写：赎回。

③ 钞汇标志：现汇。

④ 交易金额：出售基金金额。

⑤ 制造企业总经理在"客户审批(总经理)"处盖章。

⑥ 财务经理在"客户审批(财务经理)"处盖章。

理财产品交易申请表如图10-21所示。

ICBC 中国工商银行

工商银行公司理财计划交易申请确认表

银行打印	特别提示： 工商银行提醒贵公司在填表申请办理公司理财业务前详细阅读相关理财产品说明书，理财产品说明书及风险提示书为本申请表不可分割的一部分。凡填写并签署本交易申请表的客户，视为自动认可相关理财产品说明书和风险提示书的内容，并愿意受其约束。我行将以"工商银行公司理财计划交易申请确认表"对贵公司的相关交易申请进行确认				
客户填写	申请人			资金账户账号/卡号	
	交易业务	购买/赎回/撤单		产品名称	
				产品代码	
		分红方式		现金分红√	
	交易币种			钞汇标志	
	交易金额	大写		小写	
	交易份额				
	声明：本单位已阅读理财协议条款及相应产品说明书与风险提示，充分了解并清楚知晓本产品风险，并愿意承担相关风险。本单位保证填写的信息资料的正确性，并确认银行打印记录正确无误。				
	申请人签章：		客户审批 (财务经理)：		客户审批 (总经理)：
	日期：		日期：		日期：

图10-21　理财产品交易申请表

3. 其他权益工具投资业务

案例企业取得一项股权投资，划分为其他权益工具投资。

股权投资协议书填写步骤如下。

① 根据案例资料分别填写被投资方、投资方、总出资额、现金股利金额信息。

② 案例企业总经理对协议审核无误后，在"投资方—法定代表人(签字)"处签字并传

递给行政助理。

③ 行政助理在"投资方(盖章)"处盖章并传递给被投资方。

④ 被投资方在"被投资方(盖章)"处盖章。

股权投资协议书，如图10-22和图10-23所示。

股权投资协议书

被投资方（甲方）：　＿＿＿＿＿＿＿＿＿＿＿＿＿＿＿＿

投资方（乙方）：　＿＿＿＿＿＿＿＿＿＿＿＿＿＿＿＿

甲、乙双方根据中华人民共和国相关法律法规的规定，经过友好协商，本着平等互利、友好合作的意愿，就甲方投资乙方相关事宜达成本协议，并郑重声明共同遵守：

一、乙方同意甲方向乙方公司注资。

二、新发行股份的认购

各方同意，甲方以货币资金方式出资认购乙方新发行股份，总出资额为人民币 ＿＿＿＿＿＿＿＿＿＿

其中含已宣告但尚未发放的现金股利 ＿＿＿＿＿＿＿＿＿＿

各方同意，乙方向甲方提供与本次股权投资事宜相关的董事会决议、股东大会决议、修改后的公司章程或章程修正案，在得到甲方书面认可的5个工作日内，甲方支付全部出资。

各方同意，甲方对乙方的出资仅用于正常经营需求、补充流动资金或经公司董事会批准的其他用途，不得用于偿还公司或者股东债务等其他用途，也不得用于非经营性支出或者与公司主营业务不相关的其他经营性支出；不得用于委托理财，委托贷款。

图10-22　股权投资协议书填写

被投资方（盖章）：	久远互联网软件公司	投资方（盖章）：	
法定代表人（签字）：	吴淑玲	法定代表人（签字）：	
日期：	2019/12/6	日期：	

图10-23　股权投资协议书签字和盖章

4. 投资性房地产业务

案例企业从华润房地产公司购入一栋写字楼用于对外出租，采用成本模式进行后续计量。

房屋买卖合同填写步骤如下。

① 在"甲方"处填写案例企业完整名称。

② 案例企业总经理在"法定代表人"处签字并传递给出纳。

③ 出纳在"甲方(签章)"处盖章并传递给乙方。

④ 乙方在"乙方(签章)"处盖章。

房屋买卖合同如图10-24所示。

房屋买卖合同

甲方 (以下简称甲方):　＿＿＿＿＿＿＿＿＿＿＿＿＿＿＿＿＿＿＿＿＿＿

乙方 (以下简称乙方):　华润房地产公司

甲乙双方经过友好协商,就房屋买卖一事,在平等、自愿、诚实守信的前提下,达成如下协议:

一、乙方自愿将其房屋出售给甲方,甲方已充分了解该房屋具体状况,并自愿买受该房屋。该房屋具体状况如下:

1、房屋状况: 房屋座落: 经济开发区7幢108号102、103室号2套 (8间) ,建筑结构 (钢结构) 总层数9层建筑面积 (1000平方米) 。

2、该房屋的土地使用权取得方式为出让。

二、甲乙双方商定成交价格为1200万元 (大写人民币壹仟贰佰万元整)。

甲方在2019年12月10日前付清,付款方式: 银行转账。

三、乙方在2019年12月10日将上述房屋交付给甲方。该房屋占用范围内土地使用权同时转让。

四、乙方保证已如实陈述上述房屋权属状况和其他具体状况,保证该房屋没有设定担保、没有权属纠纷,出卖的房屋如存在产权纠纷,由乙方承担全部责任。

五、该房屋毁损、灭失的风险自房屋正式交付之日起转移给甲方

六、该房屋正式交付时,水、电、燃气、有线电视、通讯等相关杂费,乙方全部结清。

七、本合同经双方签章并经审查鉴定后生效,并对双方都具有约束力,应严格履行。合同生效后,任何一方不得无正当理由解除合同。无正当理由解除合同的,需要向对方支付合同总金额20% 的违约金。

八、双方愿按国家规定交纳税费及办理有关手续。未尽事宜,双方愿按国家有关规定办理。如发生争议,双方协商解决; 协商不成的,双方愿向房屋所在地仲裁委员会申请仲裁。

九、本合同一式四份,甲乙双方及税务部门各一份,房屋管理部门一份。

甲方:(签章)　＿＿＿＿＿＿＿＿＿＿＿　　　乙方(签章): 华润房地产公司 (公章)

法人代表人:　＿＿＿＿＿＿＿＿＿＿＿　　　法人代表: 张杨

签订日期:　＿＿＿＿＿＿＿＿＿＿＿　　　签订日期: 2019年12月06日

图10-24　房屋买卖合同

5. 固定资产业务

案例企业对各部门的固定资产采用直线法进行折旧,编制固定资产折旧计算表,如图10-25所示。

固定资产折旧计算公式如下。

年折旧额＝(固定资产原值－预计净残值)÷预计使用寿命(年)

＝固定资产原值×(1－预计净残值率)÷预计使用寿命(年)

月折旧额＝年折旧额÷12

累计折旧＝至2019年11月底累计折旧＋月折旧额

净值＝固定资产原值－累计折旧

视频: 计提固定资产折旧

使用部门	房产名称	单价	数量	起用日期	原值	残值率	净残值	应计折旧额	使用年限	月折旧额	至2019年11月底累计折旧	2019年12月折旧	累计折旧	净值
企管部	办公楼	5,000,000.00	1.00	2015/7/1	5,000,000.00	5%	250,000.00	4,750,000.00	30.00		686,111.11	13,194.44		
担保车间	厂房A	2,600,000.00	1.00	2015/7/1	2,600,000.00	5%	130,000.00	2,470,000.00	30.00		356,777.78	6,861.11		
盖体车间	厂房B	1,800,000.00	1.00	2015/7/1	1,800,000.00	5%	90,000.00	1,710,000.00	30.00		247,000.00	4,750.02		
仓储	仓库	2,100,000.00	1.00	2015/7/1	2,100,000.00	5%	105,000.00	1,995,000.00	30.00		288,166.67	5,541.67		

图10-25　固定资产折旧计算表

6. 无形资产摊销业务

制造企业计算本月无形资产摊销额，编制无形资产摊销表，如图10-26所示。

无形资产摊销计算公式如下。

年摊销额＝无形资产原值÷预计使用寿命(年)

月摊销额＝年摊销额÷12

累计摊销额＝至2019年11月底累计摊销＋月摊销额

净值＝无形资产原值－累计摊销额

视频：计提无形
资产摊销

业务数据-无形资产摊销(考核)									
									金额单位：元
名称	使用日期	数量	使用年限	摊销方法	残值	原值	月摊销额	累计摊销额	净值
ERP软件	2015/8/20	1.00	10.00	直线法	0.00	1,420,000.00			
合计						1420000.00			

图10-26 无形资产摊销表

📌 思政案例

知识折旧定律

西方白领阶层流行着"一年不学习，你所拥有的全部知识就会折旧80%"的"知识折旧定律"。在现如今的信息时代，知识正在进行快速的更新迭代，没有一种知识能作为永久的优势，也没有一种竞争力会永恒，面对不可避免的知识折旧，我们需要不断增加"个人资产"，延长其"使用寿命"，与"折旧"赛跑。

增加个人资产，进行自我增值。在信息化的时代，我们常常需要安装各种补丁，优化升级电子系统，以确保其保持最佳的运行状态，对于个人来说亦是如此。大数据、云计算、区块链等新技术的不断涌现，需要我们不断地提升自己，修补自身的漏洞和不足，强化自己的核心竞争力，增加自己的人生资产。

延缓折旧速度，提升资产质量。"逆水行舟，不进则退"，任何不注重、逃避、厌烦学习的借口只会加快知识折旧的速度。对于个人而言，知识储备与知识折旧如一对相生相克的孪生兄弟，知识储备丰厚和不断更新就无须惧怕知识的折旧，而如果知识储备薄弱，随着时间的推移就会被社会、被时代所淘汰。知识储备面不要仅仅局限在所学专业内，学术间有着千丝万缕的关联，对于相关专业的学习也是刻不容缓的。作为在校大学生，每天都学习新的知识，似乎不必恐慌"知识折旧"。然而，现在的校园中却流行着"突击学习法"：平日上课不认真听讲，甚至逃课，整日沉浸在玩乐之中，临近考试通宵看书突击。虽然这样可以通过考试，但过后知识快速被遗忘，积累下来的寥寥无几，无法提升自己。

延长使用寿命，终身持续学习。活到老，学到老。一个人如果想跟上时代的脚步，就只有不断学习，快速提升自己，使自己可以胜任更复杂、更有创造性的工作。同时，作为新时代的大学生，我们也应该意识到"身体才是革命的本钱"，在校学习也要注重提升身体素质，养成良好的学习、生活习惯，让自己在人生的道路上越走越宽广，越走越稳健。

【思考】

作为当代的大学生，你如何延缓知识折旧的速度？请谈谈你的计划。

第 11 章

日常业务

↗ **学习目标**

❑ 明确备用金、差旅费的概念。

❑ 了解制造企业费用计提、支付和报销及现金管理的业务流程。

❑ 熟悉企业借备用金、费用报销、支付费用等日常业务单据填写。

❑ 掌握企业日常业务记账凭证登记和明细账簿登记。

↗ **思政目标**

❑ 遵守费用报销廉洁奉公原则，强化社会主义荣辱观价值引领。

❑ 规范组织内部财务管理行为，树立遵守规章制度和组织纪律的意识。

❑ 培养完成会计工作独立性，形成良好的会计工作纪律与会计工作作风。

11.1 业务概述

11.1.1 日常业务介绍

1. 备用金

备用金是企业、机关、事业单位或其他经济组织等拨付给非独立核算的内部单位或工作人员备作零星采购、零星开支、售货找零或差旅费等用途的款项。备用金可以分为定额备用金和非定额备用金两种。

(1) 定额备用金是指单位经常使用备用金的内部各部门或工作人员将用作零星开支、零星采购、售货找零或差旅费等的款项，按实际需要核定一个现金数额，并保证其经常保持核定的数额。实行定额备用金制度，使用定额备用金的部门或工作人员应该按核定的定额填写借款凭证，一次性领出全部定额，使用后凭发票等有关凭证报销，出纳人员将报销金额补充原定额，从而保证该部门或工作人员经常保持核定的现金定额。只有等到期终、撤销定额备用金或调换经办人时才全部交回备用金。

(2) 非定额备用金是指单位对不经常使用备用金的内部各部门或工作人员，根据每次业务所需备用金的数额填制借款凭证，向出纳人员预借现金，使用后凭发票等原始凭证一次性到财务部门报销，多退少补，一次结清，下次再用时重新办理借款手续。

备用金主要用于小额零星报销费用支出，一般由专人专管，其使用范围主要如下：

- 除工资统发项目外的国家规定对个人的其他支出；
- 出差人员必须随身携带的差旅费；
- 其他确需支付现金的支出等。

按照《现金管理暂行条例》要求，企业根据实际需要核定3～5天的日常零星开支数额作为该单位的现金限额。边远地区和交通不便地区的企业，其限额的核定天数可以适当放宽在5天以上，但最多不得超过15天的日常零星开支的需要量。

企业的备用金应严格按照《现金管理暂行条例》进行管理，单位所发生的经济往来，除规定的范围可使用现金外，其他均应通过银行进行转账结算。企业根据自身实际制定合理的备用金管理办法，都应严格备用金的预借、使用和报销的手续制度。

备用金借支管理的要求具体如下。

- 企业各部门填制备用金借款单，一方面财务部门核定其零星开支便于管理；另一方面，凭此单据支给现金。
- 各部门零星备用金，一般不得超过规定数额，若遇特殊需要应由企业部门经理核准。
- 各部门零星备用金借支应将取得的正式发票定期送到财务部门备用金管理人员(出纳员)手中，冲转借支额或补充备用金。

2. 差旅费

差旅费是行政事业单位和企业的一项重要的经常性支出项目，主要包括因公出差期间所产生的交通费、住宿费、伙食费和公杂费等各项费用。不同单位或部门对差旅费的具体开支范围的规定可能会有所不同。根据一个单位或部门的具体规章制度，规定限额内的差旅费可以按照一定的程序凭单据报销。

报销范围与原则具体如下。

- 差旅费核算的内容：用于出差旅途中的费用支出，包括购买车、船、火车、飞机的票费、住宿费、伙食补助费及其他方面的支出。
- 差旅费开支范围：城市间交通费、住宿费、伙食补助费和公杂费等。
- 差旅费的证明材料包括：出差人员姓名、地点、时间、任务、支付凭证等。
- 报销原则：差旅费必须在各部门预算总额内控制开支，超预算不得开支；员工出差必须事前提出书面申请，填制出差申请单，经其直属上级批准。凡未得事先批准的，一律不予报销；员工出差途中，因工作需要临时增加出差行程到新的出差地点，经出差签批人书面/邮件确认后，其增加的行程作为另一次出差时间，与原出差时间不连续计算。

报销流程具体如下。

(1) 出差人员填制差旅费报销单；直属上级审查；分管领导核准；财务人员审核；出纳结算付款。各分管领导应对差旅费报销的真实性、合理性负全面责任。

(2) 财务人员、稽核人员、资金管理人员按规定对报销手续、预算额度、票据合法性及真实性、出差标准进行审核并对此负责。

3. 借款单

借款单是企业为满足业务需要，在办理相关报销或付款手续前，用于提前申请借款所填写的单据。借款单一般由部门提供基本样式，各部门人员在需要借款以办理业务时，须按照固定的格式进行填列。

借款单的应用范围广泛，多数支付业务都可以通过填写借款单取得相应的支付款，如：日常零星支出需要借现金；发放薪酬、支付材料款等时需要使用支票或电汇。

借款单联次具体如下。

- 第一联：结算回执，给借款人的回执。
- 第二联：结算凭证，给财务人员进行账务处理。
- 第三联：付款凭证，出纳留存的付款凭证。

4. 报销单

报销单也称费用报销单，是企业员工提交至财务部，用于开支费用报销的凭证。报销单的报销项目主要包括办公费、通信费、差旅费、福利费等。

报销单填写要求具体如下。

- 报销单本身属于企业内部的一种原始凭证。
- 报销单的后面要粘贴外来原始凭证，如火车票、发票等。
- 报销单一式一份，财务部留存，作为编制记账凭证的依据。

5. 借款利息

短期借款是指企业用来维持正常的生产经营所需的资金或为抵偿项权利而向银行或其他金融机构等外单位借入的、还款期限在一年或超过一年的一个经营周期内的各种借款。长期借款是指企业为扩大生产经营增加固定资产而向金融机构等借入的偿还期在一年以上的款项。在我国的会计实务中，常常根据借贷双方的约定，采用单利法计算利息。

借款计提计算公式为

$$借款利息金额＝本金×利率×期数$$

11.1.2　日常业务流程

1. 日常业务实训任务描述

(1) 与服务公司的业务往来。

① 案例企业向北京融通综合服务公司购买广告服务，双方签订广告合同，案例企业以转账支票支付服务费。

借：销售费用——广告费

　　应交税费——应交增值税(进项税额)

　　　贷：银行存款——工行存款

② 北京融通综合服务公司为案例企业维修设备，案例企业以支票支付设备维修费。

借：管理费用——维修费

　　应交税费——应交增值税(进项税额)

　　　贷：银行存款——工行存款

(2) 日常费用计提、支付与报销业务。

月初，案例企业人力行政部门到财务部办理借款，采购办公用品后报销费用。

① 办理借款。

借：其他应收款——个人

  贷：库存现金

② 冲销借款费用。

借：管理费用

  贷：其他应收款——个人

月中，人力行政部报销招待费，采购部和销售部报销差旅费。

借：管理费用/销售费用等

  应交税费——应交增值税(进项税额)

  贷：库存现金

月末，财务部计提借款利息。

借：财务费用——利息

  贷：应付利息

(3) 现金相关业务。

① 案例企业将现金送存银行。

借：银行存款——工行存款

  贷：库存现金

② 案例企业到银行提取现金。

借：库存现金

  贷：银行存款

2. 日常业务实训具体业务流程步骤

(1) 与北京融通综合服务公司签订广告合同。

销售专员起草广告合同并填写合同会签单，根据审核流程提交审核无误后，合同双方完成签字盖章。业务流程具体描述如表11-1所示。

表 11-1　业务流程具体描述

序号	活动名称	角色	活动描述
1	起草广告合同	销售专员	根据"业务数据——广告费"填写广告合同
2	填写合同会签单	销售专员	(1) 根据"业务数据——广告费"检查广告合同的金额、收付方信息、违约条款等是否合理； (2) 根据广告合同的信息填写合同会签单，提交营销部经理审核
3	审核广告合同	营销部经理	(1) 根据"业务数据——广告费"检查广告合同的金额、收付方信息、违约条款等是否合理； (2) 审核无误后在合同会签单签字确认
4	审核广告合同	财务经理	(1) 根据"业务数据——广告费"检查广告合同的金额、收付方信息、违约条款等是否合理； (2) 审核无误后在合同会签单签字确认
5	审批广告合同	制造企业总经理	(1) 根据"业务数据——广告费"检查广告合同的金额、收付方信息、违约条款等是否合理； (2) 审核无误后在合同会签单签字确认

续表

序号	活动名称	角色	活动描述
6	广告合同盖章	行政助理	(1) 根据"业务数据——广告费"检查广告合同的金额、收付方信息、违约条款等是否合理; (2) 审核无误后在广告合同上盖章
7	服务公司盖章确认	服务公司业务员	(1) 根据"业务数据——广告费"检查广告合同的金额、收付方信息、违约条款等是否合理; (2) 审核无误后在广告合同上盖章
8	广告合同存档	销售专员	(1) 将广告合同原件存档; (2) 将广告合同复印件传递给财务经理

业务流程如图11-1所示。

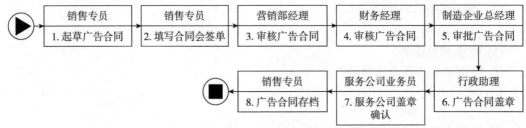

图11-1 业务流程

(2) 以转账支票支付北京融通广告费。

销售专员填写付款申请书,提交各部门经理审核无误后,由出纳签发转账支票支付广告费,会计完成记账凭证编制和明细账簿登记。业务流程具体描述如表11-2所示。

表 11-2 业务流程具体描述

序号	活动名称	角色	活动描述
1	填写付款申请书	销售专员	(1) 根据广告合同和广告公司开具的发票填写付款申请书; (2) 在付款申请书的"业务部门—经办人"处签名或盖章
2	审核付款申请书	营销部经理	(1) 根据广告合同和广告公司开具的发票审核付款申请书; (2) 在付款申请书的"业务部门—经理"处签名或盖章
3	审核付款申请书	财务经理	(1) 根据广告合同和广告公司开具的发票审核付款申请书; (2) 在付款申请书的"财务部门—经理"处签名或盖章
4	签发转账支票	出纳	(1) 根据付款申请书、发票填写支票后盖章并提交财务经理盖章; (2) 将支票存根、发票、付款审批单传递给费用会计; (3) 登记支票簿
5	支票盖章	财务经理	(1) 根据付款申请书、发票审核支票; (2) 审核无误后盖章; (3) 将支票交给销售专员
6	将支票交给收款方	销售专员	将支票交给北京融通综合服务公司
7	编制记账凭证	费用会计	(1) 根据增值税专用发票、付款申请书、转账支票存根、广告合同编制记账凭证; (2) 在记账凭证上签字或盖章

续表

序号	活动名称	角色	活动描述
8	审核记账凭证	财务经理	(1) 根据增值税专用发票、付款申请书、转账支票存根、广告合同审核记账凭证; (2) 在记账凭证上签字或盖章
9	登记银行存款日记账	出纳	(1) 在记账凭证上签字或盖章; (2) 根据记账凭证登记银行存款日记账,并在记账凭证上打钩过账
10	登记明细账	费用会计	(1) 根据记账凭证登记多栏式明细账,并在记账凭证上打钩过账; (2) 记账后在记账凭证上签字或盖章
11	登记明细账	税务会计	(1) 根据记账凭证登记应交税费——应交增值税明细账,并在记账凭证上打钩过账; (2) 记账后在记账凭证上签字或盖章

业务流程如图11-2所示。

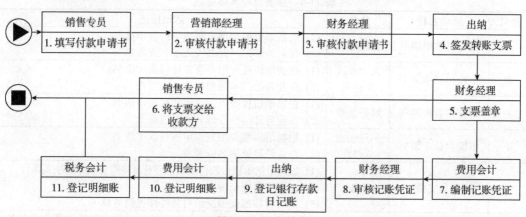

图11-2　业务流程

(3) 服务公司收取广告费。

销售专员将支票送达服务公司业务员,服务公司业务员填写进账单,提交银行柜员办理企业间转账业务并盖章。业务流程具体描述如表11-3所示。

表 11-3　业务流程具体描述

序号	活动名称	角色	活动描述
1	送达支票	销售专员	(1) 12月28日已经开具转账支票; (2) 将该转账支票交给服务公司
2	收到转账支票	服务公司业务员	接收由销售专员交来的转账支票
3	广告信息录入保存	服务公司业务员	根据广告合同录入广告信息并保存。 注意:投放比例为经典型:轻巧型:豪华型＝1:1:2
4	填写进账单	服务公司业务员	去银行存转账支票,并根据转账支票填写银行进账单
5	办理企业间转账业务	银行柜员	根据服务公司存入的转账支票办理企业间转账业务
6	在银行进账单上盖章	银行柜员	(1) 在银行进账单上盖章; (2) 将银行进账单的收账联给服务公司

业务流程如图11-3所示。

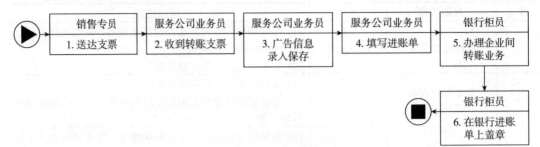

图11-3 业务流程

(4) 以支票支付服务公司设备维修费用。

行政助理填写付款申请书提交各部门经理审核无误后，出纳以转账支票支付服务公司设备维修费，并由相关会计编制记账凭证和登记明细账。业务流程具体描述如表11-4所示。

表 11-4 业务流程具体描述

序号	活动名称	角色	活动描述
1	填写付款申请书	行政助理	(1) 根据增值税专用发票填写付款申请书； (2) 在业务部门—经办人处签名或盖章
2	审核付款申请书	人力行政部经理	(1) 根据增值税专用发票审核付款申请书； (2) 在业务部门—经理处签名或盖章
3	审核付款申请书	财务经理	(1) 根据增值税专用发票审核付款申请书； (2) 在业务部门—经理处签名或盖章
4	审批付款申请书	制造企业总经理	(1) 根据增值税专用发票审核付款申请书； (2) 在总经理处签名或盖章
5	开具支票	出纳	(1) 出纳根据审核后的付款申请书开具转账支票并盖法人章； (2) 登记支票登记簿； (3) 出纳将转账支票交给财务经理盖财务章
6	审核转账支票并盖财务专用章	财务经理	根据审核后的付款申请书和开具的增值税普通发票审核转账支票，并加盖财务专用章
7	传递单据	出纳	(1) 传递转账支票存根联、付款申请书、发票给费用会计做账； (2) 传递转账支票给行政助理
8	将转账支票给服务公司业务员	行政助理	将转账支票交给服务公司业务员
9	编制记账凭证	费用会计	(1) 根据转账支票存根联、付款申请书、发票编制记账凭证； (2) 在记账凭证上签字或盖章
10	审核记账凭证	财务经理	(1) 根据转账支票存根联、付款申请书、发票审核记账凭证； (2) 在记账凭证上签字或盖章
11	登记银行存款日记账	出纳	(1) 根据转账支票存根联、付款申请书、发票审核记账凭证并签字； (2) 根据审核后的记账凭证登记日记账，并在记账凭证上打钩过账
12	登记明细账	费用会计	(1) 根据审核后的记账凭证登记多栏式明细账； (2) 在记账凭证上打钩过账及盖章
13	登记明细账	税务会计	(1) 根据审核后的记账凭证登记应交税费——应交增值税明细账； (2) 在记账凭证上打钩过账及盖章

业务流程如图11-4所示。

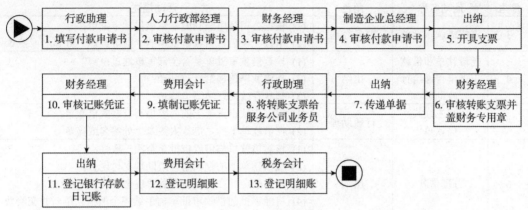

图11-4 业务流程

(5) 服务公司收取设备维护费。

行政助理将支票送达服务公司，服务公司业务员填写进账单，提交银行柜员办理企业间转账业务并盖章。业务流程具体描述如表11-5所示。

表 11-5 业务流程具体描述

序号	活动名称	角色	活动描述
1	送达支票	行政助理	将开具的转账支票送达至服务公司
2	收到支票	服务公司业务员	收到制造企业开具的转账支票
3	填写进账单	服务公司业务员	根据转账支票金额填写银行进账单
4	办理企业间转账业务	银行柜员	(1) 根据转账支票和银行进账单办理企业间转账业务； (2) 使用转账业务—付款业务处理
5	进账单盖章	银行柜员	(1) 银行柜员在银行进账单上盖章； (2) 将银行进账单收账联交给服务公司

业务流程如图11-5所示。

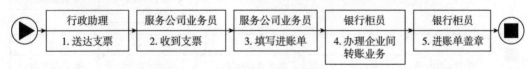

图11-5 业务流程

(6) 人力行政部行政助理借备用金500元。

月初，人力行政部助理填写借款审批单和借款单，提交出纳办理借备用金，由费用会计编制记账凭证和登记明细账。业务流程具体描述如表11-6所示。

表 11-6 业务流程具体描述

序号	活动名称	角色	活动描述
1	填写借款审批单	行政助理	(1) 根据核定的行政部备用金500元填写借款审批单； (2) 提交人力行政部经理审核借款审批单
2	审核借款审批单	人力行政部经理	(1) 根据公司备用金制度，审核借款审批单； (2) 审核无误后在借款审批单的"部门经理"处签名或盖章

序号	活动名称	角色	活动描述
3	审核借款审批单	财务经理	(1) 根据公司备用金制度,审核借款审批单; (2) 审核无误后在借款审批单的"财务经理"处签名或盖章
4	把借款单和借款审批单传递给行政助理	出纳	(1) 检查借款审批单是否全部审核通过; (2) 把借款单传递给行政助理; (3) 指导行政助理填写借款单
5	填写三联式借款单	行政助理	(1) 根据借款审批单上的内容填写三联式借款单; (2) 在借款单上的"借款人签章"处签名或盖章
6	办理借款	出纳	(1) 核对借款单与借款审批单金额一致性; (2) 按借款单上的金额给行政助理支付现金; (3) 支付现金并在借款单上盖"现金付讫"章; (4) 将经审批的借款审批单与手续齐全的借款单一并交给费用会计
7	编制记账凭证	费用会计	(1) 根据审批后的借款审批单及手续齐全的借款单编制记账凭证; (2) 在记账凭证上签字或盖章
8	审核记账凭证	财务经理	(1) 根据审批后的借款审批单及手续齐全的借款单审核记账凭证; (2) 在记账凭证上签字或盖章
9	登记现金日记账	出纳	(1) 在记账凭证上签字; (2) 根据记账凭证登记现金日记账,并在记账凭证上打钩过账
10	登记明细账	费用会计	(1) 根据记账凭证登记三栏式明细账,并在记账凭证上打钩过账 (2) 记账后在记账凭证上签字或盖章

业务流程如图11-6所示。

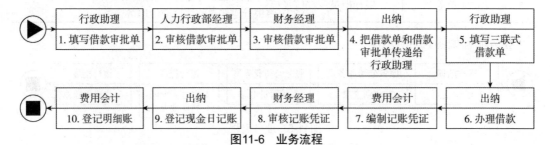

图11-6 业务流程

(7) 人力行政部行政助理借款791元购买办公用品。

月初,人力行政部助理填写借款审批单和借款单,提交给出纳办理购买办公用品的借款,由费用会计编制记账凭证和登记明细账。业务流程具体描述如表11-7所示。

表 11-7 业务流程具体描述

序号	活动名称	角色	活动描述
1	汇总采购需求	行政助理	(1) 收集各部门办公用品的需求; (2) 汇总各部门需求

续表

序号	活动名称	角色	活动描述
2	填写借款审批单	行政助理	(1) 根据各部门办公用品需求汇总表，填写借款审批单，预计报销日期为12月6日； (2) 提交人力行政部经理审批
3	审核借款审批单	人力行政部经理	(1) 根据各部门办公用品需求汇总表，审核借款审批单； (2) 审核无误后在借款审批单的"部门经理"处盖章
4	审核借款审批单	财务经理	(1) 根据各部门办公用品需求汇总表，审核借款审批单； (2) 审核无误后在借款审批单的"财务经理"处盖章
5	根据借款审批单结果给借款人借款单	出纳	(1) 把借款单交给行政助理； (2) 根据借款审批单及办公用品需求汇总表指导行政助理填写借款单
6	填写三联式借款单	行政助理	(1) 根据借款审批单填写三联式借款单； (2) 在借款单上的"借款人签章"处签名或盖章
7	办理借款支付现金	出纳	(1) 支付现金并在借款单上盖"现金付讫"章； (2) 将借款单(付款凭证联)交给借款人 (3) 将借款单(结算凭证联)及借款审批单交给费用会计； (4) 借款单(结算回执联)自己留存
8	编制记账凭证	费用会计	(1) 根据借款审批单、借款单编制记账凭证； (2) 在记账凭证上签字或盖章
9	审核记账凭证	财务经理	(1) 根据借款审批单、借款单审核记账凭证； (2) 在记账凭证上签字或盖章
10	登记现金日记账	出纳	(1) 在记账凭证上签字； (2) 根据记账凭证登记现金日记账，并在记账凭证上打钩过账
11	登记明细账	费用会计	(1) 根据记账凭证登记三栏式明细账，并在记账凭证上打钩过账； (2) 记账后在记账凭证上签字或盖章

业务流程如图11-7所示。

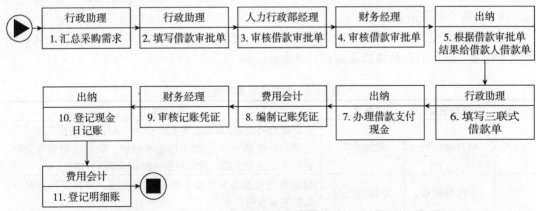

图11-7　业务流程

(8) 人力行政部行政助理报销791元冲借款。

人力行政部行政助理采购回来后，将采购办公用品发票提交出纳办理报销，费用会计编制记账凭证和登记明细账。业务流程具体描述如表11-8所示。

表 11-8 业务流程具体描述

序号	活动名称	角色	活动描述
1	拿现金去服务中心采购	行政助理	根据采购需求明细表拿现金去采购中心采购
2	结算费用并开具发票	服务公司业务员	(1) 结算费用并开具增值税普通发票(服务公司是北京融通综合服务有限公司); (2) 将发票交给行政助理
3	将发票及借款单交给出纳	行政助理	(1) 将收到的发票交给出纳; (2) 将借款单一并交给出纳,用以冲抵借款
4	传递单据	出纳	(1) 将发票与借款单(结算回执联)进行核对; (2) 传递发票及借款单(结算回执联)给费用会计
5	编制记账凭证	费用会计	(1) 根据发票及借款单编制记账凭证; (2) 在记账凭证上签字或盖章
6	审核记账凭证	财务经理	(1) 根据发票及借款单审核记账凭证; (2) 在记账凭证上签字或盖章
7	登记明细账	费用会计	(1) 根据记账凭证登记三栏式和多栏式明细账,并在记账凭证上打钩过账; (2) 记账后在记账凭证上签字或盖章

业务流程如图11-8所示。

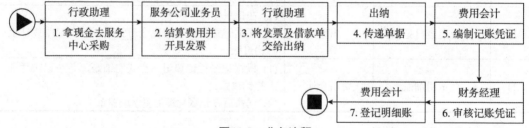

图11-8 业务流程

(9) 采购专员报销差旅费。

采购专员出差回来,填写差旅费报销单提交出纳办理报销,费用会计编制记账凭证和登记明细账。业务流程具体描述如表11-9所示。

表 11-9 业务流程具体描述

序号	活动名称	角色	活动描述
1	填写报销单	采购专员	根据增值税普通发票及采购员出差明细填写差旅费报销单。 注意:火车票可以抵扣9%的进项税额。取得注明旅客身份信息的铁路车票的,进项税额=票面金额/(1+9%)×9%
2	审核报销单	采购部经理	根据增值税普通发票及采购员出差明细,审核采购专员填写的差旅费报销单
3	付款并盖章	出纳	核对报销单金额和原始票据金额,办理付款并盖章
4	编制记账凭证	费用会计	(1) 根据出纳的付款凭据及原始单据编制记账凭证; (2) 在记账凭证上签字或盖章

续表

序号	活动名称	角色	活动描述
5	审核记账凭证	财务经理	(1) 根据出纳的付款凭据及原始单据审核记账凭证； (2) 在记账凭证上签字或盖章
6	登记现金 日记账	出纳	(1) 根据原始单据在记账凭证上签字确认； (2) 登记现金日记账，并在记账凭证上打钩过账
7	登记明细账	费用会计	(1) 根据审核后的记账凭证登记多栏式明细账； (2) 在记账凭证上打钩过账及盖章

业务流程如图11-9所示。

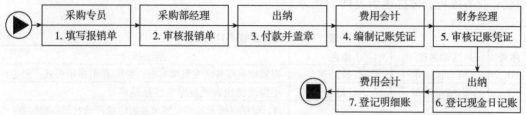

图11-9 业务流程

(10) 销售专员报销差旅费。

销售专员出差回来，填写差旅费报销单提交出纳办理报销，费用会计编制记账凭证和登记明细账。业务流程具体描述如表11-10所示。

表 11-10 业务流程具体描述

序号	活动名称	角色	活动描述
1	填写报销单	销售专员	根据增值税普通发票及销售员出差明细填写差旅费报销单。 注意：取得注明旅客身份信息的、航空运输电子客票行程单的，进项税额＝(票价+燃油附加费)/(1+9%)×9%
2	审核报销单	营销部经理	根据增值税普通发票及销售员出差明细审核销售专员填写的差旅费报销单
3	付款并盖章	出纳	核对报销单金额和原始票据金额，办理付款并盖章
4	编制记账凭证	费用会计	(1) 根据出纳的付款凭据及原始单据编制记账凭证； (2) 在记账凭证上签字或盖章
5	审核记账凭证	财务经理	(1) 根据出纳的付款凭据及原始单据审核记账凭证； (2) 在记账凭证上签字或盖章
6	登记现金日记账	出纳	(1) 根据原始单据在记账凭证上签字确认； (2) 登记现金日记账，并在记账凭证上打钩过账
7	登记明细账	费用会计	(1) 根据审核后的记账凭证登记多栏式明细账； (2) 在记账凭证上打钩过账及盖章

业务流程如图11-10所示。

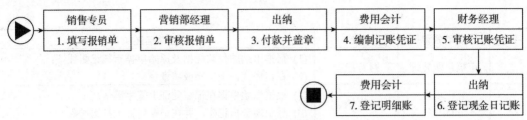

图11-10 业务流程

(11) 行政助理报销招待费。

行政助理填写招待费报销单并提交给出纳办理报销,费用会计编制记账凭证和登记明细账。业务流程具体描述如表11-11所示。

表 11-11 业务流程具体描述

序号	活动名称	角色	活动描述
1	填写报销单	行政助理	根据增值税普通发票填写招待费报销单(报销形式:现金)
2	审核报销单	人力行政部经理	根据增值税普通发票审核报销单
3	付款并签字	出纳	(1) 根据审核无误的报销单及增值税普通发票办理付款; (2) 签字确认
4	编制记账凭证	费用会计	(1) 根据出纳的付款凭据编制记账凭证; (2) 在记账凭证上签字或盖章
5	审核记账凭证	财务经理	(1) 根据原始单据审核记账凭证; (2) 在记账凭证上签字或盖章
6	登记现金日记账	出纳	(1) 根据审核后的记账凭证登记现金日记账; (2) 在记账凭证上签字和打钩过账
7	登记明细账	费用会计	(1) 根据审核后的记账凭证登记明细账; (2) 在记账凭证上签字和打钩过账

业务流程如图11-11所示。

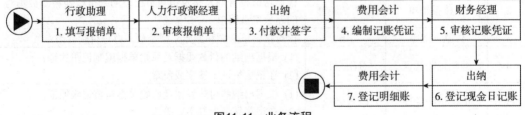

图11-11 业务流程

(12) 计提借款利息。

月末,制造企业根据借款利息计提表中给定的信息,计提利息费用,编制记账凭证和登记明细账。业务流程具体描述如表11-12所示。

表 11-12 业务流程具体描述

序号	活动名称	角色	活动描述
1	计算利息费用	费用会计	根据借款利息计提表中给定的信息,计提利息费用
2	编制记账凭证	费用会计	(1) 根据利息计提表计算出的利息费用,编制记账凭证; (2) 在记账凭证上签字或盖章

续表

序号	活动名称	角色	活动描述
3	审核记账凭证	财务经理	(1) 根据利息计提表审核记账凭证; (2) 在记账凭证上签字或盖章
4	登记明细账	费用会计	(1) 根据审核后的记账凭证登记多栏式明细账; (2) 在记账凭证上打钩过账
5	登记明细账	应付会计	(1) 根据审核后的记账凭证登记三栏式明细账; (2) 在记账凭证上打钩过账

业务流程如图11-12所示。

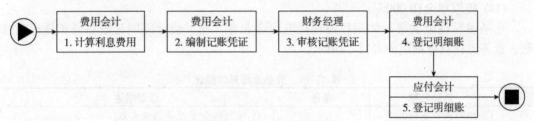

图11-12　业务流程

(13) 现金送存银行。

出纳将企业的超额现金送至银行,办理存款业务,相关会计编制记账凭证和登记明细账。业务流程具体描述如表11-13所示。

表 11-13　业务流程具体描述

序号	活动名称	角色	活动描述
1	去银行办理存款业务	出纳	(1) 查点要存入银行的现金; (2) 填写现金存款凭条; (3) 去银行柜台办理存款业务
2	办理存款业务	银行柜员	(1) 查点存入银行的现金; (2) 办理存款业务
3	在现金存款凭条上盖章	银行柜员	在现金存款凭条上加盖银行章,并将其中一联返给企业出纳
4	传递单据给应收会计	出纳	将从银行取回的现金存款凭条交给应收会计
5	编制记账凭证	应收会计	(1) 根据现金存款凭条编制记账凭证; (2) 在记账凭证上签字或盖章
6	审核记账凭证	财务经理	(1) 根据现金存款凭条审核记账凭证; (2) 在记账凭证上签字或盖章
7	凭证出纳签字;登记现金日记账和银行存款日记账	出纳	(1) 凭证出纳签字; (2) 根据记账凭证登记现金日记账和银行存款日记账,并在记账凭证上打钩过账及盖章

业务流程如图11-13所示。

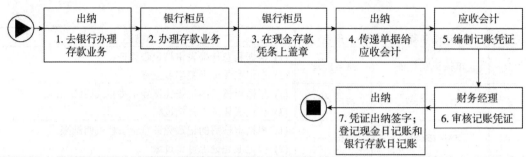

图11-13　业务流程

(14) 提取现金10 000元。

出纳填写现金支票,到银行办理提取现金业务,相关会计编制记账凭证和登记明细账。业务流程具体描述如表11-14所示。

表 11-14　业务流程具体描述

序号	活动名称	角色	活动描述
1	填写现金支票并盖法人章	出纳	(1) 填写现金支票并盖法人章; (2) 提交财务经理审核
2	审核并加盖财务专用章	财务经理	(1) 审核现金支票; (2) 在审核无误的现金支票上加盖财务专用章
3	登记支票登记簿后去银行提现	出纳	(1) 登记现金支票簿; (2) 去银行提现
4	办理付现业务	银行柜员	根据支票办理付现业务
5	现金入库并将支票存根联传递给应收会计	出纳	(1) 现金入库; (2) 将支票存根联传递给应收会计
6	编制记账凭证	应收会计	(1) 根据支票存根联编制记账凭证; (2) 在记账凭证上签字或盖章
7	审核记账凭证	财务经理	(1) 根据支票存根联审核记账凭证; (2) 在记账凭证上签字或盖章
8	凭证出纳签字;登记现金日记账和银行存款日记账	出纳	(1) 凭证出纳签字; (2) 登记现金日记账和银行存款日记账

业务流程如图11-14所示。

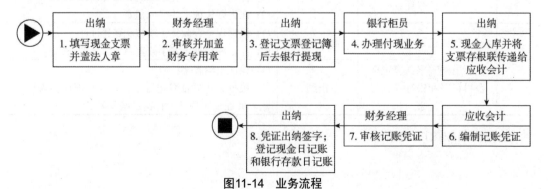

图11-14　业务流程

(15) 提取现金5000元。

出纳填写现金支票，到银行办理提取现金业务，相关会计编制记账凭证并登记明细账。业务流程具体描述如表11-15所示。

表 11-15   业务流程具体描述

序号	活动名称	角色	活动描述
1	填写现金支票并盖法人章	出纳	(1) 填写现金支票并盖法人章； (2) 提交给财务经理审核
2	审核并加盖财务专用章	财务经理	(1) 审核现金支票； (2) 在审核无误的现金支票上加盖财务专用章
3	登记支票登记簿后去银行提现	出纳	(1) 登记现金支票簿； (2) 去银行提现
4	办理付现业务	银行柜员	根据支票办理付现业务
5	现金入库并将支票存根联传递给应收会计	出纳	(1) 现金入库； (2) 将支票存根联传递给应收会计
6	编制记账凭证	应收会计	(1) 根据支票存根联编制记账凭证； (2) 在记账凭证上签字或盖章
7	审核记账凭证	财务经理	(1) 根据支票存根联审核记账凭证； (2) 在记账凭证上签字或盖章
8	凭证出纳签字；登记现金日记账和银行存款日记账	出纳	(1) 凭证出纳签字； (2) 登记现金日记账和银行存款日记账

业务流程如图11-15所示。

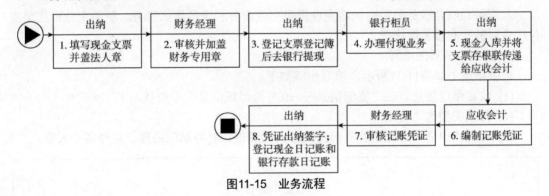

图11-15   业务流程

(16) 出纳日结。

出纳每日清点现金和填写现金盘点表，完成库存现金日结。业务流程具体描述如表11-16所示。

表 11-16   业务流程具体描述

序号	活动名称	角色	活动描述
1	清点现金，日记账结账	出纳	(1) 清点现金，填写现金盘点表，在现金盘点表上盖个人名章； (2) 计算现金日记账和银行存款日记账本日合计数； (3) 应收会计监盘(仅限线下盘点)

续表

序号	活动名称	角色	活动描述
2	账实核对	应收会计	(1) 搜索现金日记账； (2) 将现金日记账现金余额与现金盘点表现金合计数核对是否相符 (现金盘查仅限线下，且账实相符)
3	在现金盘点表上盖个人名章	出纳	(1) 在现金盘点表上盖个人名章； (2) 现金日记账、银行存款日记账进行本日汇总 (现金盘查仅限线下，且账实相符)
4	在现金盘点表上盖个人名章	应收会计	在现金盘点表上盖个人名章 (现金盘查仅限线下，且账实相符)
5	审核现金盘点表并盖个人名章	财务经理	审核现金盘点表并盖个人名章(现金盘查仅限线下，且账实相符)

业务流程如图11-16所示。

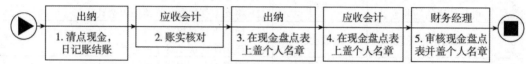

图11-16　业务流程

11.2　业务实践

1. 与服务公司的业务往来

北京融通综合服务公司向制造企业提供广告服务和设备维修服务，制造企业以支票支付广告服务费和设备维修费。

1) 付款申请书的填写

付款申请书如图11-17所示，填写步骤如下。

(1) 收款单位信息可在"案例信息——9.外围组织信息"中查找。

(2) 付款类型选"转账"。

(3) 在付款申请书上加盖业务部门经办人和经理、财务部门经理、总经理个人章。

<table>
<tr><td colspan="21" align="center">付款申请书</td></tr>
<tr><td colspan="21" align="center">年　月　日</td></tr>
<tr><td rowspan="2">用途及情况</td><td colspan="11" align="center">金额</td><td colspan="3">收款单位（人）：</td></tr>
<tr><td>亿</td><td>千</td><td>百</td><td>十</td><td>万</td><td>千</td><td>百</td><td>十</td><td>元</td><td>角</td><td>分</td><td colspan="3">账　号：</td></tr>
<tr><td rowspan="2">金额（大写）合计：</td><td colspan="11" rowspan="2"></td><td colspan="3">开户行：</td></tr>
<tr><td colspan="3">□电汇　□汇票　□转账　□现金　□其他</td></tr>
<tr><td rowspan="2">总经理</td><td colspan="5" rowspan="2"></td><td colspan="3" rowspan="2">财务部门</td><td colspan="3">经　理</td><td></td><td rowspan="2">业务部门</td><td colspan="2">经　理</td><td></td></tr>
<tr><td colspan="3">会　计</td><td></td><td colspan="2">经办人</td><td></td></tr>
</table>

图11-17　付款申请书

2) 转账支票的填写

转账支票正、反面如图11-18和图11-19所示，填写步骤如下。

视频：
填写转账支票

(1) 转账支票签发日期：数字必须大写，大写数字写法为零、壹、贰、叁、肆、伍、陆、柒、捌、玖、拾。壹月、贰月前零字必写，叁月至玖月前零字可写可不写。拾月至拾贰月必须写成壹拾月、壹拾壹月、壹拾贰月(前面多写了"零"字也认可，如零壹拾月)。壹日至玖日前零字必写，拾日至拾玖日必须写成壹拾日及壹拾×日(前面多写了"零"字也认可，如零壹拾伍日)。

(2) 收款人：填写收款人单位全称。

(3) 金额：数字的大写写法为零、壹、贰、叁、肆、伍、陆、柒、捌、玖、拾、佰、仟、万、亿；大写金额前不得留有空格；大小金额必须一致；小写前加人民币符号¥。

(4) 用途：据实填写使用用途。

(5) 密码：填写该张支票密码。

(6) 支票存根联：根据支票正联信息填写。

(7) 在支票正联加盖银行预留印鉴：财务章、法人章。

图11-18　转账支票正面

图11-19　转账支票反面

2. 日常费用计提、支付与报销业务

月初，案例企业人力行政部门到财务部办理借款，采购办公用品后报销费用；月中，

人力行政部报销招待费，采购部和销售部报销差旅费；月末，财务部计提借款利息。

1) 借款审批单的填写

借款审批单如图11-20所示，填写步骤如下。

(1) 部门填写借款人所在部门。

(2) 借款事由填写借款用途。

(3) 部门经理、财务经理、总经理在审批意见栏加盖个人章。

<table>
<tr><td colspan="3" align="center">**借 款 审 批 单**</td></tr>
<tr><td colspan="3" align="center">年　　月　　日</td></tr>
<tr><td>部　　　　门</td><td>借 款 人</td><td></td></tr>
<tr><td>借 款 事 由</td><td colspan="2"></td></tr>
<tr><td>借 款 金 额</td><td colspan="2">（大写）　　　　　　　　　¥ _____</td></tr>
<tr><td>预计还款报销日期</td><td colspan="2"></td></tr>
<tr><td>审 批 意 见</td><td colspan="2">总经理（盖章）　　财务经理（盖章）　　部门经理（盖章）</td></tr>
</table>

图11-20　借款审批单

2) 借款单的填写

借款单如图11-21所示，填写步骤如下。

(1) 借款人在申请日期、部门、借款人、借款事由、借款金额处填写相关信息。

(2) 借款人在每一联借款单的"借款人签章"处加盖个人章并填写日期。

(3) 出纳按借款单上的金额给行政助理支付现金后，在每一联借款单的"借款金额"处加盖"现金付讫"章。

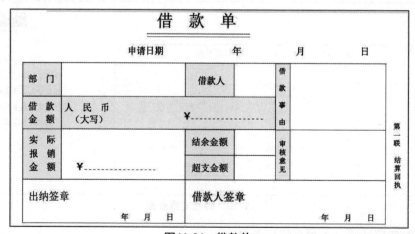

图11-21　借款单

3) 差旅费报销单的填写

差旅费报销单如图11-22所示，填写步骤如下。

(1) 报销人根据出差期间的餐费、住宿费、交通费用发票填写差旅费报销单。

(2) 报销金额为含税报销总金额。

(3) 报销人在"制单人"处签字盖章。

(4) 审核人审核无误后在"审核人"处签字盖章。

(5) 火车票可以抵扣9%的进项税额。取得注明旅客身份信息的铁路车票的，进项税额=票面金额/(1+9%)×9%。

(6) 飞机票可以抵扣9%的进项税额。取得注明旅客身份信息的航空运输电子客票行程单的，进项税额=(票价+燃油附加费)/(1+9%)×9%。

视频：

填写差旅费报销单

差旅费报销单

单据日期：＿＿＿＿＿＿＿＿＿ 报销人：＿＿＿＿＿＿ 报销人部门：＿＿＿＿＿＿

出差事由：＿＿＿＿＿＿＿＿＿ 报销金额：＿＿＿＿＿＿

往返交通

出发日期	到达日期	出发地点	到达地点	交通工具	报销金额（含税）	税额

目的地费用

项目	开始日期	结束日期	报销金额（含税）	税额
住宿				
餐费				

审核人：＿＿＿＿＿＿＿＿＿ 制单人：＿＿＿＿＿＿＿＿＿

图11-22 差旅费报销单

4) 借款利息计提表的填写

借款利息计提表如图11-23所示，填写步骤如下。

根据借款利息计提表中给定的信息，计算月利息费用。

月利息计算公式为

$$借款利息金额 = 本金 × 利率 × 期数/12$$

借款利息计提表

单位：万元

借款本金	利率（年息）	月利息
200.00	8.4%	

图11-23 借款利息计提表

3. 现金相关业务

制造企业到银行办理现金存取业务。

1) 现金存款凭条的填写

现金存款凭条如图11-24所示，填写步骤如下。

(1) 现金存款凭条分为两联：第一联为银行核对联，第二联为客户核对联。

(2) 存款人信息按照制造企业信息填写。

(3) 银行柜员办理存款业务后须在每一联"备注"处加盖银行营业部业务章。

图11-24现金存款凭条

2) 银行柜员办理存款业务具体步骤

(1) 银行柜员登录银行系统主界面，单击【存入现金】按钮，如图11-25所示。

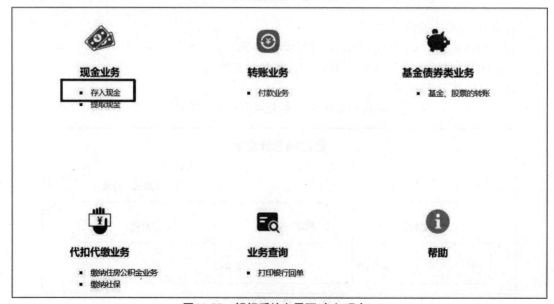

图11-25　银行系统主界面(存入现金)

(2) 单击【新增】按钮(见图11-26)，根据"案例信息——制造企业信息"查找存款人账户信息，根据存款人填写的"现金存款凭条"填写存款金额，完成单击【保存】按钮，如图11-27所示。

图11-26 存款业务信息列表

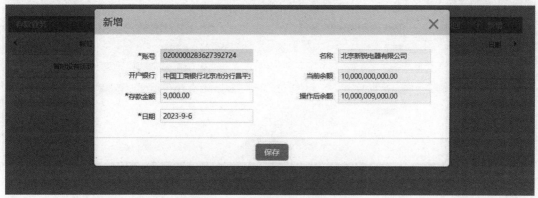

图11-27 存款业务信息填写界面

3) 银行柜员办理付现业务具体步骤

(1) 银行柜员登录银行系统主界面，单击【提取现金】按钮，如图11-28所示。

(2) 单击【新增】按钮(见图11-29)，根据"案例信息——制造企业信息"查找取现人账户信息，根据取现人填写的"现金支票"填写付现金额及其他相关信息，完成单击【保存】按钮，如图11-30所示。

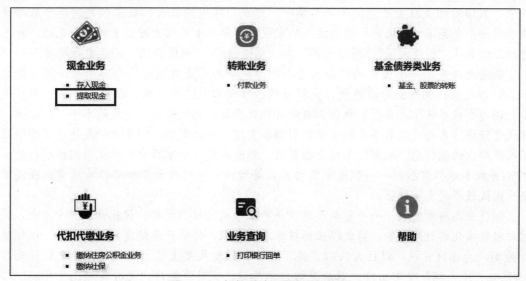

图11-28 银行系统主界面(提取现金)

图11-29 提取现金业务信息列表

图11-30 提取现金业务信息填写界面

思政案例

坚定不移建设制造强国

制造业实力的显著增强，有效提升了供给体系质量，提高了整个国民经济的发展效益。

前不久，我国工业和信息化十年发展成绩单公布。2012—2021年，制造业增加值从16.98万亿元增加到31.4万亿元，占全球比重从20%左右提高到近30%；500种主要工业产品中，我国有四成以上产量位居世界第一；建成全球规模最大、技术领先的网络基础设施……一个个亮眼的数据，一项项提气的成就，勾勒出十年间大国制造的非凡足迹，标志着我国迎来从"制造大国""网络大国"向"制造强国""网络强国"的历史性跨越。

制造业决定了一个国家的综合实力和国际竞争力，是我国经济命脉所系，是立国之本、强国之基。制造业价值链长、关联性强、带动力大，为农业、服务业提供原料、设备、动力和技术保障，在很大程度上决定着现代农业、现代服务业的发展水平。可以说，现代化经济体系的建设离不开制造业的引领和支撑。不仅如此，制造业的发展也显著增强了人民群众的获得感，从智能家电全面普及，到汽车进入千家万户；从宽带网络村村通，到5G手机加速推广应用……制造业实力的显著增强，有效提升了供给体系质量，提高了整个国民经济的发展效益。

制造业高质量发展，一个重要表现就是产业结构的破旧立新、优化升级。十年来，通过积极稳妥化解过剩产能，持之以恒抓技术改造升级，传统产业焕发出全新生机。以钢铁业为例，为摆脱亏损，以巨大决心实施了世界钢铁发展史上最大规模的产能更新计划，1.4亿吨"地条钢"全部出清，落后产能应退尽退，优势产能得以充分释放。十年间，培育壮大新兴产业步履坚定，高技术制造业占规模以上工业增加值比重从2012年的9.4%提高到2021年的15.1%，新兴产业对制造业的支撑作用显著增强。

在产业结构优化升级的过程中，不断增强创新这个第一动力。无论是补齐产业短板，应对外部冲击，还是锻造发展长板，形成竞争优势，都需要努力提高自主创新能力、掌握技术话语权。从"奋斗者"号成功坐底万米海底，到C919大飞机的取证交付，从时速600公里高速磁浮样车成功下线，到国产最大直径盾构机"京华号"投入使用……一大批重大标志性创新成果竞相涌现，引领中国制造不断攀上新高度。同时，我国新一代信息技术与制造业融合取得长足进展，数字化转型行动、智能制造工程、工业互联网创新发展行动向深入推进，有力促进制造业提质、降本、增效、绿色、安全发展。

完成"从大到强"的跨越，离不开市场主体的顽强拼搏、奋勇争先。制造业强，企业必须强。拥有一批世界领先的优质企业，是制造强国的鲜明标志，也是经济迈向高质量发展的必然要求。入围世界500强企业的工业企业达到73家，规模以上工业企业资产规模实现翻番，已培育4万多家"专精特新"中小企业……十年来，一个个"顶天立地"的领先企业脱颖而出，一大批优质的中小企业成长壮大。它们既是我国制造实力显著提升的缩影，也是中国制造迈向中国创造的生力军。

当前，新一轮科技革命和产业变革深入发展，全球产业链供应链面临重构，国际竞争更趋激烈。全新的考卷已然铺展，更难的考题等待解答。站在新的历史起点上，把制造业高质量发展放到更加突出的位置，坚定不移建设制造强国，就一定能抢占新一轮科技革命和产业变革的先机，构筑未来发展战略优势。

资料来源：韩鑫，人民时评：坚定不移建设制造强国[N]. 人民日报，2022-07-07.

【思考】

请谈谈在制造强国时代，作为青年一代的我们应如何投身于制造强国建设？

第 12 章

期末核算业务

↗ 学习目标

❑ 明确银行对账、成本结转、所得税费用的内容和方法。

❑ 了解银行对账、资产盘点、成本结转、计提所得税费用的业务流程。

❑ 熟悉银行存款余额调节表、资产盘点报告表、制造费用归集与分配表等表单的
填写。

❑ 掌握期末核算业务的记账凭证登记和明细账簿登记。

❑ 运用期末核算业务知识完成期末结账、对账工作。

↗ 思政目标

❑ 树立集体主义意识，能够独立完成集体分配的任务。

❑ 形成规则意识，遵守职业道德规范，成为合格的财务人员。

❑ 熟悉《中华人民共和国企业所得税法》，强化依法纳税意识。

12.1 业务概述

12.1.1 期末核算业务介绍

1. 银行对账

银行对账是将企业的银行存款日记账与银行转来的对账单逐笔核对，以检查账款是否
相符。企业银行存款日记账和银行对账单至少每月核对一次，如果两者余额不一致，其原
因有两个：一是企业和银行任何一方或双方记账错误；二是出现未达账项。

未达账项，是指存款单位与开户银行之间因结算凭证传递时间的差别，发生的一方已
经记账，而另一方尚未接到有关凭证没有记账的款项。未达账项的4种情况如下：

① 企业已记收款而银行未记收款的账项；

② 企业已记付款而银行未记付款的账项；

③ 银行已记收款而企业未记收款的账项；

④ 银行已记付款而企业未记付款的账项。

对于未达账项，一般是通过编制银行存款余额调节表(见图12-1)的方法加以揭示和进
行调整。

银行存款余额调节表

编制单位：		年 月 日	单位：元
项目	金额	项目	金额
企业银行存款日记账余额		银行对账单余额	
加：银行已收、企业未收款		加：企业已收、银行未收款	
减：银行已付、企业未付款		减：企业已付、银行未付款	
调节后的存款余额		调节后的存款余额	

图12-1　银行存款余额调节表

银行存款余额调节表的编制方法一般是在双方账面余额的基础上，分别补记对方已记而本方未记账的账项金额，然后验证调节后的双方账目是否相符。

- 步骤1：

企业账面调节后的存款余额＝企业银行存款日记账余额＋银行已收而企业未收款项－
银行已付而企业未付款项

- 步骤2：

银行对账单调节后的存款余额＝银行对账单存款余额＋企业已收而银行未收款项－
企业已付而银行未付款项

通过核对和调节，银行存款余额调节表上的企业账面调节后的存款余额与银行对账单调节后的存款余额相等，一般可以说明双方记账没有差错。如果经调节仍不相等，要么是未达账项未全部查出，要么是一方或双方记账出现差错，需要进一步采用对账方法查明原因，加以更正。调节相等后的银行存款余额是当日可以动用的银行存款实有数。对于银行已经划账，而企业尚未入账的未达账项，要待银行结算凭证到达后，才能据以入账，不能以银行存款调节表作为记账依据。

2．资产盘点

(1) 存货盘点。由于存货的种类很多，不同存货的实物形态、体积重量、堆放方式、堆放地点等各不相同，所以不同存货的账实核对方法也不相同。常用的存货账实核对方法有实地盘点法和技术推算法，现实中大多采用实地盘点法。

实地盘点法：对各种存货逐一盘点或通过计算计量仪器来确定其实存数量。该方法易于操作，数字准确，但是工作量较大。

技术推算法：对那些量大、成堆的存货，采用量方、计尺等技术方法，通过推算来确定其实存数量。该方法适用于体积大，不易搬动的存货，如粮食、煤等。

存货盘点表如图12-2所示。

盘点程序如下：

① 盘点时，实物保管人员与清查人员参与盘点；

② 认真核实，根据盘点结果填制盘存单，并共同签字或盖章；

③ 盘点结束，根据盘存单和会计账簿记录，编制存货盘点报告表；

④ 分析查明账实不符的性质和原因，报请有关部门领导予以审批处理；

⑤ 针对清查中发现的问题，提出改进措施。

存货盘点表

2019年12月28日

序号	物料名称	规格	计量单位	账面数量	盘点数量	盘点结果		备注
						盘盈	盘亏	
1	201不锈钢板材	0.5mm*1250mm*2500mm	张	505.00				
2	304不锈钢板材	0.5mm*1250mm*2500mm	张	588.00				
3	轻巧/经典型壶盖	通用：定制	件	1,000.00				
4	豪华型壶盖	豪华型：定制	件	130.00				
5	轻巧/经典型底座	通用：定制	件	10,000.00				
6	豪华型底座	豪华型：定制	件	4,000.00				
7	国产温控器	国产BB3	件	2,484.00				
8	进口温控器	SKE903	件	110.00				
9	豪华型壶体	定制	件	840.00				
10	豪华型电热水壶	豪华型	件	918.00				
11	精磨型豆浆机	精磨型	件	84.00				
12	轻巧型电热水壶	轻巧型	件	1,146.00				

仓管员： 资产会计： 仓储部经理：

图12-2 存货盘点表

(2) 固定资产盘点。固定资产的账实核对通常采用实地盘点法，即将固定资产卡片上的记录情况与固定资产实物逐一核对。根据核对中发现的盘盈、盘亏情况，清查人员要编制固定资产盘盈、盘亏报告单，如图12-3所示。

固定资产盘盈、盘亏报告单

部门： 年 月 日

编号	名称	规格及型号	盘盈			盘亏			毁损			备注
			数量	重置价值	累计折旧	数量	原值	已提折旧	数量	原值	已提折旧	
处理意见		审批部门			清查小组			使用保管部门				

图12-3 固定资产盘盈、盘亏报告单

固定资产盘点程序如下：

① 组成固定资产清查小组，明确责任分工，同时进行事前摸查；

② 根据账务清理结果，编制盘点用的固定资产盘点表；

③ 实地盘点，将固定资产卡片上的记录情况与固定资产实物逐一核对，并核实有关情况；

④ 根据核对中发现的盘盈、盘亏情况，清查人员填制固定资产盘盈、盘亏报告单，并对盘点中出现的差异情况进行说明；

⑤ 根据固定资产清查中的问题提出处理意见；

⑥ 编制固定资产清查报告。

3. 成本核算与结转

(1) 生产成本核算与结转。生产成本亦称制造成本，即企业为生产产品而发生的成本。生产成本是生产过程中各种资源利用情况的货币表示，是衡量企业技术和管理水平的重要指标。生产成本结转流程如图12-4所示。

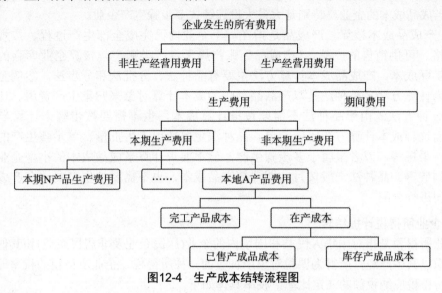

图12-4 生产成本结转流程图

生产成本是生产单位为生产产品或提供劳务而发生的各项生产费用，包括各项直接支出和制造费用。

- 直接支出包括直接材料(原材料、辅助材料、备品备件、燃料及动力等)、直接工资(生产人员的工资、补贴)、其他直接支出(如福利费)；
- 制造费用是指企业内的分厂、车间为组织和管理生产所发生的各项费用，包括分厂、车间的管理人员工资、折旧费、维修费、修理费及其他制造费用(办公费、差旅费、劳保费等)。

制造费用是指企业生产单位(分厂、车间)为生产产品和提供劳务而发生的各项间接费用，主要包括生产单位管理人员的薪酬，生产单位房屋、建筑物、机器设备等的折旧费和修理费，固定资产租赁费，机物料消耗，低值易耗品摊销，取暖费，水电费，办公费，差旅费，运输费，保险费，设计制图费，试验检验费，劳动保护费，季节性停工和生产用固定资产大修理期间停工的损失及其他制造费用。通常采用的方法有：生产工人工时比例法、生产工人工资比例法、机器工时比例法和按年度计划分配率分配法等。案例企业以生产工人工时比例法为计算方法。

生产工人工时比例法，简称生产工时比例法，是以各种产品(各受益对象)实际生产工时或定额生产工时为标准来分配制造费用的方法，其适用范围为机械化程度较低或生产单位内生产的各产品工艺机械化程度大致相同的单位。

计算公式为

$$平均单位成本＝(月初结存金额＋本月入库金额)÷(月初结存数量＋本月入库数量)$$

$$发出材料成本＝平均单位成本×出库数量$$

(2) 自制半成品成本核算与结转。自制半成品是指经过一定生产过程，已验收入库，尚需继续加工的中间产品。自制半成品核算的基本账户是"自制半成品"。该账户可设置

"库存半成品"和"委托加工半成品"明细账。企业计算自制半成品成本，主要采用逐步结转分步法，该方法主要适用于半成品可以加工为不同产品，或者有半成品对外销售和需要考核半成品成本的企业，特别是大量大批连续式多步骤生产企业。

(3) 产成品成本核算。产成品是指在一个企业内已完成全部生产过程、按规定标准检验合格、可供销售的产品。"产成品"账户属于资产类账户，核算企业库存的各种产成品的实际成本。产成品成本计算方法主要有品种法、分批法和分步法。案例企业以品种法作为计算方法。品种法是以产品品种作为成本计算对象来归集生产费用、计算产品成本的一种方法。由于品种法不需要按批计算成本，也不需要按步骤来计算半成品成本，因而这种成本计算方法比较简单。品种法主要适用于大批量、单步骤生产的企业，如发电、采掘等，或者虽属于多步骤生产，但不要求计算半成品成本的小型企业，如小水泥、制砖等。品种法一般按月定期计算产品成本，也不需要把生产费用在产成品和半成品之间进行分配。

4. 企业所得税计提结转

企业所得税是指对中华人民共和国境内的企业(居民企业及非居民企业)和其他取得收入的组织以其生产经营所得为课税对象所征收的一种所得税。企业所得税的税率即据以计算企业所得税应纳税额的法定比率，税率具体如下。

- 基本税率：25%。适用范围：A. 居民企业；B. 在中国境内设有机构、场所且所得与机构、场所有关联的非居民企业。

- 优惠税率：20%。适用范围：符合条件的小型微利企业。

  优惠税率：15%。适用范围：国家重点扶持的高新技术企业。

- 扣缴义务人代扣代缴。税率：10%。适用范围：A. 在中国境内未设立机构、场所的非居民企业；B. 虽设立机构、场所但取得的所得与其所设机构、场所无实际联系的非居民企业。

应纳税所得额计算公式为

$$应纳所得税额＝应纳税所得额×税率－减免税额－抵免税额$$

$$应纳税所得额＝收入总额－不征税收入－免税收入－各项扣除$$

$$－允许弥补的以前年度亏损$$

12.1.2 期末核算业务流程

1. 期末核算业务实训任务描述

1) 银行对账

制造企业根据银行对账单编制银行存款余额调节表。

由于银行对账中存在的未达账项不是错账、漏账，因此，不需根据银行存款余额调节表做任何账务处理，双方账面仍保持原有的余额，待收到有关凭证之后(即由未达账项变成已达账项)，再同正常业务一样进行处理。

2) 资产盘点

(1) 存货盘点。制造企业仓管员根据存货盘点表进行存货实地盘点，由资产会计与车间管理员监盘，盘点完成后填制存货盘点报告。如果盘点后账实不符，则账务处理如下。

① 企业发生存货盘盈时：

借：原材料/库存商品等
　　　贷：待处理财产损溢——待处理流动资产损溢

企业查明盘盈原因并经过批准后：

借：待处理财产损溢——待处理流动资产损溢
　　　贷：管理费用

② 企业发生存货盘亏时：

借：待处理财产损溢——待处理流动资产损溢
　　　贷：原材料/库存商品等

企业查明盘亏原因并经过批准后：

借：管理费用
　　其他应收款
　　营业外支出
　　　贷：待处理财产损溢——待处理流动资产损溢

(2) 固定资产盘点。制造企业行政助理根据固定资产盘点表进行固定资产实地盘点，由资产会计与人力行政部经理监盘，盘点完成后填制固定资产盘点报告。如盘点后账实不符，则账务处理如下。

① 企业发生固定资产盘盈时：

借：固定资产
　　　贷：以前年度损益调整
　　　　　累计折旧

企业查明盘盈原因并经过批准后：

借：以前年度损益调整
　　　贷：应交税费——应交所得税
　　　　　盈余公积——法定盈余公积
　　　　　利润分配——未分配利润

② 企业发生固定资产盘亏时：

借：待处理财产损溢——待处理固定资产损溢
　　累计折旧
　　　贷：固定资产

企业查明盘亏原因并经过批准后：

借：其他应收款
　　营业外支出
　　　贷：待处理财产损溢——待处理固定资产损溢

3) 成本核算与结转

(1) 制造费用归集与分配。

制造企业按生产工时比例法进行制造费用分配，填制制造费用归集与分配表。

① 制造费用归集。

借：制造费用

　　贷：原材料

　　　　应付职工薪酬

　　　　银行存款等

② 制造费用分配。

借：生产成本

　　贷：制造费用

(2) 原材料成本结转。

制造企业编制壶体车间、组装车间原材料出库成本核算表和原材料成本结转表，对壶体车间、组装车间的原材料成本进行结转。

借：基本生产成本

　　辅助生产成本

　　制造费用

　　管理费用

　　销售费用

　　贷：原材料

(3) 半成品成本结转。

制造企业编制半成品成本计算表与结转表，对壶体车间、组装车间的自制半成品成本进行结转。

① 生产完成并已检验送交半成品库的自制半成品，按实际成本结转。

借：自制半成品

　　贷：生产成本——基本生产成本

② 领用自制半成品继续加工，按实际成本结转。

借：生产成本——基本生产成本

　　贷：自制半成品

(4) 产成品成本结转。

制造企业按品种法计算产成品的制造总成本和单位成本编制产品成本计算表，结转产成品成本。

借：库存商品

　　贷：生产成本

4) 所得税费用计提与结转

(1) 计提所得税。

借：所得税费用

　　贷：应交税费——应交所得税

(2) 结转所得税。

借：本年利润

　　贷：所得税费用

2. 期末核算业务实训具体业务流程步骤

1) 银行对账

月末，制造企业根据银行对账单编制余额调节表。业务流程具体描述如表12-1所示。

表 12-1 业务流程具体描述

序号	活动名称	角色	活动描述
1	去银行取对账单	出纳	去银行取对账单
2	调用企业银行对账单	银行柜员	调用企业银行对账单
3	传递银行对账单给应收会计	出纳	传递银行对账单给应收会计
4	编制余额调节表	应收会计	(1) 业务勾对，逐笔核对银行存款日记账与银行对账单； (2) 编制余额调节表
5	审核余额调节表	总账报表会计	审核余额调节表

业务流程如图12-5所示。

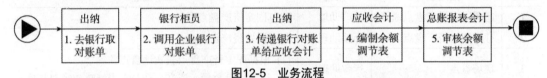

图12-5 业务流程

2) 资产盘点

(1) 存货盘点。

月末，制造企业根据存货盘点表进行存货盘点，填制存货盘点报告。业务流程具体描述如表12-2所示。

表 12-2 业务流程具体描述

序号	活动名称	角色	活动描述
1	起草存货盘点通知	财务经理	起草存货盘点通知
2	编制存货盘点表	资产会计	根据模板编制存货盘点表模板，无须填写数据
3	存货盘点	仓管员	(1) 实地盘点存货盘点表中的存货； (2) 记录实际盘点数，资产会计与车间管理员监盘； (3) 在存货盘点表上签字
4	在存货盘点表上签字	资产会计	根据实际情况，核对存货盘点表并签字
5	核对存货盘点表	车间管理员	根据实际情况，核对存货盘点表
6	填写存货盘点报告	资产会计	根据存货盘点表填制存货盘点报告
7	在存货盘点报告盘点人处签字	仓管员	在存货盘点报告盘点人处签字
8	根据盘点结果在存货盘点报告上签字	财务经理	根据盘点结果在存货盘点报告上签字

业务流程如图12-6所示。

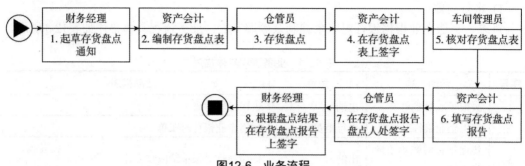

图12-6　业务流程

(2) 固定资产盘点。

月末，制造企业对固定资产进行盘点，填制固定资产盘点表。业务流程具体描述如表12-3所示。

表 12-3　业务流程具体描述

序号	活动名称	角色	活动描述
1	起草固定资产盘点通知	行政助理	起草固定资产盘点通知
2	打印固定资产盘点表	行政助理	打印固定资产盘点表
3	现场盘点	行政助理	(1) 根据固定资产盘点表实地盘点并签字； (2) 记录实盘数量，资产会计与人力行政部经理监盘
4	在固定资产盘点表上签字确认	资产会计	在固定资产盘点表上签字确认
5	在固定资产盘点表上签字确认	人力行政部经理	根据盘点结果在固定资产盘点表上签字确认
6	编写固定资产盘点报告	资产会计	根据固定资产盘点表编写固定资产盘点报告
7	审核固定资产盘点报告并在报告上签字	人力行政部经理	审核固定资产盘点报告并在报告上签字

业务流程如图12-7所示。

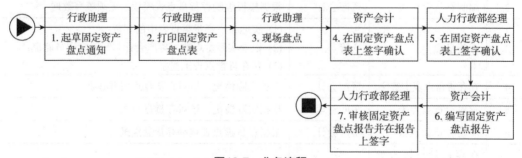

图12-7　业务流程

3) 成本核算与结转

(1) 制造费用归集与分配。

月末，制造企业编制制造费用分配表，并填制记账凭证和登记明细账。业务流程具体描述如表12-4所示。

表12-4 业务流程具体描述

序号	活动名称	角色	活动描述
1	编制制造费用分配表	成本会计	根据单位产品标准工时表、应付职工薪酬科目明细表、生产订单等资料编制制造费用分配表
2	编制记账凭证	成本会计	(1) 根据制造费用分配表编制记账凭证; (2) 在记账凭证上签字或盖章
3	审核记账凭证	财务经理	(1) 根据制造费用分配表审核记账凭证; (2) 在记账凭证上签字或盖章
4	登记明细账	成本会计	(1) 根据记账凭证登记生产成本明细分类账,并在记账凭证上打钩过账; (2) 记账后在记账凭证上签字或盖章

业务流程如图12-8所示。

图12-8 业务流程

(2) 壶体车间原材料成本结转。

月末,制造企业编制壶体车间原材料成本结转表,并编制记账凭证和登记明细账。业务流程具体描述如表12-5所示。

表12-5 业务流程具体描述

序号	活动名称	角色	活动描述
1	编制原材料出库成本核算表	成本会计	根据期初原材料明细表、领料明细表、生产订单等资料,编制原材料出库成本核算表
2	编制原材料成本结转表(壶体车间)	成本会计	(1) 根据12月份采购入库单汇总表、期初存货数据、12月份材料出库单列表,计算材料发出成本; (2) 编制原材料成本结转表
3	编制记账凭证	成本会计	(1) 根据原材料成本结转表编制记账凭证; (2) 在记账凭证上签字或盖章
4	审核记账凭证	财务经理	(1) 根据原材料成本结转表审核记账凭证; (2) 在记账凭证上签字或盖章
5	登记明细账	成本会计	(1) 根据记账凭证登记生产成本明细分类账和数量金额式明细账,并在记账凭证上打钩过账; (2) 记账后在记账凭证上签字或盖章

业务流程如图12-9所示。

图12-9 业务流程

(3) 壶体车间自制完工半成品成本核算。

月末，制造企业编制半成品成本计算单，并填制记账凭证和登记明细账。业务流程具体描述如表12-6所示。

表 12-6 业务流程具体描述

序号	活动名称	角色	活动描述
1	编制半成品成本计算单	成本会计	根据壶体车间生产入库汇总表、本期制造费用分配表、期初在产品成本数据、直接人工归集与分配表、壶体车间直接材料归集与分配表，编制半成品成本计算单
2	编制记账凭证	成本会计	(1) 根据半成品成本计算表编制记账凭证； (2) 在记账凭证上签字或盖章
3	审核记账凭证	财务经理	(1) 根据半成品成本计算表审核记账凭证； (2) 在记账凭证上签字或盖章
4	登记明细账	成本会计	(1) 根据记账凭证登记生产成本明细分类账和数量金额式明细账，并在记账凭证上打钩过账； (2) 记账后在记账凭证上签字或盖章

业务流程如图12-10所示。

图12-10 业务流程

(4) 组装车间原材料成本结转。

月末，制造企业编制组装车间原材料成本结转表，并编制记账凭证和登记明细账。业务流程具体描述如表12-7所示。

表 12-7 业务流程具体描述

序号	活动名称	角色	活动描述
1	编制组装车间原材料成本结转表	成本会计	(1) 根据期初存货数据、壶体车间生产入库汇总表、壶体成本计算表、12月材料出库单列表，汇总半成品出入库数据； (2) 根据半成品出库数据填写出库汇总表； (3) 根据半成品生产入库单填写自制半成品入库汇总表； (4) 出于时间考虑，本案例只需填写"轻巧型壶体"的出入库汇总表
2	编制记账凭证	成本会计	(1) 根据出库汇总表、自制半成品入库汇总表、出入库汇总表编制记账凭证； (2) 在记账凭证上签字或盖章
3	审核记账凭证	财务经理	(1) 根据出库汇总表、自制半成品入库汇总表、出入库汇总表审核记账凭证； (2) 在记账凭证上签字或盖章
4	登记明细账	成本会计	(1) 根据记账凭证登记生产成本明细分类账和数量金额式明细账，并在记账凭证上打钩过账； (2) 记账后在记账凭证上签字或盖章

业务流程如图12-11所示。

图12-11 业务流程

(5) 组装车间领用自制半成品成本结转。

月末，制造企业编制半成品出库成本核算表和组装车间领用自制半成品成本结转表，并编制记账凭证和登记明细账。业务流程具体描述如表12-8所示。

表 12-8 业务流程具体描述

序号	活动名称	角色	活动描述
1	编制半成品出库成本核算表	成本会计	根据期初自制半成品明细表、生产订单(组装车间上期在线本期完工)、生产订单(组装车间)、领料明细(组装车间)、电热水壶BOM，编制半成品出库成本核算表
2	编制组装车间领用自制半成品成本结转表	成本会计	根据期初自制半成品明细表、生产订单(组装车间上期在线本期完工)、生产订单(组装车间)、领料明细(组装车间)、电热水壶BOM，编制组装车间领用自制半成品成本结转表
3	编制记账凭证	成本会计	(1) 根据半成品出库成本核算表、组装车间领用自制半成品成本结转表编制记账凭证； (2) 在记账凭证上签字或盖章
4	审核记账凭证	财务经理	(1) 根据半成品出库成本核算表、组装车间领用自制半成品成本结转表，审核记账凭证； (2) 在记账凭证上签字或盖章
5	登记明细账	成本会计	(1) 根据记账凭证登记数量金额式明细账，并在记账凭证上打钩过账； (2) 记账后在记账凭证上签字或盖章

业务流程如图12-12所示。

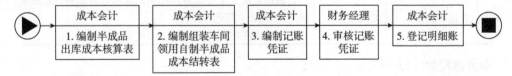

图12-12 业务流程

(6) 组装车间完工产成品成本核算。

月末，制造企业编制产成品成本计算单，并编制记账凭证和登记明细账。业务流程具体描述如表12-9所示。

表 12-9 业务流程具体描述

序号	活动名称	角色	活动描述
1	编制产成品成本计算单	成本会计	根据期初生产成本明细表，生产订单及领料单，组装车间领用自制半成品成本结转表等原始资料，编制产成品成本计算单

序号	活动名称	角色	活动描述
2	编制记账凭证	成本会计	(1) 根据产成品成本计算单编制记账凭证; (2) 在记账凭证上签字或盖章
3	审核记账凭证	财务经理	(1) 根据产成品成本计算单审核记账凭证; (2) 在记账凭证上签字或盖章
4	登记明细账	成本会计	(1) 根据记账凭证登记生产成本明细分类账和数量金额式明细账,并在记账凭证上打钩过账; (2) 记账后在记账凭证上签字或盖章

业务流程如图12-13所示。

图12-13 业务流程

(7) 销售成本结转。

月末,制造企业编制销售成本计算结转表,并编制记账凭证和登记明细账。业务流程具体描述如表12-10所示。

表 12-10 业务流程具体描述

序号	活动名称	角色	活动描述
1	编制销售成本计算结转表	成本会计	根据期初库存商品明细表、采购订单、生产订单、销售订单,编制销售成本计算结转表
2	编制记账凭证	成本会计	(1) 根据销售成本计算结转表编制记账凭证; (2) 在记账凭证上签字或盖章
3	审核记账凭证	财务经理	(1) 根据销售成本计算结转表审核记账凭证; (2) 在记账凭证上签字或盖章
4	登记明细账	成本会计	(1) 根据记账凭证登记多栏式明细账和数量金额式明细账,并在记账凭证上打钩过账; (2) 记账后在记账凭证上签字或盖章

业务流程如图12-14所示。

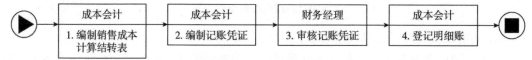

图12-14 业务流程

4) 月末结账

(1) 月末损益结转。

月末,制造企业填制损益结转计算表,并编制记账凭证和登记明细账。业务流程具体描述如表12-11所示。

表12-11 业务流程具体描述

序号	活动名称	角色	活动描述
1	汇总损益类发生额	总账报表会计	根据三栏式明细账、多栏式明细账汇总损益类科目发生额，填制损益结转计算表
2	编制记账凭证	总账报表会计	(1) 根据已汇总的损益类发生额将损益类账户余额转入本年利润账户，编制记账凭证； (2) 在记账凭证上签字或盖章
3	审核记账凭证	财务经理	(1) 根据已汇总的各损益类账户发生额审核记账凭证； (2) 在记账凭证上签字或盖章
4	登记明细账	费用会计、应收会计、总账报表会计、税务会计、成本会计	(1) 根据记账凭证登记所对应的明细账，并在记账凭证上打钩过账； (2) 记账后在记账凭证上签字或盖章

业务流程如图12-15所示。

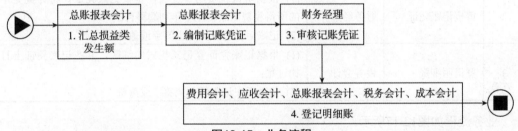

图12-15 业务流程

(2) 计提所得税费用。

月末，制造企业计提第四季度所得税费用，并编制记账凭证和登记明细账。业务流程具体描述如表12-12所示。

表12-12 业务流程具体描述

序号	活动名称	角色	活动描述
1	计提所得税费用	税务会计	根据上两个月的利润表中的利润总额，以及本年利润科目上记录的本月利润总额，编制第四季度所得税费用计提表
2	编制记账凭证	税务会计	(1) 根据编制完成的第四季度所得税费用计提表，以及本年利润科目上记录的本月利润总额，编制记账凭证； (2) 记账后在记账凭证上签字或盖章
3	审核记账凭证	财务经理	(1) 根据编制完成的第四季度所得税费用计提表，以及本年利润科目上记录的本月利润总额，审核记账凭证； (2) 记账后在记账凭证上签字或盖章
4	登记明细账	税务会计	(1) 根据记账凭证登记三栏式明细账，并在记账凭证上打钩过账； (2) 记账后在记账凭证上签字或盖章

业务流程如图12-16所示。

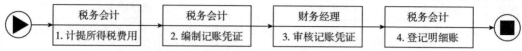

图12-16 业务流程

(3) 结转所得税费用。

月末，制造企业根据所得税费用计提表，编制记账凭证并登记明细账。业务流程具体描述如表12-13所示。

表 12-13 业务流程具体描述

序号	活动名称	角色	活动描述
1	编制记账凭证	税务会计	(1) 根据所得税费用计提表，编制记账凭证，将计提完毕的所得税费用结转至本年利润科目； (2) 记账后在记账凭证上签字或盖章
2	审核记账凭证	财务经理	(1) 根据所得税费用计提表，审核记账凭证，将计提完毕的所得税费用结转至本年利润科目； (2) 记账后在记账凭证上签字或盖章
3	登记明细账	税务会计	(1) 根据记账凭证登记三栏式明细账，并在记账凭证上打钩过账； (2) 记账后在记账凭证上签字或盖章

业务流程如图12-17所示。

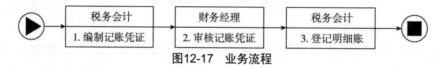

图12-17 业务流程

(4) 结转净利润。

月末，制造企业编制结转净利润的记账凭证和登记明细账。业务流程具体描述如表12-14所示。

表 12-14 业务流程具体描述

序号	活动名称	角色	活动描述
1	编制记账凭证	总账报表会计	查询结转损益和结转所得税的记账凭证，编制结转净利润的记账凭证
2	审核记账凭证	财务经理	(1) 查询结转损益和结转所得税的记账凭证，审核结转净利润的记账凭证； (2) 在记账凭证上签字或盖章
3	登记明细账	总账报表会计	(1) 根据记账凭证登记三栏式明细账，并在记账凭证上打钩过账； (2) 记账后在记账凭证上签字或盖章

业务流程如图12-18所示。

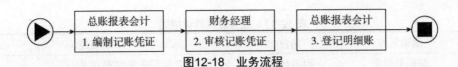

图12-18 业务流程

(5) 科目汇总。

月末，制造企业编制T形账和科目汇总表，并根据科目汇总表登记总账，同时核对总账与明细账、日记账。业务流程具体描述如表12-15所示。

表 12-15 业务流程具体描述

序号	活动名称	角色	活动描述
1	编制T形账	总账报表会计	(1) 在"已填单据"菜单中，找到"已填单据——记账凭证"； (2) 根据记账凭证编制T形账
2	编制科目汇总表	总账报表会计	根据T形账登记科目汇总表
3	根据汇总表登记总账	总账报表会计	根据科目汇总表登记总分类账
4	核对总账与明细账、日记账	总账报表会计	(1) 在"已填单据"菜单中，找到"已填单据——账页单据"； (2) 总账与各科目明细账、日记账金额核对相符

业务流程如图12-19所示。

图12-19 业务流程

(6) 明细账汇总。

月末，各会计检查各自所管理的明细账，计算出本月借贷双方累计发生额并结出余额。业务流程具体描述如表12-16所示。

表 12-16 业务流程具体描述

序号	活动名称	角色	活动描述
1	检查各自所管理的明细账，计算出本月借贷双方累计发生额并结出余额	应付会计、资产会计、税务会计、费用会计、应收会计、薪资会计、成本会计、出纳	各会计检查各自所管理的明细账，计算出本月借贷双方累计发生额，并结出余额

业务流程如图12-20所示。

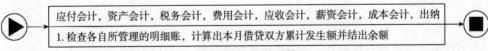

图12-20 业务流程

(7) 编制报表。

月末，财务经理根据总账和明细账编制利润表。业务流程具体描述如表12-17所示。

表 12-17　业务流程具体描述

序号	活动名称	角色	活动描述
1	编制利润表	财务经理	根据总账及明细账编制利润表

业务流程如图12-21所示。

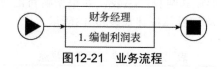

图12-21　业务流程

12.2　业务实践

1. 银行对账

制造企业根据银行对账单编制银行存款余额调节表，如图12-22所示。

银行存款余额调节表

编制单位：　　　　　　　　年　　月　　日　　　　　　　单位：元

项目	金额	项目	金额
企业银行存款日记账余额		银行对账单余额	
加：银行已收、企业未收款		加：企业已收、银行未收款	
减：银行已付、企业未付款		减：企业已付、银行未付款	
调节后的存款余额		调节后的存款余额	

图12-22　银行存款余额调节表

银行对账步骤具体如下。

(1) 按银行存款日记账登记的先后顺序逐笔与银行对账单核对，在双方都已登记的事项处打"√"。

(2) 对银行存款日记账和银行对账单中未打"√"项目进行检查，确认是属于记账错误，还是属于未达账项。

(3) 对查出的企业记账错误，按照一定的错账更正方法进行更正，登记入账，调整银行存款日记账账面余额；对银行记账错误，通知银行更正，并调整银行对账单余额。

(4) 编制银行存款余额调节表，将属于未达账项的事项填入银行存款余额调节表，计算调节后的余额。

计算公式为

企业账面调节后的存款余额＝企业银行存款日记账余额＋银行已收而企业未收款项
－银行已付而企业未付款项

银行对账单调节后的存款余额＝银行对账单存款余额＋企业已收而银行未收款项
－企业已付而银行未付款项

2. 资产盘点

(1) 存货盘点。

制造企业仓管员根据存货盘点表进行存货盘点，由资产会计与车间管理员监盘，盘点完成后填制存货盘点报告。存货盘点表与存货盘点报告表，如图12-23和图12-24所示。

存货盘点表

2019年12月28日

序号	物料名称	规格	计量单位	账面数量	盘点数量	盘点结果		备注
						盘盈	盘亏	
1	201不锈钢板材	0.5mm*1250mm*2500mm	张	505.00				
2	304不锈钢板材	0.5mm*1250mm*2500mm	张	588.00				
3	轻巧/经典型壶盖	通用：定制	件	1,000.00				
4	豪华型壶盖	豪华型：定制	件	130.00				
5	轻巧/经典型底座	通用：定制	件	10,000.00				
6	豪华型底座	豪华型：定制	件	4,000.00				
7	国产温控器	国产BB3	件	2,484.00				
8	进口温控器	SKE903	件	110.00				
9	豪华型壶体	定制	件	840.00				
10	豪华型电热水壶	豪华型	件	918.00				
11	精磨型豆浆机	精磨型	件	84.00				
12	轻巧型电热水壶	轻巧型	件	1,146.00				

仓管员： 资产会计： 仓储部经理：

图12-23 存货盘点表

存货盘点报告表

企业名称 日期

存货编码	存货名称	单位	单价	数量		盘盈		盘亏		盘亏原因
				账存	实存	数量	金额	数量	金额	
财务部门建议处理意见										
单位主管部门批复处理意见										

审核人： 监盘人： 盘点人：

图12-24 存货盘点报告表

(2) 固定资产盘点。

制造企业行政助理根据固定资产盘点表进行固定资产实地盘点，由资产会计与人力行政部经理监盘，盘点完成后填制固定资产盘盈、盘亏报告单。固定资产盘点表与固定资产盘盈、盘亏报告单如图12-25和图12-26所示。

固定资产盘点表

制单人：　　　　　　　　　　　　　　　　　日期：

序号	资产编号	资产名称	使用部门	存放地点	使用状态	账面数量	实盘数量	备注	责任人签字
1	100001	办公楼	企管部	企管部	在用	1.00			
2	100002	厂房A	组装车间	组装车间	在用	1.00			
3	100003	厂房B	壶体车间	壶体车间	在用	1.00			
4	100004	仓库	仓储	仓储	在用	1.00			
5	200001	帕萨特	企管部	企管部	在用	2.00			
6	200003	皮卡（五十铃）	销售部门	销售部门	在用	2.00			
7	300001	切割机	壶体车间	壶体车间	在用	3.00			
8	300004	冲床	壶体车间	壶体车间	在用	3.00			
9	300007	卷边机	壶体车间	壶体车间	在用	6.00			
10	300013	焊接机	壶体车间	壶体车间	在用	6.00			
11	300019	组装流水线	组装车间	组装车间	在用	5.00			
12	400001	台式电脑	企管部	企管部	在用	27.00			
13	400030	打印复印传真一体机	企管部	企管部	在用	1.00			

行政助理：　　　　　　　　　　资产会计：　　　　　　　　人力行政部经理：

图12-25　固定资产盘点表

固定资产盘盈、盘亏报告单

部门：　　　　　　　　　　　　　年　月　日

编号	名称	规格及型号	盘盈			盘亏			毁损			备注
			数量	重置价值	累计折旧	数量	原值	已提折旧	数量	原值	已提折旧	
处理意见			审批部门			清查小组			使用保管部门			

图12-26　固定资产盘盈、盘亏报告单

3. 成本核算与结转

(1) 制造费用归集与分配。

制造企业根据固定资产折旧表、单位产品标准工时表、12月份应付职工薪酬明细表、组装车间生产订单、壶体车间生产订单等资料，按照生产工时比例法进行制造费用分配，填制制造费用归集与分配表，如图12-27所示。

制造费用归集与分配步骤如下。

① 计算总工时，保留4位小数。

② 制造费用分配率：保留4位小数。

③ 人工费分配：保留2位小数，豪华型壶体、豪华型电热水壶倒挤计算。

④ 生产工时比例法计算公式为

视频：制造费用归集
与分配的计算

$$费用分配率＝应分配制造费用总额/各种产品实际生产工时之和$$
$$某产品应分配制造费用＝该产品实际生产工时×费用分配率$$

业务数据-制造费用归集与分配（考核）

产品名称	工时标准（分钟）	本期投入生产量	总工时(小时)	制造费用-人工		制造费用-折旧		制造费用合计
				分配率	分配金额	分配率	分配金额	
轻巧型壶体				——		——		
经典型壶体				——		——		
豪华型壶体				——		——		
合计								
轻巧型电热水壶	5.00	30,100.00	2,508.3333		6,475.26		16,626.99	23,102.25
经典型电热水壶	5.00	14,100.00	1,175.00		3,033.26		7,788.72	10,821.98
豪华型电热水壶	5.00	4,050.00	337.50		870.86		2,237.05	3,107.91
合计			4,020.8333		10,379.38	6.6287	26,652.76	37,032.14
总计			9,046.8333	2.5815	23,354.00			71,856.79

图12-27 制造费用归集与分配表

(2) 壶体车间、组装车间的原材料成本结转。

制造企业编制壶体车间、组装车间的原材料出库成本核算表和原材料成本结转表，对壶体车间、组装车间的原材料成本进行结转。原材料成本结转表(壶体车间)和原材料成本结转表(组装车间)，如图12-28和图12-29所示。

原材料成本结转表（壶体车间）

分类	在线原材料	编码	期初			本期领用		
			数量	单价	金额	数量	单价	金额
轻巧型壶体	国产温控器	HF-0004	9,396.00	20.00	187,920.00			
	轻巧型手柄	HA-0002	9,396.00	5.00	46,980.00			
	轻巧、经典型加热底盘	HF-0005	9,396.00	12.00	112,752.00			
	201不锈钢板材	HF-0003	335.00	128.00	42,880.00			
	小计				390532.00			
经典型壶体	国产温控器	HF-0004	4,392.00	20.00	87,840.00	8,784.00	20.00	175,680.00
	经典型手柄	HB-0002	4,392.00	7.00	30,744.00	8,784.00	7.00	61,488.00
	轻巧、经典型加热底盘	HF-0005	4,392.00	12.00	52,704.00	8,784.00	12.00	105,408.00
	201不锈钢板材	HF-0003	175.00	128.00	22,400.00	344.00	128.00	44,032.00
	小计				193688.00			386,608.00
豪华型壶体	进口温控器	HC-0005	1,200.00	40.00	48,000.00	2,440.00	40.00	97,600.00
	豪华型手柄	HC-0006	1,200.00	10.00	12,000.00	2,440.00	10.00	24,400.00
	豪华型加热底盘	HC-0008	1,200.00	18.00	21,600.00	2,440.00	18.00	43,920.00
	304不锈钢板材	HC-0004	60.00	198.00	11,880.00	122.00	198.00	24,156.00
	小计				93480.00			190,076.00
壶体车间	合计				677,700.00			1,364,336.00

图12-28 原材料成本结转表(壶体车间)

原材料成本结转表（组装车间）

分类	在线原材料	型号	期初			本期领用		
			数量	单价	金额	数量	单价	金额
轻巧型电热水壶	轻巧、经典型壶盖	HF-0001	9,396.00	5.00	46,980.00			
	轻巧、经典型底座	HF-0002	9,396.00	20.00	187,920.00			
	轻巧型辅材套件	HA-0003	9,396.00	4.00	37,584.00			
	小计				272,484.00			
经典型电热水壶	轻巧、经典型壶盖	HF-0001	4,392.00	5.00	21,960.00	14,100.00	5.00	70,500.00
	轻巧、经典型底座	HF-0002	4,392.00	20.00	87,840.00	14,100.00	20.00	282,000.00
	经典型辅材套件	HB-0003	4,392.00	4.50	19,764.00	14,100.00	4.50	63,450.00
	小计				129,564.00			415,950.00
豪华型电热水壶	豪华型壶盖	HC-0001	1,200.00	8.00	9,600.00	4,050.00	8.00	32,400.00
	豪华型底座	HC-0002	1,200.00	35.00	42,000.00	4,050.00	35.00	141,750.00
	豪华型辅材套件	HC-0007	1,200.00	5.00	6,000.00	4,050.00	5.00	20,250.00
	小计				57,600.00			194,400.00
组装车间	合计				459,648.00			1,483,250.00

图12-29 原材料成本结转表(组装车间)

原材料出库成本核算表填写步骤(以壶体车间原材料"201不锈钢板材"为例)如下。

① 根据期初原材料明细表、12月领料明细(壶体车间)、12月采购订单分别计算填写"201不锈钢板材"的12月初结存和购入的数量、单价与金额,以及本月发出数量。

② 按全月一次加权平均法计算"201不锈钢板材"的出库单位成本。

计算公式为

$$平均单位成本=(月初结存金额+本月入库金额)÷(月初结存数量+本月入库数量)$$

$$发出材料成本=平均单位成本×出库数量$$

$$月末结存数量=期初结存数量+本期购入数量-本期发出数量$$

$$月末结存金额=平均单位成本×月末结存数量$$

原材料成本结转表填写步骤如下。

① 根据领料明细填写壶体车间、组装车间本期领用数量和金额。

② 计算本期领用金额。

计算公式为

$$本期领用金额=单价×本期领用数量$$

(3) 壶体车间、组装车间的半成品成本核算与结转。

根据壶体车间生产入库汇总表、本期制造费用分配表、期初在产品成本数据、直接人工归集与分配表、壶体车间直接材料归集与分配表编制半成品成本计算单。单位产品成本保留2位小数。壶体车间自制半成品成本计算单,如图12-30所示。

业务数据-成本计算单(自制半成品)(考核)							
产品名称		壶体数量	直接材料	直接人工	制造费用	合计	
			金额	金额	金额	单位成本	总成本
轻巧型壶体	期初在产	9396					
	本期投入	18932					
	合计						
	产成品						
	在产品						
经典型壶体	期初在产	4,392.00	193,688.00	7,173.60			200,861.60
	本期投入	8,784.00	386,608.00	92,144.45	10,143.91		488,896.36
	合计	13,176.00	580,296.00	99,318.05	10,143.91		689,757.96
	产成品	13,176.00	580,296.00	99,318.05	10,143.91	52.35	689,757.96
	在产品						
豪华型壶体	期初在产	1,200.00	93,480.00	1,960.00			95,440.00
	本期投入	2,440.00	190,076.00	25,595.44	2,817.75		218,489.19
	合计	3,640.00	283,556.00	27,555.44	2,817.75		313,929.19
	产成品	3,640.00	283,556.00	27,555.44	2,817.75	86.24	313,929.19
	在产品						
合计							

图12-30 壶体车间自制半成品成本计算单

根据组装车间半成品出库成本核算表、生产订单(组装车间上期在线本期完工)、组装车间生产订单、组装车间领料明细表、电热水壶BOM等资料填写组装车间半成品成本结转表,如图12-31所示。

业务数据-半成品成本结转表（组装车间）

分类	在线原料	型号	期初			本期领用		
			数量	单价	金额	数量	单价	金额
轻巧型电热水壶	轻巧型壶体	HA-0001	9,396.00	30.00	281,880.00			
	小计							
经典型电热水壶	经典型壶体	HB-0001	4,392.00	50.00	219,600.00			
	小计							
豪华型电热水壶	豪华型壶体	HC-0003	1,200.00	80.00	96,000.00			
	小计							
组装车间	合计							

图12-31　组装车间半成品成本结转表

（4）组装车间完工产成品成本核算。

根据组装车间期初生产成本明细表、生产订单、领料明细表、半成品成本结转表、电热水壶BOM等资料，按品种法计算产成品的制造总成本和单位成本，编制组装车间产成品成本计算单，如图12-32所示。

业务数据-成本计算单（产成品）（考核）

产品名称		水壶数量	直接材料	半成品（壶体）	直接人工	制造费用	合计	
			金额	金额	金额	金额	单位成本	总成本
轻巧型电热水壶	期初在产							
	本期投入							
	合计							
	产成品							
	在产品							
经典型电热水壶	期初在产	4,392.00	129,564.00	307,440.00	3,586.80			440,590.80
	本期投入	14,100.00	415,950.00	800,598.00	122,933.67	10,821.98		1,350,303.65
	合计	18,492.00	545,514.00	1,108,038.00	126,520.47	10,821.98		1,790,894.45
	产成品	18,492.00	545,514.00	1,108,038.00	126,520.47	10,821.98	96.85	1,790,894.45
	在产品							
豪华型电热水壶	期初在产	1,200.00	57,600.00	134,400.00	980.00			192,980.00
	本期投入	4,050.00	194,400.00	375,961.50	35,310.76	3,107.91		608,780.17
	合计	5,250.00	252,000.00	510,361.50	36,290.76	3,107.91		801,760.17
	产成品	5,250.00	252,000.00	510,361.50	36,290.76	3,107.91	152.72	801,760.17
	在产品							
合计								

图12-32　组装车间产成品成本计算单

产成品成本计算步骤如下。

① 根据各种产品的物料清单和材料消耗定额，计算直接材料费。

② 计算直接人工费。直接人工费包括直接生产人员的工资和福利费及各种补贴。

③ 归集、分配当期制造费用。制造费用包括间接材料费、间接人工费和计入制造费用的折旧费、维护费、大修理费用、动力费等。

④ 其他费用。其他费用主要包括废品损失和停工损失。废品损失按已耗人、财、物计算；停工损失按实际停工时间计算。

⑤ 在完工产品和在产品之间分配当期生产费用。

⑥ 编制产品成本计算单，计算各种产品的总成本和单位成本。

（5）销售成本结转。

制造企业根据期初库存商品明细表、采购订单、生产订单、销售订单，编制销售成本计算结转表，如图12-33所示。

销售成本计算结转表																	
产品编码	存货名称	单位	期初			12月出入				全月一次加权计算出库单位成本			出库成本核算		月末结存		
			数量（个）	单价	金额	出库数量	入库数量	结余数量	入库金额	数量	金额	单价	出库数量	出库金额	数量	金额	单价
HW-0001	轻巧型电热水壶	件															
HW-0002	经典型电热水壶	件	2,907.00	90.00	261,630.00	20,040.00	18,492.00	1,359.00	1,790,894.45	21,399.00	2,052,524.45	95.92	20,040.00	1,922,236.80	1,359.00	130,287.65	95.92
HW-0003	豪华型电热水壶	件	708.00	157.00	111,156.00	5,040.00	5,250.00	918.00	801,760.19	5,958.00	912,916.19	153.23	5,040.00	772,279.20	918.00	140,636.99	153.23
	合计																

图12-33　销售成本计算结转表

4. 企业所得税计提

制造企业根据上两个月的利润表中的利润总额，以及本年利润科目上记录的本月利润总额，编制第四季度所得税费用计提表，如图12-34所示。

业务数据-所得税费用计提表（考核）	
项目	金额（税率）
利润总额	
所得税税率	25%
所得税费用	
净利润	

图12-34　所得税费用计提表

↗ 思政案例

人生的利润表

2019年，厦门国家会计学院研究生毕业典礼上，黄世忠院长发表了以"编好人生的第二张利润表"为题的演讲。黄世忠院长提出，在人生的第二张利润表中，收入是对社会奉献的增加或向社会索取的减少，费用是向社会索取的增加或对社会奉献的减少。由此可见，人生第二张利润表的收入和费用，其含义与会计利润表上的含义迥然不同。

编好人生的第二张利润表，应当树立正确的权利观和责任观。与会计不同，行使人生的权利是负债和费用，履行人生的责任才是资产和收入。谨慎行使社会权利，积极履行社会义务，是编好人生第二张利润表应当遵循的审慎性原则。套用新收入准则的原理，人生第二张利润表上的收入可以视作"源自社会契约的收入"。这份社会契约体现了个体对社会的权利和责任，社会权利的行使，社会责任的履行，厘定了我们人生的内涵和外延。

编制人生的第二张利润表，收入应当在履行对社会的责任时确认，费用应当在行使社会权利时确认。必须说明的是，编制人生的利润表时，收入确认不需要考虑对价的可收回性，对价从来就不应是确认人生收入的考虑因素，因为社会责任的履行如果不是强制的，就是自发的，是责无旁贷的。哪怕对价为零，甚至负数，也必须义无反顾地履行。在人生的利润表上，只有行使的权利大于履行的责任，才需要确认亏损合同。

编好人生的第二张利润表，应当关注研究开发支出的会计处理问题。研究开发支出包括提升服务社会能力、陶冶情操、培养向善从善等方面的投入，形成的是一颗责任心和爱心，因此，无须做费用化处理，而应当资本化为一项既不需要摊销，也不需要计提减值准备的无形资产，因为责任心和爱心是永远不会贬值的恒产。从小学到大学，在这个期间我们接受家庭和政府的财务资助，父母和老师在你们的教育和成长中付出的心血，应当借记"无形资产"，贷记"对社会的责任"。毕业之后当你们履行对社会的责任、对家庭和社会做出奉献时，应当借记"对社会的责任"，贷记"人生收入"。家庭、老师和政府为你们获得良好教育呕心沥血，殚精竭虑，不求自身的财务回报，期望换取的是你们对社会责任的履行，是你们对社会的奉献，是你们的成长成才。

【思考】

1. 结合你对人生利润表的理解，浅谈人生的收入和成本含义。
2. 请谈谈如何实现人生的价值。